Programa de cuidado infantil en el hogar de Redleaf

OTROS PRODUCTOS DE REDLEAF PRESS DE SHARON WOODWARD

Acompañante para la Familia del Programa de Cuidado Infantil en el Hogar

LIBROS DE SHARON WOODWARD CON DONNA C. HURLEY

Guía para las Visitas, Inspecciones y Entrevistas de Cuidado Infantil en el Hogar

Manual para el Visitante al Hogar: Herramientas y estrategias para tener interacciones efectivas con las proveedoras de cuidado infantil en el hogar

Programa de cuidado infantil en el hogar de Redleaf

Enseñar mediante el cuidado de buena calidad

SEGUNDA EDICIÓN

SHARON WOODWARD

Redleaf Press®
www.redleafpress.org
800-423-8309

Publicado por Redleaf Press
10 Yorkton Court
St. Paul, MN 55117
www.redleafpress.org

Primera edición en 2011. Segunda edición en 2015.
Diseño de la portada de Elizabeth Berry
Fotografía de la portada de Silke Woweries/Corbis
Diseño del interior de Mayfly Design
Composición en la tipografía Whitman and Meta
Ilustraciones del interior de Todd Balthazor
Impreso en los Estados Unidos de América

Información del catálogo de publicación de la Biblioteca del Congreso
Woodward, Sharon.
  [Programa de cuidado infantil en el hogar]
  El Programa de Cuidado Infantil en el Hogar de The Redleaf: Enseñar Mediante el Cuidado de Buena calidad / Sharon Woodward. — Segunda edición.
      páginas cm
  Edición anterior publicada como: Programa de cuidado infantil en el hogar: enseñar mediante el cuidado de buena calidad.
  Incluye un índice.
Resumen: «Este libro permite a las proveedoras establecer un cumplimiento más estrecho entre el programa de cuidado infantil en el hogar y las normas estatales más amplias de aprendizaje temprano. El programa completo es fácil de usar y contiene actividades en todos los dominios que están diseñadas para programas de cuidado infantil en el hogar con niños de diversas edades, además de resultados que son apropiados para la edad, horarios diarios de actividades y cartas para las familias» — Proporcionado por el editor.
  ISBN 978-1-60554-414-4 (edición de bolsillo)
1. Cuidado infantil en el hogar—programa de actividades. 2. Enseñanza infantil
3. Desarrollo del niño. I. Título.
  HQ778.63.W662 2015
  362.71'2—dc23
                        2014049621

Impreso en papel sin ácido

Para Philip, Jamie, Michael y siempre, David—
mi experiencia de aprendizaje más gratificante

Índice

. . . .

SECCIÓN 2: LAS ACTIVIDADES
· ·

SECCIÓN 3: SU PROGRAMA Y PRÁCTICAS
· ·

Prefacio

· · · · · · · · · ·

DESDE QUE ESCRIBÍ LA PRIMERA EDICIÓN DE ESTE PROGRAMA Y TRABAJE CON proveedoras que lo usaron, me di cuenta de que comprar un programa es, en gran medida, como comprar un par de zapatos. Es muy fácil ver los zapatos en un estante o en una revista e imaginar que sería fantástico poder tenerlos. con frecuencia, la tentación de estar a la moda puede ser abrumadora. Sin embargo, la realidad es que si los zapatos no calzan correctamente o no fueron pensados para ser utilizados en la forma en que nosotros deseamos utilizarlos es muy probable que terminen en el fondo de nuestro ropero.

Lo mismo sucede con el programa. Todo programa que usted decida implementar debe ser «adecuado» para usted . El programa adecuado debería ser fácil de implementar, al igual que un buen par de zapatos con los cuales debería resultar fácil caminar. Si decide implementar un programa que no corresponde perfectamente a su entorno, que no le permite responder a las necesidades del desarrollo de los niños en forma realista y que no corresponde con la forma en la que usted se siente con respecto al cuidado de los niños, el programa no funcionará.

Cuando se publicó por primera vez el *Programa de Cuidado Infantil en el Hogar* en 2011, mi intención fue crear un recurso que las proveedoras de cuidado infantil en el hogar pudieran poner en práctica fácilmente en su programas. Este aspecto era muy importante para mí. La intención del programa original fue proporcionar un contexto real que se adaptara bien al entorno típico de cuidado infantil en el hogar.

Poco tiempo después de la publicación del programa, Redleaf Press publicó una evaluación del desarrollo complementaria. Este folleto de evaluación fue un estupendo agregado al programa. La información se presenta en un formato directo y fácil de utilizar tanto en la evaluación como el programa. Queríamos proporcionar herramientas que le permitieran a las proveedoras responder a las crecientes expectativas y mantener a la vez el carácter de sus programas de cuidado infantil en el hogar.

Sus recursos deben cambiar debido a que el campo del cuidado infantil está en constante cambio gracias a un conocimiento cada vez mayor sobre cómo crecen y se desarrollan los niños y también a que los programas cambian continuamente debido a que las proveedoras tienen más experiencia y conocimientos. Para respaldar estos cambios, hemos agregado información adicional y relevante tanto para el programa como para el folleto de evaluación.

Usted encontrará una nueva unidad que se concentra en la preparación para el aprendizaje y también una nueva sección correspondiente en el folleto de evaluación del desarrollo. Hemos incluido información adicional para crear un entorno integrador y hemos proporcionado algunas sugerencias sobre formas en las cuales puede adaptar sus actividades para incluir a todos los niños de su programa. También podrá encontrar actividades adicionales en los campos de ciencias, matemáticas y prealfabetización. Hemos organizado este libro de modo que pueda identificar actividades específicas para facilitar los resultados específicos en el desarrollo de los niños que se encuentran a su cuidado.

La nueva información tiene más en cuenta los requisitos adicionales del Estado pero mantiene la facilidad de uso y de adaptación que son tan importantes. A partir de ahora, depende de usted utilizar este programa para facilitar el aprendizaje de los niños que se encuentran a su cuidado. Después de todo, cualquier programa será bueno si sabe cómo implementarlo. Las nuevas actividades continúan siendo fáciles de implementar en el hogar y tienen en cuenta que está trabajando con grupos de niños de distintas edades.

El trabajo que usted hace es increíble. Las proveedoras de cuidado infantil en el hogar ofrecen un servicio increíble y muy valioso tanto a los padres como a los niños. Su programa no solo debe responder bien a las necesidades de los niños sino también a sus propias necesidades. Un programa adecuado debe ser suficientemente flexible para poder adaptarse fácilmente a su entorno y a una inscripción en constante cambio. Espero que la nueva información en esta edición revisada le resulte útil y le ayude en este importante trabajo.

Agradecimientos

. . . .

Gracias Frances y Daniel Brunelle, quienes siempre me dijeron que podía hacer este proyecto.

Gracias Donna Hurley por su constante apoyo como amiga y compañera.

A Paul Hughes, quien continúa dando su apoyo y opiniones muy importantes.

A Kyra Ostendorf, quien realiza un trabajo increíble y que fue indispensable para que este programa pudiera publicarse.

A Martin DeJesus, Philip Breen, Jamie Woodward y Michael Messina, sin los cuales no podría haber escrito nada.

A Cathy Hill, quien compartió generosamente su conocimiento y entusiasmo sobre los niños y la importancia de crear entornos que fueran tanto adaptables como integradores. Cathy, eres una mujer realmente extraordinaria que enriquece la vida de todos los niños que tienen la suerte de estar en contacto contigo.

Por último, a toda la familia de las proveedoras de cuidado infantil en el hogar que se acercaron a mí durante los últimos tres años y tuvieron palabras amables sobre la forma en que este programa les facilitó un poco un trabajo tan arduo como el cuidado infantil. No tienen idea cuán importante fueron sus comentarios para mí. Muchas gracias.

Introducción:
Enseñar mediante el cuidado de buena calidad

. . . .

A MEDIDA QUE CONOCEMOS MEJOR EL MODO EN EL QUE APRENDEN Y CRECEN los niños pequeños, es más claro que un programa de cuidado infantil en el hogar de buena calidad puede y debe tener efectos a largo plazo en los niños y en las familias que participan en él. El cuidado infantil en el hogar de buena calidad le proporciona a los niños educación y un cuidado cariñoso y constante. Es el mejor de los dos mundos. En ese sentido, el objetivo de este programa es demostrar de qué forma los grupos de niños de varias edades que se encuentran en cuidado infantil en el hogar pueden aprender cuando se les proporciona cuidado de buena calidad.

Con frecuencia, la palabra *enseñar* es asociada con un entorno de aprendizaje formal. Pero los niños comienzan a aprender desde el momento en que nacen. Los niños aprenden de lo que ven, escuchan y hacen. Por ello, usted está enseñando en cada interacción que tiene lugar durante el curso del día. Al proporcionarle a los niños cuidados de buena calidad, es imposible no enseñarles. Los niños aprenden de lo que ven y escuchan y cuando intentan copiar su conducta. El cuidado infantil, cuando pone énfasis en la palabra *cuidado,* tiene que incluir todos los componentes necesarios para el desarrollo saludable. Por ejemplo, una proveedora que ha desarrollado actividades de aprendizaje efectivas y creativas pero que no cambia los pañales cuando es necesario no está proporcionando cuidado infantil de buena calidad. Los programas de cuidado infantil en el hogar que tienen éxito son aquellos que tienen la mejor organización del espacio y tiempo. El aprovechamiento al máximo de todos los puntos de contacto durante un día típico de cuidado infantil en el hogar ofrece la oportunidad de lograr todos los objetivos del programa de cuidado infantil. La palabra *programa* en el contexto de cuidado infantil en el hogar significa generalmente un método de instrucción. Los objetivos del programa (es decir, lo que debe lograr un programa) en el cuidado infantil incluye la comprensión de varios dominios del desarrollo:

- El desarrollo físico y motor: el crecimiento del niño y cómo desarrolla los músculos grandes que se utilizan para caminar, correr y arrojar como así también los músculos pequeños que se utilizan para dibujar, escribir, alimentarse y vestirse.
- Desarrollo cognitivo o intelectual: la capacidad del niño para pensar, razonar, resolver problemas, formar conceptos, recordar ideas y reconocer objetos.
- Desarrollo del lenguaje: la capacidad del niño de escuchar, comprender, hablar y eventualmente, leer y escribir.
- Desarrollo social: la forma en que los niños interactúan con otros niños y con los adultos, compartiendo, colaborando y siguiendo las reglas.
- Desarrollo emocional: la autoestima del niño, el autocontrol y su capacidad de expresar sentimientos.
- Preparación para el aprendizaje: las formas en las que el niño explora y construye el conocimiento.

Los dominios del desarrollo son áreas específicas de aprendizaje que los niños pequeños tienen que desarrollar y aumentar. La sección 1 incluye una introducción a cada dominio de aprendizaje desde el nacimiento hasta la edad de cinco años: físico y motor, cognitivo, comunicación y lenguaje, social y emocional y la preparación para el aprendizaje. También incluí una lista detallada de los indicadores del desarrollo a partir de la cual se elaboró este programa. Es muy importante incluir cada dominio en su calendario diario de actividades. Las actividades de este programa son creativas e integradoras para permitir el desarrollo saludable de los bebés, los niños pequeños y los preescolares que participen en su programa de cuidado infantil en el hogar.

Cómo usar este programa

Las bases de un programa exitoso son las relaciones que desarrolla con los niños que están a su cuidado. Estas relaciones le permiten conocer las necesidades individuales de los niños y apoyar mejor su crecimiento y desarrollo generales. Por ejemplo, el bebé que aún no puede moverse tiene espacio para extenderse sobre una manta. Luego, a medida que el bebé comienza a gatear, se le alienta a moverse y se le da más espacio para que lo haga. Cuando el mismo bebé está listo para incorporarse e intentar caminar, usted le proporciona muebles firmes y una superficie suave por si se cae, para fomentar y alentar esta nueva etapa del desarrollo. Más tarde, el niño pequeño necesita lugares seguros pero estimulantes para trepar y el preescolar necesita espacio para correr y patear pelotas. La misma serie de desarrollo ocurre en todos los dominios del desarrollo. Proporcionar actividades estimulantes, seguras y el apoyo necesario facilita el aprendizaje que los niños pequeños necesitan hacer para crecer y desarrollarse. Este programa ha sido organizado para respaldar este tipo de enseñanza mediante cuidado de buena calidad.

El Programa de Cuidado Infantil en el Hogar de The Redleaf está pensado para que pueda leerse de la forma más sencilla posible. Este material está organizado por usarse como referencia y permitirle de este modo encontrar lo que busca, cuando lo necesita. Las unidades 1 a 5 proporcionan una introducción al desarrollo típico del niño por dominio de desarrollo:

Unidad 1: desarrollo físico y motor
Unidad 2: desarrollo cognitivo
Unidad 3: desarrollo de la comunicación y el lenguaje
Unidad 4: desarrollo social y emocional
Unidad 5: preparación para el aprendizaje

Cada dominio se divide según los grupos de edades para facilitar la planificación del aprendizaje que deberán realizar los niños que se encuentran a su cuidado. Un gráfico de los indicadores del desarrollo muestra el intervalo de edades típico en el que se alcanza cada hito del desarrollo. Las actividades del programa se organizan a partir de estos indicadores. Por ejemplo, hay actividades diseñadas para promover la coordinación entre las manos y los ojos, uno de los indicadores del desarrollo físico.

La unidad 6 es una introducción sobre cómo implementar su programa y evaluar sus prácticas. Esta unidad proporciona sugerencias para la creación del entorno de aprendizaje y describe preocupaciones con respecto a la seguridad que debe conocer. La creación de un entorno seguro y enriquecedor es una parte importante de su preparación del entorno de cuidado infantil. La preparación previa de los materiales le permite organizarse y estar disponible cuando usted y los niños comienzan una actividad.

La unidad 6 también describe la importancia de relacionarse con las familias de los niños que están a su cuidado. Los padres y los tutores son los primeros maestros de cada niño y como tales, merecen su respeto. Comunicar su filosofía y su método y establecer una relación con la familia de cada niño es muy importante para lograr tener una experiencia exitosa. Las familias que confíen en sus habilidades enviarán niños que estarán más dispuestos y entusiasmados por participar y aprender. Esta unidad ofrece sugerencias para lograr que la transición entre el hogar del niño y el suyo sea lo más fácil posible

La sección 2 que trata sobre las actividades es el corazón de este libro. Esta sección comienza con una descripción sobre cómo identificar los objetivos de aprendizaje y seleccionar las actividades que apoyarán y entusiasmarán a cada niño. Las actividades a continuación están divididas por dominio de aprendizaje y luego, por contenido. Hay cinco áreas de contenido en el dominio:

- Uso de los sentidos
- Explorar el movimiento
- Interactuar con las personas
- Interactuar con los juguetes y los objetos
- Desarrollo de habilidades verbales

En cada área de contenidos se presentan las actividades por nivel de edad. Con cada actividad se incluye el objetivo principal del desarrollo. Este formato le permite seleccionar una actividad basándose en las necesidades de uno o dos niños específicos e incorporar a la vez a los otros niños en esa misma actividad o en actividades similares. Tenga en cuenta que en general, hay varios objetivos secundarios del desarrollo en cada actividad. Por ejemplo, en la sección sobre el desarrollo físico encontrará un conjunto de actividades para niños pequeños con los objetivos secundarios de apoyar la coordinación entre la vista y las manos y las habilidades de apilar.

Las ilustraciones en la sección 2 están diseñadas para ayudarle a reconocer con qué áreas de contenido y grupos de edades se relacionan las actividades. Hay quince ilustraciones, una por cada grupo de edad y área de contenido:

Uso de los sentidos

Bebés

Niños pequeños y de dos años

Niños preescolares

Explorar el movimiento

Bebés

Niños pequeños y de dos años

Niños preescolares

Interactuar con las personas

Bebés

Niños pequeños y de dos años

Niños preescolares

Interactuar con los juguetes y los objetos

Bebés

Niños pequeños y de dos años

Niños preescolares

Desarrollo de habilidades verbales

Bebés

Niños pequeños y de dos años

Niños preescolares

Muchas de las actividades están diseñadas para complementar las tareas y las rutinas que forman parte de cada día de cuidado infantil en el hogar. También se han desarrollado actividades para complementar fácilmente los objetivos generales de un programa de cuidado infantil en el hogar de buena calidad:

- desarrollo físico saludable de todos los niños
- desarrollo cognitivo adecuado para la edad
- oportunidades para el desarrollo de buenas habilidades de comunicación y del lenguaje
- creación de un entorno que favorezca el desarrollo emocional y social
- promover el entusiasmo acerca del aprendizaje

Las actividades de este programa favorecen deliberadamente su participación interactiva. Esto es especialmente importante en el cuidado infantil en el hogar, en el cual generalmente hay presente un solo adulto. El requisito más necesario para proporcionar cuidado infantil de buena calidad es su disposición a participar activamente. No importa cuán caros y abundantes sean los materiales y los equipos, los niños más contentos y que se adaptan mejor son los que se encuentran en los hogares de proveedoras que participan en forma más directa y constante. Las actividades económicas que pueden implementarse fácilmente y que le permiten interactuar con cada niño enriquecen su programa.

Las actividades están diseñadas para aprovechar el espacio disponible en el entorno tradicional de un hogar. Esto es muy importante. Tal vez, uno de los cambios más importantes en el cuidado infantil en el hogar en los últimos 10 años es la tendencia creciente a crear entornos similares a los entornos de los centros de cuidado infantil. Muchas proveedoras han construido espacios adicionales, han convertido sótanos o han renunciado a grandes secciones del espacio que utilizaban para vivir con la intención de crear entornos que se asemejaran a los que podían encontrarse en un centro de cuidado infantil. Uno de los motivos por los cuales las proveedoras hacen esto es para aceptar más niños y generar más ingresos. Otras proveedoras han expresado su deseo de poder competir con los centros de cuidado infantil. Irónicamente, estos tipos de cambios han ocurrido durante un período en el cual muchos centros intentaron simultáneamente crear entornos de cuidado infantil más íntimos y acogedores y menos «institucionalizados».

Los programas de cuidado infantil en el hogar que tienen más éxito se encuentran en hogares en donde las proveedoras han elegido materiales y actividades que complementan las características únicas que tienen sus entornos. Los lugares típicos de cuidado infantil en el hogar pueden ofrecer a los niños pequeños la sensación de comodidad y cuidado personalizado que es muy difícil de lograr en los entornos más institucionalizados. Por estos motivos, es importante evaluar si las actividades seleccionadas pueden realmente implementarse en su entorno. Por ejemplo, usted puede darse cuenta de que las actividades con agua y la mesa de harina no son adecuadas en su entorno. Si ese es su caso, su objetivo será entonces determinar qué actividades sensoriales puede incluir. Siempre hay más de una forma de lograr un objetivo del desarrollo. Por ejemplo, las actividades de clasificar calcetines por color y textura, jugar con masa y pintar con las manos proporcionan excelentes experiencias sensoriales. Hay muchas oportunidades para que los niños puedan participar en actividades con agua que no requieren una mesa de agua. La creación de un programa que responda a las necesidades del desarrollo de todos los niños que participan y que le permita a la vez a las proveedoras, y a sus familias, disfrutar de la naturaleza propia de sus hogares no deben ser objetivos excluyentes.

Luego de las actividades, la sección 3 ofrece un conjunto de información que es adecuada para todos los grupos de edades. Esta información se basa en preguntas que hacen frecuentemente las proveedoras de cuidado infantil en el hogar e incluye horarios diarios, información sobre el uso de computadoras con niños, las mascotas que puede haber en el hogar y el cuidado de niños con alergias alimentarias, además de información sobre la seguridad. También he incluido recursos para el libro y un sitio web que pueden utilizar para inspirar su enseñanza mediante el cuidado infantil de buena calidad.

Cuidado de bebés, niños pequeños y preescolares

Este programa tiene en cuenta todas las interacciones beneficiosas que se producen naturalmente entre las personas que cuidan a los niños y los niños. Tal vez, y lo que es aun más importante, tiene en cuenta también todas las interacciones beneficiosas que puede haber entre los niños que tienen la suerte de participar en programas con niños de varias edades. Es muy importante tener en cuenta que el aprendizaje es el resultado de su participación activa en las tareas diarias y también de la participación activa de los niños entre sí. Cualquiera sea la edad de los niños, ellos responden en forma positiva cuando comprenden que usted no está simplemente cuidándolos sino que además les importan ellos. Hablar y sonreír mientras les cambia el pañal, repetirle pacientemente un cuento a un niño pequeño que requiere su atención y elogiar a un niño preescolar que ofreció ayuda para poner una mesa son todos ejemplos del modo en que usted puede afectar personalmente el desarrollo positivo de los niños. Las interacciones entre la proveedora de cuidado infantil y los niños son importantes. Guiarlos gentilmente para interactuar adecuadamente entre sí también es importante. En este libro encontrará actividades que requieren tanto de su apoyo como de su participación activa. Para proporcionar apoyo adecuado para las necesidades de cada niño en cada grupo de edad, su programa y su horario diario de actividades deben ser tan flexibles e integradores como sea posible. También debe haber muchas oportunidades para que los niños aprendan uno del otro. A pesar de que las actividades están organizadas por edad, también encontrará que las actividades y las sugerencias fueron diseñadas para ser puestas en práctica fácilmente con grupos de niños de varias edades.

Cuidado de los bebés

Las actividades de los bebés tienen en cuenta las investigaciones realizadas sobre el modo en que aprenden los bebés: mediante interacciones de alta calidad y cuidado atento de adultos afectuosos. Como las proveedoras de cuidado infantil en el hogar pueden cuidar a los niños desde la primera infancia hasta el jardín de infantes, tener un buen comienzo es particularmente importante.

Para poder apoyar el enorme crecimiento y desarrollo que se producen durante la infancia, las actividades de los bebés se subdividen en tres grupos de edades: Desde el nacimiento hasta los seis meses, desde los seis meses hasta los 12 meses y desde los 12 meses hasta los 18 meses.

El cuidado de los niños pequeños y de los niños de dos años

El concepto de *niño pequeño* se utiliza en este programa para identificar a los niños desde los 18 hasta los 36 meses. Los niños que se encuentran en este grupo de edad generalmente tienen energía ilimitada, una enorme curiosidad y frecuentemente carecen totalmente de miedos. Las actividades de los niños pequeños proporcionan información general sobre el desarrollo de estos niños y destacan a la vez un objetivo de aprendizaje en un dominio de desarrollo específico.

Cuidados de preescolares

Para que los niños puedan avanzar y comiencen la escuela listos para la instrucción formal, debe haber una preparación atenta por parte de los profesionales de la temprana infancia. Las proveedoras de cuidado infantil en el hogar no están exentos de esta responsabilidad. Las actividades escolares para niños de tres a cinco años incluyen información sobre el desarrollo general además de los objetivos de desarrollo que abarcan los dominios de aprendizaje.

No siempre es posible establecer un entorno preescolar formal en un entorno de cuidado infantil en el hogar. El programa proporciona información sobre cómo crear un espacio viable para preescolares en su hogar, incorporar a la vez actividades adecuadas para la edad y lograr los objetivos previstos. También encontrará sugerencias para establecer relaciones de colaboración con los padres y los recursos de la comunidad que puedan permitirles a los preescolares realizar fácilmente la transición de cuidado infantil a un entorno escolar más estructurado.

Conocer las necesidades de los niños

CONOCER A CADA NIÑO Y COMPRENDER LOS HITOS DEL DESARROLLO QUE corresponden a cada uno le ayudará a incluir actividades adecuadas para cada etapa del desarrollo. Con una amplia variedad de actividades y materiales a su disposición, usted tendrá muchas opciones a la hora de planificar sus horarios de actividades diarias.

En general, los niños crecen y se desarrollan con patrones similares. Sin embargo, cada niño es una persona distinta. La información a continuación es solo una guía para el crecimiento y el desarrollo. Como se dará cuenta, en la información del indicador de desarrollo se incluye a una amplia variedad de edades. Si tiene preocupaciones con respecto al desarrollo de un niño, debe hablar con los padres o los tutores del niño. Las proveedoras de cuidado infantil en el hogar tienen la oportunidad única además de la responsabilidad real de informar a los padres lo que ven, escuchan y sienten con respecto al desarrollo saludable y el bienestar de los niños que están a su cuidado.

Unidad 1

Desarrollo motor y físico

. . . .

EL DESARROLLO FÍSICO DESCRIBE EL CRECIMIENTO DE LOS NIÑOS MIENTRAS que el desarrollo motor se refiere a su capacidad de mover el cuerpo en forma coordinada. El desarrollo motor incluye la capacidad de los músculos grandes y pequeños (o motricidad fina y gruesa), las cuales se describen a continuación.

El buen desarrollo físico comienza con buenos hábitos de comida. El desarrollo neurológico saludable en los bebés, así como el crecimiento y desarrollo saludable en los niños más grandes, comienzan con una nutrición adecuada. Además de una buena nutrición, las actividades físicas que favorecen el desarrollo de los músculos grandes en todos los grupos de edades son una parte importante y necesaria de todo programa diario de cuidado infantil en el hogar. Correr y saltar, arrojar, atrapar, caminar y brincar son todos componentes necesarios. Es muy importante recordar que el desarrollo de la motricidad gruesa es necesario tanto para los bebés como para los niños más grandes de su programa. Los ejercicios y los juegos que favorecen el desarrollo de la motricidad gruesa en los bebés los ayudan a desarrollar la capacidad de darse vuelta, gatear y eventualmente, dar sus primeros pasos.

El desarrollo de los músculos pequeños como así también de la motricidad fina es un objetivo igualmente importante. Colorear, cortar y dar vuelta las páginas de un libro son todos ejemplos de actividades diarias que favorecen el desarrollo de una motricidad sana. El desarrollo motriz es tan necesario como todos los demás objetivos del programa y no debe ser nunca dejado de lado. La planificación exitosa de un horario diario de actividades debe incluir la oportunidad para el juego intenso y activo. La programación adecuada y el buen uso del espacio disponible tanto dentro como fuera son necesarios para el logro de este importante objetivo.

Desarrollo motor y físico de los bebés

Entre el nacimiento y los dieciocho meses, los niños experimentan una increíble cantidad de avances en sus habilidades tanto físicas como motrices. Un bebé que comienza a seguir el movimiento con los ojos y que trata de sujetar un dedo pronto estará sentándose y sujetando juguetes. Los pequeños dedos que comienzan a sujetar sus dedos pronto estarán sujetando un biberón y una taza. Las mismas piernas que inicialmente patean y se estiran pronto estarán gateando y eventualmente comenzarán a dar esos primeros pasos tan maravillosos. Cuando planifique el día y establezca objetivos para cada niño, recuerde que debe incluir suficiente tiempo para las actividades infantiles que promueven el desarrollo físico.

Bebés desde el nacimiento hasta los 6 meses

El desarrollo físico antes de los seis meses incluye generalmente aprender levantarse del suelo y a darse vuelta. Los bebés necesitan tiempo durante el día para estar recostados sobre la espalda sobre una manta en el piso o afuera en el césped. Siéntese frente a ellos y aliéntelos para que se den vuelta y eventualmente se impulsen hacia arriba.

Patear y mover las manos y los brazos les permite desarrollar las habilidades motrices y es algo natural para los bebés. Utilice muchas de las actividades incluidas en la sección 2 para alentar a los bebés que aún no lo hacen a mover los brazos y las piernas. A medida que comiencen a moverse, deles tantas oportunidades diarias como pueda para moverse por un espacio seguro. ¡A ellos les encanta moverse! Estos contorneos y movimientos los están preparando para gatear. Coloque a los bebés sobre la espalda y déjeles espacio libre para que puedan darse vuelta y moverse mientras usted se sienta frente a ellos en el piso. Use las sugerencias de este libro y sus propias iniciativas para alentarlos a darse vuelta y vuelva a colocarlos en la posición original. Ofrezca una respuesta entusiasta cuando se esfuerzan para desarrollar estas habilidades motrices.

Bebés de 6 a 12 meses

La motricidad fina y la motricidad gruesa se desarrollan en forma separada. Por ejemplo, un bebé de seis meses puede sentarse en una silla alta sin apoyo pero no ser capaz de sujetar objetos pequeños hasta los siete u ocho meses.

Los bebés de este grupo de edades deben tener muchas oportunidades para sentarse con apoyo cuando sea necesario y sin apoyo cuando sea adecuado. La mayoría de los bebés comienza a gatear entre los seis y los doce meses. Debe incluir actividades que favorezcan esta habilidad durante todo el día. Una gran cantidad de espacio protegido les proporciona a los bebés la oportunidad de moverse y jugar. Cuando establezca su horario diario, busque formas de ofrecer una amplia variedad de actividades para grupos de distintas edades en un espacio donde pueda supervisar adecuadamente a todos los niños. Por ejemplo, cree un espacio abierto y seguro para los bebés en el piso, cerca de la mesa de actividades en donde trabajen los niños más grandes. Esto le permitirá supervisar a los niños de ambos grupos de edades mientras y a la vez, permite que los bebés tengan grandes oportunidades para el desarrollo físico.

Durante este período de desarrollo, los bebés comienzan también a sujetar objetos y pasar juguetes de una mano a la otra. Asegúrese de tener suficientes materiales para los bebés que sean seguros y del tamaño adecuado para que puedan sujetarlos los pequeños deditos y experimentar con ellos.

Bebés de 12 a 18 meses

Los bebés de este grupo de edades están caminando, de modo que es importante que su entorno sea adecuado para este indicador del desarrollo. Es necesario alentar a los bebés a caminar cuando estén listos. Es su responsabilidad asegurarse de que no haya peligros en el entorno de cuidado infantil. En general, los niños de esta categoría de edad pueden caminar sin ayuda y si se les permite, caminarán de un extremo al otro del espacio disponible y a veces, se sostendrán de muebles para tener más apoyo. Mire su espacio y determine cuál es la mejor forma de colocar los muebles de baja altura que pueden ayudarlos durante esta importante actividad. Asegúrese de que las escaleras estén protegidas mediante barreras ya que estos bebés intentarán subir o bajar por las escaleras. Algunas proveedoras incorporan la actividad supervisada de subir y bajar por escaleras como una actividad infantil efectiva. Cuando el bebé baja o sube por las escaleras, la proveedora lo sigue y supervisa siempre de cerca. Esto le permite al bebé ejercitar los músculos tanto de las piernas como de los brazos y estar seguro mientras baja o sube las escaleras.

El desarrollo de la motricidad fina de los bebés más grandes incluye frecuentemente actividades como colocar cubos uno encima de otro y hacer garabatos con lápices de cera. A pesar de que los bebés necesitan de estrecha supervisión durante estas actividades, es muy importante que les ofrezca este tipo de actividades tanto a ellos como a los otros niños del grupo.

Desarrollo motor y físico de los niños pequeños

El desarrollo físico es extremadamente importante para el crecimiento y el desarrollo saludables de los niños pequeños (dieciocho a treinta y seis meses). Los niños pequeños caminan solos y generalmente para cuando tienen dos años, corren con una marcha larga y algo extraña. Los niños de este grupo de edades pueden generalmente saltar y andar en pequeños triciclos con o sin pedales. Cuando programe sus actividades diarias, asegúrese de incluir actividades para favorecer la coordinación y el equilibrio. Evalúe cuidadosamente el espacio interior y exterior. ¿Está incorporando estas y otras actividades y favoreciendo a la vez el buen desarrollo físico durante el curso del día? La mayoría de los niños pequeños prefieren las actividades de motricidad gruesa como correr, saltar, patear, bailar, pedalear, empujar, tirar, arrojar una pelota y participar en juegos sencillos pero activos. Este fuerte deseo de desarrollar la motricidad gruesa comienza cuando empiezan a mejorar la coordinación.

También es necesario alentar las actividades que desarrollan la motricidad fina para asegurar el perfeccionamiento de la coordinación de los músculos pequeños. Construir torres con bloques y otros materiales apilables, dar vuelta las páginas de un libro y mover los dedos en forma independiente son todos ejemplos del desarrollo de la motricidad fina. Los niños deben tener muchas oportunidades de realizar este tipo de actividades porque el desarrollo de la motricidad fina y de la coordinación entre la mano y la vista tienen un papel muy importante en la capacidad del niño de prepararse para el aprendizaje futuro. Es indispensable tener disponibles materiales que les permitan ejercitar la motricidad fina (libros, lápices de cera, tijeras, bloques).

Desarrollo motor y físico de los preescolares

Los niños preescolares son generalmente más altos, más delgados y más proporcionados en su apariencia que los bebés y los niños pequeños. A los niños de tres años le gusta repetir actividades físicas como por ejemplo deslizarse, saltar o andar en bicicleta. En general, los niños de tres años pueden caminar sobre una barra de equilibrio o saltar en un pie. Pueden hacer rebotar y agarrar una pelota. Les encanta correr y lo hacen frecuentemente sin caerse. Los niños de tres años pueden aprender a dibujar formas sencillas; cerrar cremalleras, abrocharse y amarrar. También pueden usar tijeras, cepillos, bolígrafos, lápices, lápices de cera y marcadores. En general, en esta etapa ya pueden ir al baño solos.

A medida que los niños de tres años crecen, se desarrollan y maduran, los movimientos de motricidad gruesa, deben continuar mejorando su capacidad para correr, saltar, dar brincos, arrojar y trepar. Ellos comienzan a vestirse sin ayuda y a correr con facilidad. Pueden armar rompecabezas.

Los niños preescolares más grandes comienzan a utilizar en forma predominante la mano derecha o izquierda. Usted debe permitir que los niños usen la mano que prefieran con comodidad. Esto significa que su entorno debe ser adecuado tanto para niños que son zurdos como diestros. Las tijeras y los guantes de béisbol para zurdos son solo algunos ejemplos de cómo puede adaptarse a los niños que son zurdos.

El uso competente de la tijera es otro indicador importante del desarrollo porque muestra que los niños de cinco años están desarrollando el movimiento de pinza (dedo índice y pulgar) para lo cual necesitan desarrollar los pequeños músculos de las manos que les permiten sostener un lápiz. En el caso de los niños preescolares es necesario que el programa de actividades diario incluya oportunidades para este tipo de desarrollo.

La comprensión de estos hitos significa que, como parte de su cuidado de buena calidad, usted debe asegurarse de tener materiales suficientes y adecuados para favorecer todos estos tipos de desarrollos físicos saludables. Los niños preescolares necesitan tener espacio en el exterior para realizar actividades que desarrollen su motricidad gruesa y también áreas interiores que estén bien organizadas para que puedan tener oportunidades de perfeccionar el desarrollo de la motricidad fina.

Indicadores motores y físicos

Indicadores de desarrollo motor y físico de los bebés

Indicador	Comienza generalmente
Reacciona a ruidos fuertes	Nacimiento a los 2 meses
Mueve la cabeza hacia los costados cuando se encuentra sobre el estómago	Nacimiento a los 2 meses
Se lleva las manos al rostro	Nacimiento a los 2 meses
Fija la vista en objetos que están a entre 20 y 30 cm (8 a 12 pulgadas) de distancia	Nacimiento a los 2 meses
Gira la cabeza hacia ambos lados cuando esta sobre la espalda	2 a 3 meses
Sigue objetos en movimiento con los ojos	2 a 4 meses
Mantiene la cabeza erguida cuando es sostenido o cargado	2 a 4 meses
Lleva las manos hacia la línea media del cuerpo cuando está sobre la espalda	3 a 4 meses
Gira o voltea la cabeza de un lado a otro sin cabecear	3 a 4 meses
Juega con las manos y puede sostener y observar un juguete	3 a 5 meses
Reacciona ante los objetos	3 a 5 meses
Sigue objetos distantes con los ojos	3 a 6 meses
Se da vuelta	4 a 6 meses
Levanta la cabeza cuando está acostado sobre la espalda	4 a 6 meses
Se lleva fácilmente los pies a la boca cuando está acostado sobre la espalda	4 a 6 meses
Mantiene erguido el pecho sosteniendo el peso con los antebrazos	4 a 6 meses
Intentará gatear (arrastrando el estómago y las piernas)	5 a 9 meses
Sujeta objetos pequeños	6 a 8 meses
Transfiere objetos de una mano la otra	6 a 9 meses
Podemos ayudarlo a incorporarse pero no puede sostenerse solo	6 a 9 meses
Se sienta	6 a 9 meses
Se sienta sin apoyo	6 a 9 meses
Se sienta solo y mantiene el equilibrio	6 a 9 meses
Acepta ser alimentado con cuchara	6 a 9 meses
Gatea (con el tronco levantado)	6 a 11 meses
Recorre (camina sosteniéndose de muebles)	9 a 12 meses
Camina con ayuda	9 a 12 meses
Se queda parado solo	10 a 15 meses
Camina solo	11 a 18 meses

(Continúa)

(Continúa)

Indicador	Comienza generalmente
Hace garabatos con un lápiz de cera	12 a 15 meses
Utiliza los pequeños músculos de las manos para apretar plastilina	12 a 15 meses
Sube y baja por escaleras gateando	12 a 18 meses
Aplaude con alegría	12 a 18 meses
Controla los pequeños músculos de la mano por ejemplo, utilizando una cuchara	12 a 18 meses
Pone un bloque sobre otro	12 a 18 meses

Indicadores de desarrollo motor y físico de los niños pequeños

Indicador	Comienza generalmente
Sube y baja por las escaleras con ayuda, en general comenzando con el mismo pie	18 a 24 meses
Corre con marcha larga	18 a 24 meses
Arroja una pelota	18 a 24 meses
Come por sí mismo	18 a 24 meses
Se viste solo	18 24 meses
Muestra interés en aprender a usar el baño	18 a 24 meses
Arma una torre con tres o más bloques	2–2 años y medio
Corre con facilidad	2–2 años y medio
Se para sobre la punta de los dedos	2–2 años y medio
Utiliza objetos para martillar y golpear	2–2 años y medio
Da vuelta las páginas de un libro de a una a la vez	2–2 años y medio
Salta hasta una altura de 30 cm (12 pulg.)	2–2 años y medio
Mueve los dedos en forma individual y traza un círculo	2 años y medio a 3 años
Anda en triciclo—puede alternar entre pedalear y correr rápido	2 años y medio a 3 años

Indicadores de desarrollo motor y físico de los preescolares

Indicador	Comienza generalmente
Copia y dibuja formas y letras sencillas	3 años
Usa tijeras	3 años
Usa los músculos pequeños de las manos para colorear, cortar, pegar y pintar	3 años
Balancea los brazos al caminar	3 años

(Continúa)

(Continúa)

Indicador	Comienza generalmente
Camina sobre una viga de equilibrio o línea	3 años
Hace equilibrio y salta sobre un pie	3 años
Salta en el aire con los dos pies	3 años
Se desliza sin ayuda	3 años
Hace rebotar una pelota y la atrapa	3 años
Corre constantemente sin caerse	3 años
Arma y apila con varios bloques pequeños	3 años
Abre y cierra la cremallera, los broches y los botones	3 años
Hace marcas o trazos con instrumentos de dibujo	3 años
No se hace pis en la cama	3 años
Hace siesta con menos frecuencia	3 años
Puede ir al baño solo	3 años
Baja y sube por escaleras alternando los pies	3 años
Se viste con poca ayuda	4 años
Corre con facilidad y se detiene rápidamente	4 años
Arroja una pelota por lo alto con mayor precisión y a más distancia	4 años
Pedalea y controla triciclos de tamaño adecuado para preescolares	3 años
Se desplaza rápidamente en bicicletas de dos ruedas sin pedales y/o pedalea y controla una bicicleta de dos ruedas con ruedas de entrenamiento	4 años
Arma rompecabezas	4 años
Utiliza los músculos grandes para arrojar, trepar, brincar, saltar, atrapar, y hacer piruetas	4 años
Arroja una pelota a un objetivo por lo alto y por lo bajo	4 años
Atrapa una pelota cuando se la arrojan o rebota	5 años
Se equilibra bien	5 años
Utiliza predominantemente la mano izquierda o derecha	5 años
Salta sobre objetos que tienen 20 a 25 cm de altura sin caerse	5 años
Patea una pelota con precisión	5 años
Aprende a saltar en la soga	5 años
Aprende a atarse los zapatos	5 años
Anda en bicicleta de dos ruedas	5 años

Unidad 2

Desarrollo cognitivo

· ·

EL DESARROLLO COGNITIVO O INTELECTUAL DESCRIBE LA CAPACIDAD DE UN niño de razonar, pensar y resolver problemas. Las actividades que favorecen la formación de conceptos, el recuerdo de ideas y el reconocimiento de objetos son todas actividades apropiadas y necesarias en un programa de cuidado infantil. Para enseñar a los niños pequeños efectivamente es necesario comprender sus necesidades individuales y sus capacidades. Una actividad de aprendizaje estructurada que requiera cartulina, pegamento y bolitas de algodón por ejemplo, puede ser una actividad apropiada para los niños pequeños o preescolares pero no para un bebé. Sin embargo, este programa incluye muchas actividades para mejorar el desarrollo cognitivo del bebé.

La expresión "El juego es el trabajo del niño" surge del hecho de que una gran cantidad del desarrollo intelectual en los niños pequeños puede lograrse mediante el juego supervisado. Es muy importante realizar actividades para todos los niños durante el día que favorezcan el desarrollo intelectual mediante la creatividad y la búsqueda.

Desarrollo cognitivo de los bebés

En los bebés, el desarrollo cognitivo describe la forma en la que ellos comienzan a comprender su mundo. Los bebés están listos para comunicar sus necesidades casi inmediatamente. Lloran cuando tienen hambre, están mojados o necesitan ser consolados. La forma en la que usted reaccione debe ofrecerles una respuesta positiva. Los bebés aprenderán a sostener el biberón, agitar un sonajero para producir ruido, succionar bien y buscar una pelota que ha rodado fuera de su vista. Los bebés dependen de su reacción para comprender cómo deben moverse por el mundo. ¿De qué forma responden las cuidadoras cuando lloran? ¿Qué sucede cuando sujetan un biberón de una determinada forma? ¿Cuál es el resultado cuando agitan un sonajero? Todos estos son ejemplos en los cuales los bebés necesitan de su respuesta para crecer y desarrollarse cognitivamente. Todos estos ejemplos de conductas motrices aprendidas ilustran lo que Piaget llamó la etapa *sensorial y motriz*. Piaget cree que la inteligencia es la capacidad de adaptarse al entorno. La teoría de Piaget incluye lo que él denomina las seis etapas secundarias del desarrollo que se encuentran dentro de la etapas sensoriales y motrices y que abarcan los primeros 18 meses de vida.

La primera etapa secundaria, desde el nacimiento hasta el primer mes, se relaciona con los reflejos innatos como por ejemplo, los movimientos de succión. La segunda etapa secundaria, entre el segundo y el tercer mes, se relaciona con la repetición de actividades sencillas: abrir y cerrar los puños y tocar repetidamente una manta. La tercera etapa secundaria, desde el cuarto hasta el sexto mes, incluye actividad más intencional. Por ejemplo, patear con una pierna para producir un movimiento de vaivén en un juguete suspendido de la cuna. En la cuarta etapa secundaria, entre el séptimo y el décimo mes, los bebés comienzan a resolver problemas sencillos: por ejemplo, mover una almohada para encontrar juguete oculto parcialmente debajo de ella. Durante la quinta etapa secundaria, entre el mes once y dieciocho, los bebés comienzan a experimentar por medio del ensayo y el error. Un bebé que aprendió a tirar del almohada con la mano para encontrar su juguete puede ahora patear una almohada al piso para obtener el mismo resultado. En esta etapa, los bebés intentan generalmente repetir y prolongar actividades de las cuales disfrutan. Estos bebés están comenzando a comprender que hay una amplia variedad de movimientos y eventos que pueden iniciar por sí mismos. En la sexta etapa secundaria, que es la etapa más avanzada y ocurre generalmente alrededor de los 18 meses, los bebés imaginan o inventan eventos antes de llevarlos a la práctica. La comprensión del modo en que los bebés se desarrollan cognitivamente le permite planificar mejor las actividades que contribuyen y refuerzan este desarrollo.

Bebés desde el nacimiento hasta los 6 meses

La idea de que los bebés lloran solo para ejercitar sus pulmones no es cierta. Cuando cuide a bebés, es importante darse cuenta de que el hecho de que usted no comprenda por qué está llorando un bebé, no significa que no haya un motivo legítimo para el llanto. Cuando un bebé que está su cuidado está llorando, lo está haciendo para comunicar sus necesidades. Es muy importante que le preste atención para determinar el motivo del llanto.

Los bebés en este grupo de edades, recorren sus entornos con los ojos, los oídos y el sentido del tacto para adaptarse al hecho de que aún no pueden moverse. Ellos voltearán la cabeza hacia los sonidos y el tacto. Usted puede reforzar y apoyar activamente esta conducta sensorial proporcionando estimulación adecuada y respondiendo a su necesidades.

A medida que el bebé se acerca a los seis meses, déjelo elegir entre una variedad de juguetes para agarrar. Usted notará que generalmente estos bebés agarran y sujetan durante períodos más largos de tiempo.

Bebés de 6 a 12 meses

Es muy importante tener suficientes materiales seguros para los bebés de este grupo de edades. Estos bebés están comenzando a experimentar el principio de causa y efecto y de ensayo y error. Son más propensos a manipular objetos con la finalidad de obtener el resultado deseado. Los equipos seguros con botones y palancas que producen sonidos son beneficiosos para esta etapa del desarrollo. Ofrecer una amplia variedad de materiales, como sonajeros y juguetes adecuados para agarrar favorece el desarrollo cognitivo saludable. Recuerde que los bebés se llevarán a la boca todos los juguetes y materiales que utilicen para la experimentación y el juego. Tenga cuidado con aquellos juguetes que representen un peligro de asfixia y límpielos apropiadamente con diligencia.

Bebés de 12 a 18 meses

Los bebés de este grupo de edades están en movimiento y quieren probar todo. El desarrollo del lenguaje se superpone con el desarrollo cognitivo cuando los niños más grandes comienzan a hablar—ellos pueden decir que "no" y lo hacen. También saludan para despedirse con la mano sin necesidad de pedirle que lo hagan y pueden decir cuando los objetos existen a pesar de que parezcan desaparecer (por ejemplo, un juguete que se encuentra debajo de una manta). Los juegos y las actividades que refuerzan estas conductas cognitivas en forma positiva son muy importantes. Jugar a picabú y armar torres de bloques son dos formas que atraen en forma segura a los bebés más grandes y que favorecen el desarrollo cognitivo.

Desarrollo cognitivo de los niños pequeños

Dentro de las cuatro etapas del desarrollo de Piaget, los niños pequeños están comenzando la etapa *preoperativa*. Esta etapa continúa hasta la edad de seis años y requiere el desarrollo de la habilidad del egocentrismo y la conservación. El egocentrismo, en este contexto es la incapacidad de separar los pensamientos y creencias propios de los de otras personas. Por otro lado, la conservación es la capacidad de comprender qué cambia y qué permanece igual después de la transformación física. Por ejemplo, si se vierte la misma cantidad de líquido en dos envases con formas distintas, ¿podrá decir el niño que continúa siendo la misma cantidad de agua?

Los niños pequeños están aprendiendo durante cada interacción, lo cual significa que usted tiene oportunidades para enseñarles durante cada interacción. Las proveedoras de cuidado infantil en el hogar que tienen éxito en la enseñanza les ofrecen a los niños una gran variedad de experiencias de aprendizaje y ejemplos positivos. A medida que los niños pequeños desarrollan las capacidades necesarias para verbalizar, le resultará más fácil evaluar sus necesidades individuales. Su capacidad para verbalizar significa también una mayor obligación de aumentar la participación verbal de su parte. Por ejemplo, cuando le presenta a los niños pequeños los horarios de actividades para la mañana, identifique cada actividad en forma cronológica. «!Primero colgaremos nuestros abrigos y luego tomaremos el desayuno. Luego, pasaremos tiempo todos juntos». Esto les permite a los niños pequeños aprender sobre el tiempo y la organización del pensamiento y la acción y desarrollar el vocabulario y la habilidad del lenguaje. Los niños pequeños hacen preguntas y esperan que les respondan. *Ahora* y *por qué* son las palabras preferidas de muchos niños pequeños. Hablar con niños pequeños y responder preguntas en forma paciente y comprensiva son muy importantes para favorecer el desarrollo cognitivo.

Los niños pequeños desean tocar y experimentar todo lo que ven, escuchan y huelen. Todo es una experiencia nueva. Probablemente crea que los niños pequeños saben lo que pueden tocar y lo que no deben tocar. En la práctica, esto suele no ser cierto. Cada cosa que tocan les produce una sensación nueva. Si le dice a un niño pequeño constantemente que «no» y que «no toque» no le está enseñando sino privándolo de oportunidades de aprender. Asegúrese de que puedan explorar su entorno de cuidado infantil en forma libre y segura.

Desarrollo cognitivo de los preescolares

El conocimiento incluye pensar, predecir, recordar, resolver problemas, imaginar, emitir juicios y decidir. Todas estas capacidades se desarrollan junto con el desarrollo del lenguaje. Durante los años preescolares, los niños desarrollan una comprensión primordial de la causa y el efecto, la velocidad, la objetividad y el tiempo.

Los niños de tres años están comenzando a notar diferencias y a descubrir patrones y texturas en el entorno. Al evaluar sus materiales y equipos, es especialmente importante que incluya actividades y juegos para favorecer este importante tipo de desarrollo. A medida que los preescolares crecen y se desarrollan cognitivamente, comienzan a hacer muchas preguntas. Sus oraciones comenzarán frecuentemente con palabras como *quién*, *qué*, *dónde* o *por qué*. Al igual que los niños pequeños, es necesario que siempre tenga suficiente tiempo y paciencia para responder a las preguntas de los preescolares. Si les responde en forma positiva, ellos sabrán que sus preguntas y comentarios son bienvenidos y comenzarán entonces a sentirse más cómodos y a tener más confianza para verbalizar sus sentimientos. A medida que los preescolares maduren, usted notará que en general puede clasificarlos en pensadores o hacedores, especialmente cuando el entorno enriquecido con una gran cantidad de actividades concretas estimula sus cerebros.

Indicadores cognitivos
Indicadores del desarrollo cognitivo de los bebés

Indicador	Comienza generalmente
Aprende que al llorar obtiene la atención de la persona que lo cuida	Nacimiento a los 2 meses
Prefiere el blanco y el negro o patrones con grandes contrastes	Nacimiento a los 2 meses
Explora el entorno con los sentidos	2 a 4 meses
Descubre que las manos y los pies son extensiones de sí mismo	2 a 4 meses
Responde a su propio reflejo en el espejo	2 a 4 meses

(Continúa)

(Continúa)

Indicador	Comienza generalmente
Anticipa eventos	2 a 4 meses
Muestra interés por manipular juguetes y objetos	4 a 6 meses
Investiga los objetos golpeándolos, agitándolos y arrojándolos	6 a 9 meses
Muestra interés en los objetos que tienen piezas móviles	6 a 9 meses
Muestra interés en el juego	6 a 9 meses
Responde a «no, no»	9 a 12 meses
Dice adiós con la mano	9 a 12 meses
Muestra conocimiento de la permanencia de los objetos (sabe que los objetos existen aun cuando no los vea)	9 a 12 meses
Participa en el juego más intencional	9 a 12 meses
Selecciona objetos para jugar intencionalmente con ellos	9 a 12 meses
Muestra comprensión de que los objetos tienen una finalidad	9 a 12 meses
Sigue órdenes sencillas de adultos o de otros niños	12 a 18 meses
Le gustan los libros y especialmente dar vuelta las páginas	12 a 18 meses
Sigue un juguete móvil y lo recupera cuando está parcialmente oculto	12 a 18 meses
Practica el principio de causa y el efecto por ejemplo, cerrando las puertas	12 a 18 meses

Indicadores del desarrollo cognitivo de los niños pequeños

Indicador	Comienza generalmente
Reconoce la propia imagen en el espejo	18 a 24 meses
Reconoce los colores	18 a 24 meses
Pretende leer	2–2 años y medio
Hace clasificaciones sencillas	2–2 años y medio
Nombra algunos colores	2–2 años y medio
Repite canciones y rimas infantiles sencillas	2–2 años y medio
Canta algunas partes de canciones sencillas	2–2 años y medio
Reconoce algunas formas	2–2 años y medio
Participa en más juegos de rol	2–2 años y medio
Dice «no»	2–2 años y medio
Habla de las ilustraciones de los libros	2 años y medio a 3 años

(Continúa)

(Continúa)

Indicador	Comienza generalmente
Dice la edad que tiene	2 años y medio a 3 años
Sabe y dice su nombre	2 años y medio a 3 años
Recuerda experiencias pasadas	2 años y medio a 3 años
Hace preguntas	2 años y medio a 3 años
Crea amigos imaginarios	2 años y medio a 3 años
Sigue instrucciones de 1 o 2 pasos de los adultos	2 años y medio a 3 años

Indicadores del desarrollo cognitivo de los niños preescolares

Indicador	Comienza generalmente
Nombra formas sencillas	3 años
Reconoce su nombre impreso	3 años
Muestra interés en los números y en los nombres de los números	3 años
Puede continuar haciendo la misma actividad por 10 o 15 minutos (mayor concentración)	3 años
Utiliza accesorios para simbolizar los objetos reales	3 años
Participa en juegos de fantasía e imagina tramas	3 años
Arma rompecabezas entrelazados	3 años
Identifica y nombra las partes del cuerpo	3 años
Utiliza términos posicionales (*debajo, sobre, a través, siguiente*)	3 años
Identifica patrones	3 años
Clasifica o describe objetos con uno o más atributos	3 años
Utiliza objetos reales como accesorios durante el juego de rol	3 años
Utiliza palabras para indicar el transcurso del tiempo como por ejemplo *ayer* y *hoy*	3 años
Tiene más memoria	3 años
Utiliza el razonamiento para resolver problemas	4 años
Hace comparaciones entre objetos después de la observación	4 años
Desarrolla temas de juego elaborados	4 años

(Continúa)

Indicador	Comienza generalmente
Comprende conceptos como edad, número y distancia	4 años
Pone las cosas en orden o secuencia	4 años
Cuenta objetos en voz alta	4 años
Sabe el nombre de la mitad o más de las letras	4 años
Sabe el nombre de la mitad o más de los sonidos de las letras	4 años
Reconoce sonidos que riman en las palabras	4 años
Reconoce sonidos aliterados en las palabras	4 años
Tiene un vocabulario de 2000 a 6000 palabras	4 años
Escribe su nombre	4 años
Cuenta 20 o más objetos con precisión	5 años
Clasifica y organiza	5 años
Utiliza términos de medición	5 años
Comprende las palabras *entero* y *mitad* y las utiliza en oraciones	5 años
Puede establecer correspondencias entre objetos	5 años
Sabe algunos nombres de monedas y billetes (dinero)	5 años
Hace un cálculo aproximado de los números en un grupo	5 años
Dibuja formas básicas y arte expresivo	5 años
Expresa interés en el movimiento creativo	5 años

Unidad 3

Desarrollo de la comunicación y el lenguaje

· ·

EL DESARROLLO DE LA COMUNICACIÓN Y EL LENGUAJE SE RELACIONA CON LAS capacidades del niño de compartir información en forma verbal y física y de escuchar o ver y comprender información de otras personas. Estas capacidades eventualmente le permitirán al niño leer y escribir. Hablar con los niños y alentarlos a expresar sus ideas mientras escucha y aprecia lo que tienen que decir pueden parecer eventos diarios y ordinarios. En la realidad, estas ocasiones son una parte muy importante del calendario diario de actividades. La interacción con los niños en conversaciones significativas y la participación de ellos en estas conversaciones son elementos esenciales en todo programa de cuidado infantil exitoso. Un programa de cuidado infantil de buena calidad proporciona oportunidades a los niños para que puedan expresarse a sí mismos en forma interactiva, en un entorno receptivo y seguro. El diálogo que se establece durante la llegada, al participar en los grupos o hacer círculos, en la mesa del almuerzo o mientras lee un libro son todos ejemplos de momentos en los cuales se desarrolla el lenguaje. Hablar y escuchar son actividades diarias que no cuestan dinero y que pueden realizarse fácilmente con los niños de todos los grupos de edades de su programa. Al evaluar un horario diario de actividades, recuerde que debe haber tiempo suficiente para la conversación. El hacerlo mejorará todas las tareas y actividades.

Desarrollo de la comunicación y el lenguaje en los bebés

Los bebés nacen comunicándose. Durante las primeras semanas de vida, el llanto es una forma efectiva de lograr satisfacer sus necesidades que se limitan a la comida, el sueño y el consuelo. A medida que el bebé madura y comienza a buscar atención, el lenguaje a media lengua comienza a reemplazar al llanto. El lenguaje a media lengua se transformará eventualmente en otros sonidos que a su vez se convertirán eventualmente en palabras. Una parte importante de su tarea es llegar a conocer bien a cada niño para poder identificar las señales verbales y no verbales. Todos los niños se comunican de varias formas. Su conocimiento personal le permitirá responder a las necesidades de cada niño antes de que puedan expresarlas con palabras.

Una de las interacciones más valiosas que puede tener con los bebés es la conversación. Todos los días es necesario incluir la oportunidad de ofrecer palabras, escuchar y alentar la vocalizaciones de los bebés. Si el día está tan lleno de actividades que hay poco tiempo para hablar y escuchar, algo está mal. Los niños que ingresan a la escuela con la capacidad de expresarse efectivamente están bien encaminados para tener una experiencia de aprendizaje exitosa. El desarrollo de esta competencia comienza en la infancia. Todas las actividades deben proporcionar suficiente tiempo para hablar.

Bebés desde el nacimiento hasta los 6 meses

¿Utilizan los bebés el lenguaje? Muchas proveedoras y padres dicen que los bebés se hacen entender. Por ejemplo, el llanto de un bebé cuando está mojado puede ser muy distinto al llanto que utiliza cuando tiene hambre. En realidad, los bebés lloran por distintos motivos. Pueden llorar porque sienten dolor, porque tienen frío o están sobreestimulados. Los bebés también pueden llorar por falta de contacto físico. Los bebés utilizan frecuentemente su propio tipo de lenguaje corporal cuando intentan comunicar sus necesidades. Algunos bebés cabecean o giran la cabeza cuando están cansados o hambrientos. Otros bebés pondrán la boca de distintas formas para indicar que tienen hambre o incomodidad. A medida que usted se familiarice más con cada bebé, conocerá mejor sus señales de comunicación. Prestar mucha atención le ayudará a responder a las señales, lo cual a su vez alentará a los bebés a comunicar sus necesidades.

Los bebés escuchan las palabras y responden a la voz humana. Cuando tienen dos o tres meses, pueden generalmente ser aliviados o calmados por la voz tranquila de la persona que los cuida. Cuando llegan a la segunda mitad de su primer año, pueden comprender su nombre y el nombre de algunas de las cosas que los rodean. Por este motivo, el sonido de su voz y la repetición de sus palabras son especialmente importantes.

El cambio del pañal, la alimentación o el baño de los bebés proporcionan excelentes oportunidades para la conversación. Usted puede captar la atención de los bebés más pequeños tocándoles suavemente el brazo o la pierna. Utilice sus nombres con tanta frecuencia como sea posible. Mientras realiza una tarea, hable de lo que está haciendo— por ejemplo, «Ahora tu pañal está limpio» o «Espera un minuto y te traeré un biberón». Cuando el bebé habla a media lengua o hace gorgoritos, imítelo. Repetir los sonidos ayuda a los bebés a comenzar a aprender el lenguaje.

Bebés de 6 a 12 meses

Los bebés en esta categoría de edad están comenzando a imitar sonidos primero en forma accidental y luego en forma consciente. En la mayoría de los casos, responderán a solicitudes sencillas como por ejemplo «Muéstrame tu oreja» o «¿Dónde está papá?» Los bebés de este grupo de edades también comienzan a llamar a las personas por su nombre como por ejemplo «mamá» o «papá». Tenga en cuenta que el lenguaje además de ser importante constituye una herramienta de aprendizaje muy económica y eficiente. Aun los bebés que prácticamente no pueden hablar pueden participar en la conversación. Aliente la respuesta, aun cuando esta se limite a la media lengua. Aproveche todas las oportunidades que tenga para hacer participar a los bebés en la conversación. Hablé de lo que ellos pueden ver cuando están sentados en sus sillas altas o gateando por el piso. Deles nombres a los objetos y hable de lo que les sirve a la hora del almuerzo—por ejemplo, «Mira las zanahorias de color naranja» y «Esta arveja es de color verde». Utilice palabras con tanta frecuencia como sea posible. Tal vez, usted asume que debido a que los bebés no hablan, ellos no están interesados en lo que usted dice. Pero esto no es cierto. Hable frecuentemente y de forma expresiva. Cuando le hable a los bebés, recuerde que debe utilizar sus nombres.

Bebés de 12 a 18 meses

Los bebés de esta categoría de edad generalmente tienen un vocabulario de entre tres y cincuenta palabras. Ellos hablan realmente porque les divierte hacerlo y no muestran mucha frustración si no se los comprende con facilidad. Si todavía no lo ha hecho, debe comenzar a contarles cuentos sencillos y a cantarle canciones infantiles y repetitivas. Los bebés de este grupo de edades están comenzando a demostrar cuánto disfrutan de estas actividades. Recuerde que hacerlos participar y reforzar positivamente sus intentos de comunicación son elementos importantes de todo programa infantil efectivo.

Desarrollo de la comunicación y el lenguaje en los niños pequeños

Los niños pequeños pueden comunicarse generalmente con oraciones cortas y comprenden la mayoría de las cosas que les dicen (habilidades de lenguaje receptivo). Ellos pueden frustrarse mucho si usted no comprende lo que dicen (habilidades del lenguaje expresivo). La mejor forma de alentar el desarrollo de la comunicación y el lenguaje es practicar, practicar, practicar. Hable con los niños mientras realiza las actividades y tareas diarias.

El desarrollo del vocabulario se basa en la exposición a las palabras. Cuando los niños pequeños se sientan con más confianza para hablar, comience a utilizar una amplia variedad de palabras. Describa en voz alta lo que hace a medida que lo hace y aliente a los niños para que describan lo que hacen u observan durante el día.

A medida que mejoren sus capacidades, a muchos niños les gusta recitar poemas cortos y cantar canciones infantiles. Aliente frecuentemente este tipo de actividades. Recitar rimas mientras juega con una pelota, por ejemplo, es una excelente forma de promover el desarrollo del lenguaje y la coordinación entre la mano y la vista. A medida que aumenta su vocabulario, estarán más dispuestos a participar en conversaciones. Los niños pequeños pueden recordar a veces secuencias de eventos. Pregúnteles qué hicieron durante el fin de semana o invítelos a contar un cuento que les guste mucho. A los niños más grandes les encanta esta actividad porque le permite ayudar a los niños pequeños cuando es necesario. Algunos niños de esta edad pueden tartamudear debido que piensan más rápido de lo que pueden hablar. Todos los niños se benefician si usted escucha pacientemente lo que dicen cuando les resulta difícil expresarse.

Desarrollo de la comunicación y el lenguaje en los preescolares

Los niños de tres años juegan con las palabras y el poder que estas tienen cuando se utilizan de ciertas formas. A diferencia de los niños más pequeños, los preescolares generalmente hablarán con usted si usted les habla. Ellos le contarán historias sin necesidad de que les pida que lo hagan y disfrutarán aprendiendo nuevas palabras. En vez de enseñarles palabras, a los preescolares le gusta imitar de modo que repetirán las palabras que usted usa. Los niños pequeños de tres años pueden hablar con oraciones de tres o cuatro palabras mientras que los niños de tres años mayores ya pueden usar hasta siete palabras en una oración. Los niños de tres años comienzan a utilizar la gramática correcta. Por lo tanto, es importante que usted hable correctamente cuando esté hablando con ellos.

A medida que los preescolares crecen, aumenta su vocabulario y mejora su lenguaje. Usted notará que para el momento en que los preescolares tienen cinco años, sus habilidades del lenguaje han aumentado enormemente. Los niños de cinco años hablarán con oraciones de seis a diez palabras y muchas veces, sin parar. Los niños de cinco años también argumentarán y razonarán, utilizando frecuentemente la palabra *porque*. Para cuando cumplan los seis años, los niños deberían poder hablar fácilmente con adultos y en general, harán muchas preguntas.

Darles a los preescolares oportunidades para ejercitar el lenguaje es especialmente gratificante. Poder participar en conversaciones más profundas con niños es una demostración tangible de la efectividad de su programa de cuidado infantil en el hogar. La confianza es un gran atributo que facilita el avance de los niños. Cuando usted enfatiza el desarrollo del lenguaje mejora la capacidad de los niños preescolares de avanzar a entornos de aprendizaje más formales. Las capacidades de hablar, escuchar, leer y escribir están interrelacionadas. Los niños dicen lo que escuchan, escriben lo que dicen y leen lo que escriben. El lenguaje no se enseña efectivamente en aislamiento; el aprendizaje es más exitoso cuando se integra en las actividades diarias. Encuentre tantas oportunidades como sea posible de sentarse y hablar con ellos (en vez de hablarles a ellos). Aliente a los niños a describir las estructuras de bloques, cómo se sienten durante las actividades teatrales, a describir sus dibujos y la comprensión que tienen de los cuentos que escuchan. Un método de aprendizaje del lenguaje integrado también les ayudará a crecer intelectual, social, emocional y físicamente.

Indicadores de la comunicación y el lenguaje

Indicadores del desarrollo de la comunicación y el lenguaje en los bebés

Indicadores	Comienza generalmente
Reaccionan a la voz humana y al latido humano	Nacimiento
Lloran cuando tienen hambre, están cansados o sobreestimulados	Nacimiento
Hablan a media lengua en respuesta al lenguaje adulto	1 a 2 meses
Hacen gorgoritos y chillidos	2 a 4 meses
Balbucean sonidos con consonantes como ta-ta-ta»	4 a 6 meses
Se ríen a carcajadas	4 a 6 meses
Balbucean sonidos como «goo» y «gaa»	6 a 9 meses
Experimentan con vocalizaciones que incluyen sonidos más largos y variados	6 a 9 meses
Utilizan entonaciones en los sonidos	6 a 9 meses
Responden a su propio nombre	6 a 9 meses
Comprenden más palabras cada día (vocabulario receptivo)	6 a 9 meses
Dicen una o más palabras	9 a 12 meses
Hacen gestos o señalan para comunicarse	9 a 12 meses
Escuchan canciones, cuentos o rimas con interés	9 a 12 meses
Imitan sonidos	9 a 12 meses
Utilizan gestos y acciones intencionalmente	12 a 18 meses
Dicen intencionalmente «mamá» y/o «papá»	12 a 18 meses
Utilizan un sonido para representar más de un gesto u objeto	12 a 18 meses
Hablan con jerigonza y utilizan frases sin sentido	12 a 18 meses
Comprenden muchas más palabras de las que pueden decir	12 a 18 meses
Comprenden y responden a instrucciones sencillas	12 a 18 meses
Tienen un vocabulario de tres a cincuenta palabras	12 a 24 meses

Indicadores del desarrollo de la comunicación y el lenguaje en los niños pequeños

Indicador	Comienza generalmente
Tienen un vocabulario de 20 a 300 palabras	18 a 24 meses
Dicen «hola», «adiós» y «uh-oh»	18 a 24 meses
Expresan los sentimientos con palabras	18 a 24 meses

(Continúa)

(Continúa)

Indicador	Comienza generalmente
Utilizan frases de dos o tres palabras	18 a 24 meses
Muestran interés en material impreso y en los libros	2 a 2 años y medio
Nombran objetos o personas que les interesan	2 a 2 años y medio
Arman oraciones sencillas con sustantivos y verbos («Quiero galleta»)	2 a 2 años y medio
Puede entenderse lo que dice	2 años y medio a 3 años
Hablan con voz baja y alta	2 años y medio a 3 años
Comprenden la mayoría de las cosas que dicen los demás	2 años y medio a 3 años
Responden lo que dicen los demás	2 años y medio a 3 años

Indicadores del desarrollo de la comunicación y el lenguaje en los preescolares

Indicador	Comienza generalmente
Arman oraciones con siete palabras o más	3 años
Les gusta aprender palabras nuevas	3 años
Hacen preguntas y buscan respuestas	3 años
Hablan cuando les hablan	3 años
Cuentan historias sin que les pidan	3 años
Utilizan la gramática correcta	3 años
Comprenden el significado de la mayoría de las palabras preescolares (semántica)	3 años
Utilizan el lenguaje socialmente (pragmática)	3 años
Cantan canciones sencillas y repetitivas	3 años
Les gustan los libros	3 años
Conocen las reglas del libro y de la impresión	4 años
Prestan atención a los detalles	4 años
Siguen instrucciones de 2 o 3 pasos	4 años
Se expresan en forma clara y fluida (no utilizan casi nunca el lenguaje infantil)	4 años
Cantan canciones, hacen juegos de dedos y rimas con más precisión	4 años
Pueden contar una historia en secuencia	4 años

(Continúa)

(Continúa)

Indicador	Comienza generalmente
Se refieren a «ayer» y «mañana» correctamente	4 años
Pronuncian los sonidos de las palabras y las letras correctamente	4 años
Utilizan pronombres en las oraciones	4 años
Conocen y dicen el nombres y el apellido	4 años
Responden preguntas sobre historias familiares	4 años
Utilizan el lenguaje para controlar y dar instrucciones	4 años
Utilizan el lenguaje para decir lo que quieren, sienten y necesitan	4-5 años
Discuten, razonan y utilizan «porque»	5 años
Inventan historias	5 años
Conversan fácilmente con adultos	5 años
Tienen un vocabulario expandido de hasta 6000 palabras	5 años

Unidad 4

Desarrollo social y emocional

· ·

EL TÉRMINO **desarrollo social y emocional** DESCRIBE EL MODO EN QUE LOS niños aprenden a interactuar con otras personas y comprenden sus propias emociones y las de los demás. La autorregulación—la capacidad consciente e inconsciente de controlar sus acciones para poder relacionarse con otros—es una parte importante del desarrollo social y emocional que los niños desarrollan durante el juego, particularmente las actividades teatrales, durante sus años preescolares.

En gran medida, el desarrollo social es un factor muy importante para determinar la capacidad del niño de que tenga éxito en la escuela y en la vida. Los niños que exhiben un desarrollo social adecuado son capaces de tener amigos e interactuar positivamente con otros niños y adultos. En los entornos de cuidado infantil en el hogar, en donde la continuidad del cuidado es tan importante, los niños pequeños pueden desarrollar un sentido de confianza y seguridad. Estas son las verdaderas características que les permiten desarrollar la confianza necesaria. En los entornos de grupos más pequeños, es menos probable que los niños se sientan perdidos y que pasen desapercibidos que en los entornos de grupos más grandes. A pesar de que no es sencillo, el entorno grupal con niños de varias edades en un programa típico de cuidado infantil en el hogar puede ofrecer increíbles oportunidades para el desarrollo social a los niños pequeños. Como los niños aprenden tan rápido uno del otro, los niños más grandes pueden influenciar enormemente el desarrollo social positivo de los más pequeños bajo la guía atenta y cuidadosa de una proveedora activa.

El desarrollo social y emocional están íntimamente relacionados ya que la confianza y comprensión de sí mismos de los niños se forma en la primera infancia. El éxito social depende en parte de la capacidad que tengan los niños de expresar sus sentimientos y desarrollar autorregulación e independencia. La madurez emocional se pone de manifiesto en su capacidad de equilibrar las experiencias tristes y alegres. Cuando desarrolle un horario diario de actividades es muy importante que incluya oportunidades para que los niños sientan independencia y tengan éxito.

En el cuidado infantil en el hogar, los grupos más pequeños, la diversidad de edades y de culturas y la mayor oportunidad de continuidad en el cuidado deberían facilitarle el apoyo del desarrollo emocional positivo. Cuando prepare un horario diario de actividades, le resultará útil ver estos elementos de su programa como fortalezas y no como debilidades y aprovechar estas características cuando desarrolle las actividades. Los niños están más dispuestos a sentirse capaces y a tener éxito cuando son reconocidos y se les da la oportunidad de establecer vínculos con usted y con otros niños del grupo.

Desarrollo social y emocional de los bebés

El vínculo es un aspecto importante a tener en cuenta al incorporar a un niño en su entorno de cuidado infantil. El vínculo, al cual nos referiremos a veces como unión, es la conexión que debe establecerse entre los niños y sus cuidadores. Para que estas conexiones sean beneficiosas, deben ser sentidas no solo por el cuidador sino también por los niños. Para los niños muy pequeños, las proveedoras se convierten a veces en «madres sustitutas», una relación que supone mucho más que alimentarlos y cambiarlos. Para ocupar ese papel, es necesario que esté dispuesta a cuidar al niño en forma similar a como la madre cuidaría a un recién nacido. Los bebés que no tienen la crianza adecuada con frecuencia no son capaces de formar vínculos saludables y esto puede afectar su desarrollo social y emocional.

Como usted tiene frecuentemente la oportunidad de cuidar a los niños desde el nacimiento hasta la edad preescolar, tiene la importante oportunidad de establecer vínculos duraderos. Sostenga, toque, calme, acune y establezca contacto visual con todos los bebés todas las veces que pueda. Recuerde que cuando los bebés forman nuevos vínculos no es a expensas de otros vínculos. Asegúreles a los nuevos padres que los bebés mantienen su primer vínculo con sus padres a la vez que establecen la conexión con usted o con otro adulto. Es importante que los padres y las proveedoras comprendan que la capacidad de los bebés de formar muchos vínculos positivos es saludable, apropiada y en última instancia los beneficiará a ellos durante toda su vida.

Se debe prestar atención a las rutinas y a las tareas diarias que favorecen el desarrollo emocional y social saludable en los bebés desde el momento de la inscripción. Hable regularmente con los padres acerca de esta área del desarrollo. Para que los bebés progresen, su entorno de cuidado infantil necesita proporcionarles el tipo de cuidado cariñoso que encontramos con mucha frecuencia en los hogares sanos con padres afectuosos.

Bebés desde el nacimiento hasta los 6 meses

Uno de los ejemplos más importantes de desarrollo emocional y social en esta etapa es la capacidad del bebé de llorar para captar la atención de otros. Cuando está cuidando a un grupo de niños, puede resultarle difícil responder inmediatamente a un bebé que llora. Cuando está cuidando a varios bebés y también a niños más grandes, puede resultarle imposible responder inmediatamente. Sin embargo, es importante que recuerde que el llanto es una parte esencial de la comunicación del bebé. Con frecuencia, la forma en que responda determinará la capacidad del bebé de establecer un vínculo con usted y de sentirse seguro en su entorno de cuidado infantil.

Durante esta etapa del desarrollo, los bebés comienzan a reconocer a sus cuidadores primarios. Esto incluye no solo a sus padres sino también a usted. A veces, entre el primero y el cuarto mes, el bebé puede premiarlo con una hermosa sonrisa mientras le cambia el pañal. También es posible que tenga la suerte de que un bebé de esta edad se ría a carcajadas mientras interactúa con él. Aproveche esos momentos especiales y refuércelos con sus propias sonrisas y risas. Tenga en cuenta que cada interacción es una oportunidad para reforzar el desarrollo emocional y social positivo.

Bebés de 6 a 12 meses

Al finalizar el primer año, los bebés comienzan frecuentemente a experimentar ansiedad cuando se los separa de sus cuidadores. Esto puede ocurrir cuando el bebé está con usted o con uno de los padres. En esta etapa del desarrollo, es común tanto la ansiedad por la separación como por la presencia de extraños. Es recomendable informarles a los padres que esta conducta es apropiada para el desarrollo e indica que el niño tiene un desarrollo social y emocional saludable. Durante esta etapa, puede resultarle útil tener una rutina diaria que refuerce la continuidad. Esto le permite a los bebés saber qué sucederá a continuación cuando están en su hogar y les ayuda a adaptarse mejor a los tiempos de transición como por ejemplo, la llegada y la salida. A medida se sienten más cómodos con su rutina, estarán más confiados y tendrán menos miedo cuando estén en su entorno de cuidado infantil. A pesar de que los miedos parecen muy reales y pueden producir ansiedad, los padres y las proveedoras que trabajan juntos para establecer rutinas constantes pueden reforzar la confianza de los bebés.

Los bebés de este grupo de edades realmente comienzan a disfrutar viendo a otros niños de su programa. En esta etapa, ellos comienzan a darse cuenta que los otros niños son diferentes de usted. Ofrezca oportunidades en las cuales los bebés puedan observar a otros niños de cerca y en forma segura. Esto les dará excelentes oportunidades para el desarrollo social. Los niños más grandes generalmente también disfrutan cuando se les da la oportunidad de ser un ejemplo de conducta.

Las actividades con los juegos que requieren que usted participe directamente con los bebés como por ejemplo, batir palmas, son excelentes formas de promover el crecimiento emocional y social. Su interacción personal producirá resultados positivos.

Bebés de 12 a 18 meses

Los bebés de este grupo de edades están comenzando a disfrutar el juego independiente. Ellos no dependen de usted para toda su estimulación. A pesar de que en esta etapa los bebés no comparten y no juegan necesariamente entre sí, pueden por ejemplo, jugar con bloques mientras otros niños también juegan con bloques. Este tipo de juego se llama *juego paralelo* y es un juego más simultáneo que colaborativo.

Estos bebés pueden comprender lo que significa la palabra «no» pero con frecuencia prefieren ignorarla. Por lo tanto, usted deberá intervenir frecuentemente y en algunas instancias, retirar físicamente a los niños que no obedezcan sus órdenes. Durante este período, su supervisión directa y su capacidad para crear un entorno sin peligros son muy importantes. Durante esta etapa del desarrollo, no es posible controlar la conducta desde una habitación contigua y esperar que los bebés más grandes obedezcan automáticamente.

La ansiedad por la presencia de extraños puede ser grave durante esta etapa. El reaseguramiento y la presencia de rutinas diarias constantes, así como también un vínculo seguro entre la proveedora y el bebé pueden ayudar a reducir la ansiedad que experimentan muchos bebés durante este período. Sin embargo, recuerde que la capacidad de un niño de decir que no y de diferenciar entre un rostro familiar y el de un extraño son muy importantes. Cuando intente disminuir la ansiedad por la presencia de extraños, tenga en cuenta las necesidades y situaciones particulares de cada niño.

Desarrollo social y emocional de los niños pequeños

Los niños pequeños deben aprender a lavarse las manos y el rostro, a usar el baño solos y a ponerse los zapatos. Este es un momento especial ya que usted debe ayudar a los niños a desarrollar su independencia. Recuerde que es necesario darles un buen ejemplo, ya que la mayor parte de lo que aprenden los niños pequeños es mediante la observación y la escucha de los adultos que los rodean.

Los niños pequeños se sienten muy orgullosos de sus logros individuales. Elogiar cada logro es muy importante. Reconozca los logros y aliente a los niños pequeños a sentirse exitosos en sus iniciativas.

Los niños pequeños pueden pasar del afecto al enojo rápidamente. Su capacidad de intervenir rápidamente es muy importante. Es muy normal que los niños pequeños hagan juegos en paralelo. Asegúrese de tener disponibles suficientes materiales para actividades paralelas para evitar este modo el estrés que genera la oferta y demanda de los materiales más atractivos.

Los niños pequeños más grandes pueden comenzar a comprender de qué modo la conducta que tienen afecta a otros niños y adultos. Esto puede provocar a veces que el niño intente captar la atención mediante conductas inapropiadas. Su capacidad para responder apropiadamente les ayudará a los niños pequeños a comenzar a comprender de qué modo sus necesidades tienen que tener en cuenta las necesidades de los demás. Demuestre opciones, proporcione ejemplos de conducta positiva e impúlselos a resolver problemas para proporcionarles una buena base para el desarrollo emocional y social saludable.

Desarrollo social y emocional de los preescolares

El desarrollo emocional y social en los niños de tres años surge cuando participan en conductas que pueden parecer tontas y actúan en forma divertidas. Cuando los niños de tres años tiene como audiencia a los adultos y a otros niños, parece que nunca se quedan sin material. Ellos son mucho más independientes que cuando tenían dos años y usted escuchará frecuentemente la afirmación «Puedo hacerlo yo solo». Los niños de tres años, al igual que los niños pequeños, prefieren generalmente jugar solos o en un juego paralelo y están frecuentemente comenzando interactuar con otros niños de su misma edad. Al evaluar esta etapa del desarrollo, usted deberá asegurarse de que el área de cuidado infantil esté preparada para todos estos tipos de juego. Los niños de tres años están comenzando a comprender los conceptos de esperar su turno y compartir. A ellos les encanta ser reconocidos y comienzan a expresar sentimientos y emociones en formas apropiadas. Los preescolares con un desarrollo saludable están contentos la mayor parte del tiempo y comienzan a comprender los límites y las reglas.

A medida que los preescolares crecen, comienzan a depender cada vez menos de los adultos y les gusta pasar más tiempo con otros niños en un entorno de cuidado infantil. A veces, parece que los preescolares no tiene miedo a nada, pero a medida que comiencen a habituarse a notar la diferencia entre la realidad y la fantasía, pueden estar más apegados a los adultos hasta resolver estos sentimientos. Un buen programa de cuidado infantil en el hogar proporciona un equilibrio adecuado ofreciéndoles muchas oportunidades de independencia pero dándoles a la vez, apoyo, guía y protección.

Los preescolares más grandes tienen un mayor período de atención. Ellos están desarrollando la paciencia y las amistades. Los niños preescolares más grandes comienzan a estar también más conscientes de la sexualidad. Esto forma parte de su curiosidad natural sobre ellos mismos y el mundo que los rodea. Los niños preescolares comenzarán a usar palabras por el efecto que causa el lenguaje en los adultos y en otros niños. Los niños de esta etapa quieren su atención y frecuentemente ponen a prueba los límites.

Indicadores sociales y emocionales
Indicadores de desarrollo social y emocional de los bebés

Indicador	Comienza generalmente
Lloran en forma demandante	Nacimiento al mes 1
Muestran sensación de confianza	Nacimiento al mes 1
Muestran afecto (responden positivamente) a los adultos importantes	Nacimiento al mes 1
Establecen contacto visual	Nacimiento al mes 1
Hablan en media lengua	1 a 3 meses
Lloran para exigir atención	1 a 3 meses
Sonríen cuando escuchan voces familiares	1 a 3 meses
Sonríen a personas desconocidas	1 a 3 meses
Siguen el movimiento de personas u objetos	1 a 3 meses
Habla en media lengua y se ríen para lograr la atención de los adultos	3 a 6 meses

(Continúa)

(Continúa)

Indicador	Comienza generalmente
Responden sonriendo a las sonrisas	3 a 6 meses
Miran y escuchan deliberadamente	3 a 6 meses
Prestan atención a los niños más grandes y a lo que hacen	3 a 6 meses
Se calman solos	3 a 6 meses
Distinguen voces de personas familiares e importantes	6 a 9 meses
Pueden distinguir tonos de voz y emociones	6 a 9 meses
Juegan con adultos y niños más grandes	6 a 9 meses
Sienten ansiedad ante la separación de los adultos conocidos (ansiedad por separación)	9 a 12 meses
Sienten ansiedad ante la presencia de personas desconocidas (ansiedad por desconocimiento)	9 a 12 meses
Expresan emociones (alegrías, tristezas, enojos y sorpresas) mediante gestos, sonidos o expresiones faciales	9 a 12 meses
Exploran el entorno	9 a 12 meses
Se divierten jugando al lado de otros niños (juego paralelo)	12 a 18 meses
Comparten los juguetes y las posesiones	12 a 18 meses
Imitan a los hermanos más grandes o a otros niños de su edad	12 a 18 meses
Muestran señales de hacerle bromas a los adultos	12 a 18 meses
Comprenden el significado de la palabra «no» pero frecuentemente se niegan a obedecer y deben ser retirados físicamente de la situación	14 a 18 meses
Se lavan el rostro y las manos	16 a 24 meses

Indicadores de desarrollo social y emocional de los niños pequeños

Indicador	Comienza generalmente
Se lavan el rostro y las manos	18 a 24 meses
Comienzan a separarse de las personas que los cuidan	18 a 24 meses
Buscan un lugar seguro o a un adulto importante en las situaciones difíciles para obtener consuelo y aprobación	18 a 24 meses
Muestran afecto hacia los adultos importantes	18 a 24 meses
Muestran signos de estrés cuando los miembros de la familia inician la separación	18 a 24 meses
Muestran una capacidad cada vez mayor de sobrellevar el estrés	18 a 24 meses
Pueden ir al baño solos	18 meses a 5 años

(Continúa)

(Continúa)

Indicador	Comienza generalmente
Muestran orgullo por sus logros, especialmente los físicos	2–2 años y medio
Muestran independencia para lavarse las manos, vestirse y seleccionar la ropa	2–2 años y medio
Se interesan por la anatomía	2–2 años y medio
Muestran una capacidad cada vez mayor de controlar su propia conducta	2–2 años y medio
Juegan junto a otros niños y comparten ocasionalmente	2–2 años y medio
Identifican y hablan sobre sentimientos personales	2 años y medio a 3 años
Identifican y hablan sobre los sentimientos de otros	2 años y medio a 3 años
Muestran interés en ayudar	2 años y medio a 3 años
Conocen algunas reglas pero no pueden seguirlas constantemente	2 años y medio a 3 años
Muestran respeto por otras personas y posesiones ocasionalmente	2 años y medio a 3 años
Están interesados en el mundo externo	2 años y medio a 3 años

Indicadores de desarrollo social y emocional de los preescolares

Indicador	Comienza generalmente
Muestran independencia	3 años
Juegan solos	3 años
Juegan con otros niños	3 años
Comprenden las perspectivas de los demás	3 años
Esperan su turno	3 años
Comparten	3 años
Expresan sentimientos y emociones con palabras	3 años
Les gusta ayudar con las tareas de la casa	3 años
Les gusta parecer más pequeños y hacer reír a los demás	3 años
Comprenden algunos límites y reglas	3 años
Buscan atención y aprobación	3 años
Hacen elecciones sencillas (entre dos objetos o ideas)	3 años
Participan en juegos de rol	3 años

(Continúa)

(Continúa)

Indicador	Comienza generalmente
Muestran mayor responsabilidad	4 años
Tienen un periodo de atención mayor	4 años
Tienen más paciencia	4 años
Hacen amigos	4 años
Participan en juegos de grupo	4 años
Hacen juegos de rol	4 años
Juegan juegos sencillos con reglas	5 años
Siguen y establecen reglas sencillas	5 años
Muestran emociones fuertes	5 años
Juegan con los padres compartiendo ideas y juguetes	5 años
Pueden autodirigirse	5 años
Son sensibles a los sentimientos de los demás	5 años

Unidad 5

Desarrollo dentro de la preparación
para el aprendizaje

· ·

EL DOMINIO LLAMADO PREPARACIONES PARA EL APRENDIZAJE TRATA ACERCA DE
la preparación de los niños para la escuela y de motivarlos para que sean curiosos y estén
dispuestos a aprender. Esta es tal vez una de las responsabilidades más importantes del
cuidado infantil de los niños pequeños. Las proveedoras de cuidado infantil en el hogar
frecuentemente tienen la ventaja de cuidar a los niños desde el nacimiento hasta el jardín
de infantes. Esto les proporciona la extraordinaria oportunidad de preparar a los niños
en su etapa más temprana del desarrollo para realizar una transición exitosa a cada una
de las etapas subsiguientes del desarrollo. Gracias a que los grupos son pequeños y a la
continuidad del cuidado, las proveedoras de cuidado infantil en el hogar pueden llegar
a conocer realmente a cada niño. Esto incluye la comprensión de los temperamentos y
personalidades individuales. Este tipo de conocimiento proporciona una ventaja muy
especial a la hora de implementar los horarios diarios y realizar actividades y rutinas que
apoyen el mayor desarrollo de la capacidades.

Como el desarrollo de la primera infancia generalmente sigue patrones predecibles,
es posible implementar experiencias de aprendizaje efectivas para cada grupo de edades.
Es importante recordar que aun cuando los niños sean de la misma edad, su nivel de
conocimiento y capacidades pueden ser distintos. Sin embargo, hay principios uniformes
para el modo en que los niños aprenden.

El desarrollo va de lo más sencillo a lo más complejo y de lo más general a lo más
específico. Cada capacidad se basa sobre una capacidad más sencilla hasta que los niños
pueden aprender conceptos y capacidades más complejos. El aprendizaje generalmente
progresa de lo concreto a lo abstracto. En el caso de los niños pequeños, esto significa que
necesitan experiencias en la vida real e interacciones prácticas con objetos concretos para
desarrollar el conocimiento.

El desarrollo no puede ser «enseñado» pero puede ser facilitado. Esto incluye su responsabilidad de ofrecer muchas oportunidades para el desarrollo y el crecimiento sanos. Los niños tienen distintos estilos de aprendizaje y también distintos intereses, necesidades del desarrollo y motivaciones. Por lo tanto, un componente importante del aprendizaje temprano exitoso es su participación en el desarrollo de un niño equilibrado. Un niño que ha tenido experiencias diarias que le proporcionen desarrollo intelectual, social, emocional y físico progresará.

Al trabajar con niños pequeños en un entorno de cuidado infantil en el hogar, usted puede emplear algunas estrategias básicas para preparar el escenario para experiencias de aprendizaje temprano positivas:

- Es muy importante aceptar a los niños por quienes son y lo que son. Cuando usted demuestra su aceptación del niño, está reforzando la autoaceptación positiva de ese niño. Los niños que se sienten bien consigo mismos están mejor preparados para tener una experiencia de aprendizaje más positiva.

- Cuando usted establece un conjunto de reglas claras y razonables y expectativas adecuadas de conducta, los niños tienen una mejor idea de lo que se espera de ellos. Cuando los niños comprenden los límites, tienden a desarrollar una mejor autoestima.

- Una parte muy importante de su papel como facilitador es su capacidad de alentar la autonomía y el sentido de independencia. Su horario diario de actividades así como sus rutinas diarias deben incluir tiempo para este tipo de experiencias. Esto significa que, con su supervisión, usted debe alentar a los niños a experimentar, a ser creativos y a estar contentos.

- Aliente las experiencias de aprendizaje creativas y la experimentación en los niños proporcionándoles un entorno seguro. Esto significa que para que los niños puedan aprender, necesitan sentirse y estar seguros.

- Mostrar respeto por todos los niños en su programa cualquiera sea su raza, religión, origen étnico, capacidades de desarrollo o sexo es extremadamente importante. Les está enseñando con su ejemplo. Los niños la observan y copiarán su conducta.

- Haga un gran esfuerzo para no intentar controlar la conducta mediante comentarios desalentadores. Reemplace esos tipos de comentarios con elogios alentadores y significativos. Las comparaciones desfavorables y las ridiculizaciones pueden frustrar a los niños y obstaculizar el aprendizaje.

- Ayude a los niños con los que trabaja para que puedan ver cuán especiales son. Refuerce los atributos de cada niño. Esto es importante para todos los grupos de edades. Los niños pequeños serán más receptivos al aprendizaje cuando vean y sientan su entusiasmo y optimismo.

Como cuidadora de niños pequeños, usted se ha comprometido a ayudar a que los niños progresen en una forma apropiada y saludable. Su programa debe contribuir al desarrollo general de cada niño y debe ser relevante para lo que cada niño necesita en ese momento. El programa debe ser también relevante para lo que cada niño necesitará en el futuro. Esto significa que usted debe hacerse continuamente preguntas sobre lo que cada niño debería estar aprendiendo mientras se encuentra a su cuidado y por qué debería aprender eso.

Su programa necesita tener en cuenta que el aprendizaje y el desarrollo son procesos continuos que comienzan desde el nacimiento. Su programa necesita estar secuenciado para permitirle a los niños avanzar a partir de capacidades aprendidas anteriormente y sentirse exitosos cuando dominan una habilidad, paso a paso. Todos los niños pequeños que estén a su cuidado deben ser ayudados para que estén interesados y les resulte atractivo el aprendizaje. Esto mejorará el aprendizaje temprano.

El Programa de Cuidado Infantil en el Hogar de The Redleaf no es para estancarse. Cualesquiera sean los recursos que emplee, su programa debe ser dinámico y significativo. Para crear un entorno de aprendizaje positivo para los niños que están a su cuidado, es importante que su programa cambie y mejore continuamente para responder a las necesidades de los niños e incluir la nueva información y los materiales que surgen constantemente en el campo del cuidado durante la primera infancia.

Los bebés y los niños pequeños que disfrutan de un hogar y de un entorno de cuidado infantil estimulantes, aprenden mejor y más rápido. La forma en la que usted interactúa con los bebés y con los niños ayuda a establecer las bases para el aprendizaje que beneficiará a todos los niños durante toda su experiencia escolar.

Desarrollo de los bebés dentro de la preparación para el aprendizaje

Al principio, esto puede parecerle confuso. Después de todo, ¿de qué forma la interacción con un bebé puede afectar la forma en que ese niño encarará la escuela dentro de cinco años? Es una pregunta lógica y la respuesta se encuentra en la investigación reciente sobre cómo se desarrollan los niños pequeños. Durante el primer año de vida, el cerebro humano duplica su tamaño. Para el momento en que los niños llegan a los tres años, su cerebro habrá alcanzado el 80 por ciento del volumen que tiene un cerebro adulto. Este crecimiento se debe principalmente al crecimiento neuronal y a las nuevas sinapsis que se forman. Los sentidos como el oído, la visión y el tacto maduran rápidamente y son muy receptivos de los estímulos externos durante la primera infancia. Para decirlo de otro modo, nunca es demasiado temprano para ayudar a los bebés a aprovechar este increíble potencial.

Bebés desde el nacimiento hasta los 6 meses

Su percepción es muy importante durante esta etapa del desarrollo. Cada bebé tiene una personalidad y un temperamento distintos. A medida que comience a interactuar con los recién nacidos, notará que cada bebé puede responder de forma distinta. Sus observaciones le ayudarán a proporcionar la cantidad adecuada de estímulo. Todos los bebés necesitan la interacción humana. Cuanto más los observe, más fácil le resultará presentarle actividades que reflejen las necesidades y el temperamento individuales de cada niño. El cuidado de un niño durante esta etapa inicial de desarrollo proporciona una ventaja ya que usted está comenzando a establecer las bases del aprendizaje futuro

Bebés de 6 a 12 meses

Estos bebés están adquiriendo nuevas habilidades a velocidades increíbles. Ellos son cada vez más receptivos y pueden comunicar mejor tanto su alegría como su displacer. La comunicación interactiva es muy importante durante esta etapa del desarrollo. Estos bebés se comunicarán mediante el lenguaje corporal, las expresiones faciales y sus intentos de comunicarse verbalmente. Observar, escuchar y responder en su media lengua son necesarios para comprender cómo responder a sus necesidades.

Bebés de 12 a 18 meses

Los grupos de varias edades le ofrecerán muchas oportunidades de aprendizaje a estos bebés. Estos bebés intentan imitar lo que ven y escuchan. Es necesario que su programa incluya una amplia variedad de actividades que les permitan a estos niños realizar actividades prácticas. Su supervisión y guía juegan un papel muy importante para este grupo de edades. Los bebés más grandes se benefician con su entusiasmo y aliento. Logre que el aprendizaje sea una experiencia divertida.

Desarrollo de los niños pequeños dentro de la preparación para el aprendizaje

Establecer un entorno en donde los niños estén seguros para explorar y satisfacer su curiosidad natural es extremadamente importante en esta etapa del desarrollo. Los preescolares tienen mucha energía y en general, pueden verbalizar sus sentimientos. Analice detenidamente los materiales que tienen a su disposición los preescolares en su programa. ¿Necesitan los niños competir por los materiales o esperar durante largo tiempo hasta que llegue su turno? ¿Utiliza usted las palabras «no» o «No toques eso» con frecuencia? Estos niños necesitan actividades y materiales que apoyen el desarrollo de su capacidad y el aprendizaje. Apoyar el progreso en todos los dominios del desarrollo ayudará a los niños en su acercamiento al aprendizaje.

Desarrollo de los preescolares dentro de la preparación para el aprendizaje

Los niños preescolares necesitan muchas oportunidades para explorar, investigar y hablar sobre el mundo que los rodea. La presentación de actividades que les permitan a estos niños desarrollar las capacidades necesarias para hacer una transición exitosa desde su programa al jardín de infantes es una parte necesaria de cualquier programa. El uso de la información que obtiene de sus evaluaciones del desarrollo tiene un papel muy importante cuando prepara un horario de actividades para este grupo. Presénteles actividades que se basen en las capacidades que ya adquirieron y que a la vez, les resulten atractivas para desarrollar nuevas capacidades. Su participación y aliento son especialmente importantes para los preescolares.

Indicadores de la preparación para el aprendizaje

Indicadores del desarrollo de los bebés en la preparación para el aprendizaje

Indicador	Comienza generalmente
Muestran curiosidad mediante la exploración con los sentidos	Nacimiento a los 6 meses
Muestran persistencia, repitiendo acciones como por ejemplo, golpear objetos	6 a 12 meses
Exploran activamente el entorno y no le importan los obstáculos	6 a 12 meses
Buscan intencionalmente objetos que les interesen e intentan alcanzarlos	6 a 12 meses
Se concentran en algunas actividades que le interesan durante varios minutos	12 a 18 meses
Toman la iniciativa por ejemplo, para buscar juguetes perdidos	12 a 18 meses
Muestran creatividad utilizando objetos en formas nuevas	12 a 18 meses

(Continúa)

Indicadores del desarrollo de los niños pequeños en la preparación para el aprendizaje

Indicador	Comienza generalmente
Participan en actividades nuevas y desconocidas con la ayuda de adultos de confianza	18 a 24 meses
Apuntan, hacen gestos o preguntan «qué es eso» cuando sienten curiosidad sobre algo	18 a 24 meses
Completan algunas tareas	18 a 24 meses
Usan la imaginación en el juego de roles	18 a 24 meses

Indicadores del desarrollo de los preescolares en la preparación para el aprendizaje

Indicador	Comienza generalmente
Exploran intencionalmente cosas o ideas nuevas	3-4 años
Abordan situaciones con mayor flexibilidad	3-4 años
Inventan nuevas finalidades para objetos	3-4 años
Crean historias, imaginan y describen cosas o situaciones que no existen	3-4 años
Se concentran en tareas a pesar de las distracciones y las interrupciones	4-5 años
Buscan y aceptan ayuda e información	4-5 años
Ofrecen ideas y sugerencias	4-5 años
Reflexionan sobre experiencias pasadas y utilizan la información en situaciones nuevas	4-5 años

(Continúa)

Unidad 6

Cuidado de buena calidad para niños

· ·

PROPORCIONAR MATERIALES Y EQUIPO QUE MEJOREN LAS OPORTUNIDADES DE aprendizaje de los niños de todas las edades es muy importante para un entorno de cuidado infantil de buena calidad. Que haya espacio abierto y despejado también es importante. Un entorno de aprendizaje apropiado para el desarrollo debe proporcionar materiales que apoyen el desarrollo de la motricidad fina y gruesa, el desarrollo cognitivo, de la comunicación y el lenguaje y social y emocional.

Los materiales y equipo utilizados en el entorno de cuidado infantil deben ser seguros. Asegúrese de que todo lo que use el niño, incluidas las cunas y los corralitos, sea apropiado para el peso y la movilidad del niño. Consulte las listas de artículos con defectos de fábrica regularmente para comprobar que no tenga equipo o juguetes inseguros. Lea siempre las etiquetas y las instrucciones cuidadosamente. Como el cuidado infantil en el hogar incluye grupos de varias edades, muchas veces los niños más pequeños quieren jugar con los niños más grandes y hacer todo lo que hacen ellos. Utilice equipo adecuado para la edad.

Su capacidad de supervisión directa es muy importante. Como saben todos los que han proporcionado cuidado para niños pequeños, lo que puede suceder en un abrir y cerrar de ojos es increíble. Una vez que comienzan a moverse, los niños tienen una velocidad sorprendente. La supervisión directa le ayudará a estar cerca para intervenir rápidamente cuando sea necesario. Por ejemplo, es normal que los niños pequeños tengan problemas para jugar bien con otros niños y en esos casos, es habitual que intenten morder. Por lo tanto, su supervisión y guía son necesarios para apoyar la conducta positiva y proteger a todos los niños que se encuentran a su cuidado.

Los niños pequeños quieren hacer cosas. Su necesidad de hacer cosas y obtener logros es intuitiva. Los niños desarrollan independencia y se sienten competentes si su salud física y mental es tenida en cuenta en un entorno que los apoye. Su función principal es proporcionar un entorno de apoyo.

Apoyo para niños

Que todos los niños desarrollen independencia y sentido de competencia depende en gran medida de cómo valoran su trabajo las personas que ellos aman y respetan:

- Dígales a los niños cuánto le agrada a usted cuidarlos. Deles atención personal y aliento. Hagan cosas divertidas juntos.
- Dé buenos ejemplos diciendo siempre «por favor» y «gracias».
- Ayude a los niños a encontrar formas de resolver los conflictos con otros niños.
- Sea afectuosa.
- Muéstreles a los niños cómo incluir a todos en los juegos.
- Agradézcale a los niños cuando tienen gestos amables hacia otros.

Los niños necesitan sentirse exitosos en sus iniciativas. En un entorno de cuidado infantil en el hogar de buena calidad es importante fomentar el sentido de capacidad. ¿De qué forma puede la proveedora hacer esto? Un programa efectivo debe ayudar a los niños a sentirse exitosos como parte normal de la rutina diaria. Por ejemplo, las proveedoras necesitan incluir muebles y equipos que sean del tamaño adecuado para los niños siempre que sea posible, no porque sean lindos sino porque les ayudan a los niños a hacer las cosas sin la ayuda de los adultos. Los materiales deben ser accesibles para que los niños se sientan más independientes y menos dependientes de usted. Proporcionar recipientes con un tamaño adecuado para los niños para la leche y el jugo, que les permitan a los preescolares verter sus propias bebidas durante el almuerzo, es un ejemplo de una forma sencilla de mejorar la independencia.

Seguridad y lugar en que deben colocarse los equipos

Cuando planifique cómo distribuir el espacio para el cuidado infantil, tenga en cuenta que debe proporcionar oportunidades para el desarrollo físico adecuado. La capacidad de correr, por ejemplo, es un hito importante del desarrollo. Lamentablemente, en algunos entornos de cuidado infantil, cuando los niños corren adentro se los pone en penitencia. Tanto si usted ofrece cuidado en un departamento como en una casa, es su responsabilidad incorporar actividades que mejoren el desarrollo total de los niños y esto incluye ofrecer espacios apropiados para todos los tipos de desarrollo.

Distribuya el espacio disponible para cuidado infantil para adaptarlo a las rutinas de dormir, comer, moverse en forma segura, cambiar los pañales e ir al baño. Cada entorno de cuidado infantil en el hogar es único; sin embargo, es necesario tener en cuenta algunos elementos básicos de las necesidades de los niños cuando planifica y diseña o evalúa su espacio actual:

- áreas suaves y acogedoras en los entornos externos e internos
- áreas abiertas con una amplia variedad de superficies para explorar
- muebles bajos para explorar, apoyarse y no caerse
- materiales y equipo seguros

Compense la dureza de una habitación con objetos suaves como por ejemplo puffs y almohadas grandes de piso. Si es posible, establezca un lugar para colocar los proyectos y los dibujos sin terminar. Trate de establecer un espacio de almacenamiento personal para cada niño. Si su casa tiene habitaciones pequeñas, designe cada una de las habitaciones habilitadas para algunas actividades. Por ejemplo, su cocina puede utilizarse para proyectos de arte y juegos de mesa mientras que la sala puede utilizarse para juegos de roles y actividades en grupo. Es aconsejable que las áreas más utilizadas como las del juego de roles, sean lo más grande posible.

⚠ NOTA SOBRE LA SEGURIDAD

Como garantizar un entorno seguro

Es necesario asegurarse de que todo el equipo que use sea seguro. Una parte de su equipo puede haber sido donada o comprada de segunda mano en las ventas de garaje o en tiendas de muebles usados. Inspeccione siempre lo que esté comprando o lo que donan a su programa. Revise frecuentemente las listas de artículos defectuosos de fábrica. Inspeccione los equipos para asegurarse de que tengan todas las tuercas y tornillos necesarios y que todas las piezas estén aseguradas adecuadamente. Determine si hay madera rajada o rota. Determine si hay pintura a base de plomo; si está usando muebles o equipos pintados, asegúrese de que la superficie pintada no contenga plomo. Lea siempre las etiquetas y las instrucciones cuidadosamente. Cuando cree áreas de aprendizaje, recuerde que los espacios abiertos son importantes para un sano desarrollo infantil. Evite el amontonamiento de objetos y la tentación de incluir demasiados juguetes o equipos. Busque oportunidades de almacenamiento creativas y repase la siguiente información:

Entorno físico

- Todos los cajones y gabinetes en donde se guarden materiales peligrosos deben tener instaladas trabas de seguridad y pestillos que funcionen correctamente.
- Las compuertas y las puertas que bloquean las escaleras o las habitaciones que contienen artículos inapropiados deben estar siempre puestas cuando los niños estén a su cuidado.
- Todo lo tomacorrientes eléctricos accesibles deben tener puestas tapas de seguridad.
- Todas las alfombras y tapetes en las salidas deben ser antideslizantes.
- Los cables eléctricos deben estar fuera del alcance de los niños pequeños y de las entradas y caminos transitados.
- Todas las unidades de almacenamiento deben ser estables y seguras para que no puedan deslizarse, colapsar o inclinarse.

- En el área de cuidado infantil no deben haber animales que puedan transmitir enfermedades como por ejemplo tortugas o loros.
- No deben haber cajas, juguetes ni otros objetos en las escaleras o los escalones.
- El cesto de basura debe estar tapado y debe colocarse fuera del lugar en donde se prepara o almacena comida.
- Donde haya niños presentes no pueden usarse cintas para atrapar insectos u otros productos que maten insectos o pestes.

Materiales y equipo

- Los juguetes y el equipo de juego deben inspeccionarse frecuentemente para comprobar que no tengan bordes filósofos, piezas pequeñas, puntos cortantes y que no representen un peligro de asfixia.
- No deben utilizarse cajas de juguetes con bisagras.
- Los televisores y otros equipos de medios deben asegurarse apropiadamente para evitar que se caigan.
- Las cortinas, almohadas, mantas y juguetes de tela deben ser de materiales resistentes al fuego y lavarse regularmente.
- Cuando sea necesario, debe haber disponibles banquitos con escalones que sean estables.
- Todo el equipo utilizado por los niños debe estar en buen estado y sin bordes filosos ni astillas.

· · · · · · · · · · · · · · · · ·

Su papel en el cuidado de los bebés

Las maravillosas características que definen generalmente el cuidado infantil en el hogar como por ejemplo grupos pequeños, niños de variadas edades y un entorno hogareño son muy adecuadas para el cuidado de los bebés. La inclusión de bebés en un programa de cuidado infantil en el hogar puede contribuir al desarrollo general saludable de los niños inscritos. En vez de confinar a los bebés a una habitación exclusivamente para bebés, las proveedoras de cuidado infantil en el hogar pueden supervisar las interacciones entre todos los niños y contribuir de ese modo enormemente a una experiencia de aprendizaje temprano que sea positiva para todos.

Los bebés que están en cuidado infantil en el hogar frecuentemente se pasan más horas caminando con las proveedoras de cuidado infantil que con cualquier otro adulto, incluidos los miembros de su familia. Por lo tanto, es muy importante conocer bien las necesidades del desarrollo de los bebés. El programa para bebés debe abordar todos los dominios de aprendizaje del desarrollo: físico y motor, cognitivo, comunicación y lenguaje y social y emocional. Cuando programe actividades diarias que promuevan el desarrollo de las capacidades, no ignore las necesidades de los bebés.

De vez en cuando, los bebés son colocados en hamacas o asientos infantiles durante largos períodos y esto los excluye de muchas de las actividades diarias del programa. Cuando preguntamos sobre esta práctica, las proveedoras nos dicen a veces que los movimientos de los bebés están limitados por seguridad o que necesitan descansar y no deben ser molestados. En otros casos, las proveedoras pueden creer que incluir a los bebés en una actividad cuesta mucho trabajo y no puede lograrse en un entorno de cuidado infantil en el hogar. En realidad, esto se debe frecuentemente a que la proveedora no comprende totalmente las necesidades del desarrollo de los bebés.

Antes de aceptar a un bebé en su programa, determine de qué forma incluirá a ese niño para que beneficie a todos los niños inscritos, incluido el bebé. Evalúe el espacio disponible. ¿Permite su entorno proporcionar el desarrollo físico adecuado para un bebé? ¿Hay suficiente espacio para que los bebés estén boca abajo y puedan gatear y estirarse?, ¿está el espacio protegido y es accesible? ¿Proporciona su entorno una gran cantidad de oportunidades para que los bebés puedan participar en actividades que favorezcan la comunicación y el lenguaje así como el desarrollo emocional, social y cognitivo? ¿Comprende usted plenamente las necesidades que tiene el bebé de desarrollarse y crecer y puede ofrecerle todas las oportunidades de desarrollo necesarias en su programa de cuidado infantil en el hogar? Esta unidad está destinada a ayudarle a abordar estas preguntas.

Para adaptarse a las necesidades de desarrollo de los bebés y tener también en cuenta las necesidades de los otros niños debe aprovechar los momentos en los que puede dedicar toda su atención a los bebés. Reconozca que mucho de lo que usted hace naturalmente constituye una gran parte de su programa infantil. En esta unidad, encontrará información que le aclarará su papel en el cuidado de los bebés y le dará sugerencias que le ayudarán a crear un área adecuada para bebés. Tenga en cuenta que la información sobre el desarrollo y las actividades de los bebés está dividida en tres grupos de edades. Esto permite adaptar las amplias diferencias en el desarrollo que hay entre un recién nacido y un niño de un año y medio.

Usted está asumiendo responsabilidades especiales cuando cuida a bebés. La forma en que los toca, les habla y los alimenta puede tener efectos duraderos en su desarrollo futuro. El vínculo que debe formarse es necesario para que ellos puedan progresar en todas las áreas del desarrollo.

Cuando hay bebés en un entorno de cuidado infantil en el hogar, debe haber un área en donde haya equipo y juguetes específicamente para ellos y en donde se tomen todas las medidas de precaución adecuadas. Esto no significa que los bebés deban estar confinados exclusivamente a esa área. Por el contrario, significa que hay momentos durante el día, por ejemplo durante la siesta, en donde los bebés necesitan un área en la que puedan dormir sin ser molestados. Los bebés necesitan también tiempo y espacio para usar en forma segura equipo y materiales que sean adecuados para su edad, por ejemplo juguetes. Debe haber espacio adecuado y el equipo debe disponerse de modo de permitir el sueño, la comida, el movimiento físico seguro y el cambio de pañales. Este entorno debe incluir también los siguientes elementos:

- áreas suaves y acogedoras en los entornos externos e internos
- áreas abiertas con una amplia variedad de superficies para explorar
- muebles de baja altura para que los bebés más grandes puedan explorar y usarlos de apoyo
- un calendario de actividades diarias que incluya a los bebés

Cada entorno de cuidado infantil en el hogar es único. A continuación, encontrará algunos aspectos básicos que todo programa de cuidado infantil debe tener en cuenta cuando planifique y diseñe un área para bebés:

Materiales para los bebés

El juego de los bebés debe incluir una gran cantidad de exploración y descubrimiento. Es necesario alentar a los bebés a que usen todos sus sentidos para examinar el color, la forma, la textura y el movimiento de los objetos. Ellos necesitan tener la oportunidad de agitar objetos para producir sonidos, empujar objetos para experimentar el movimiento y colocarse objetos en la boca en forma segura para experimentar el gusto y el tacto. Elija juguetes que estimulen los sentidos y permitan la participación activa. Le resultará muy útil tener un lugar especialmente dedicado a guardar los juguetes y equipos de los bebés. Tenga en cuenta que desea promover la independencia y no la dependencia. A medida que los bebés se muevan más, permítales tener acceso al lugar de almacenamiento para que puedan encontrar los juguetes en forma segura y tener la oportunidad de aprender a ordenar.

En su hogar, puede encontrar o hacer fácilmente muchos objetos con los que pueden jugar los bebés. Recuerde que todo lo que le dé a un bebé para jugar debe inspeccionarse previamente para asegurarse de que sea seguro. Los objetos como los ruleros grandes de plástico o las cucharas de madera con un rostro dibujado les encantarán a los bebés. Como sabe, cada niño es diferente. Lo que puede ser encantador para un niño puede convertirse en un arma para otro. Observe de cerca cómo usan los niños los materiales cuando juegan.

NOTA SOBRE LA SEGURIDAD

Supervisión directa

No existe un sustituto legítimo de la supervisión directa. A pesar de que algún objeto pueda no parecerle peligroso, es indispensable que observe el juego de los bebés y que intervenga inmediatamente si alguno de ellos está en peligro.

· · · · · · · · · · · · · · · · ·

Los bebés necesitan materiales de juego que estimulen sus sentidos y les permitan adquirir las capacidades necesarias mediante el juego. A continuación, encontrará una lista de juguetes económicos que puede hacer usted misma. Recuerde que todo lo que haga para los bebés debe inspeccionarse cuidadosamente para comprobar que no esté gastado o roto y que no represente un posible peligro de asfixia. Estos materiales de juego incluyen todo tipo de texturas que les proporcionarán estimulación sensorial. Esta lista incluye materiales que son lisos, suaves, ásperos, irregulares y rizados:

- Haga una pelota de tela rellenando una toalla vieja o un trozo de tela con medias de nailon, dándole forma redonda y cociéndola.
- Haga muñecas o animales de tela con toallas viejas o desechos de materiales y rellénelos con calcetines viejos u otras fibras de lana o algodón.
- Retire todas las etiquetas de una lata de jugo vacía y asegúrese de que todos los bordes sean regulares. La lata es un objeto suave con el que pueden jugar y al que pueden hacer rodar.
- Ate algunas redes juntas para formar una pelota suave y observe cómo juegan los niños con este juguete «irregular».
- Haga un juguete móvil para la cuna o una caja con actividades que pueda ponerse en la cuna e incluya actividades y materiales adecuados para los bebés que estén firmemente sujetados. Algunas cajas de actividades pueden incluir cuentas de colores brillantes, espejos y botones y palancas que puedan mover. La caja de actividades no debe ser un sustituto de la interacción con el cuidador.

A los bebés le gusta también jugar con los siguientes elementos:
- juguetes y animales de peluche que sean lavables cuando se despiertan (no se recomiendan estos juguetes cuando los bebés estén durmiendo porque corren el peligro de asfixiarse)
- sonajeros de madera resistente o de plástico duradero
- llaveros circulares de plástico
- espejos de plástico irrompibles
- anillos de dentición y otros juguetes de dentición
- juguetes que puedan sujetar, por ejemplo anillos de goma y juguetes con manijas de materiales plegables y no tóxicos
- teléfonos de juguete
- pelotas de distinto tamaño y textura
- juguetes para llenar y verter, como tazas, cucharas y cubos
- animales grandes de madera o plástico
- bloques de telas suaves
- animales y muñecas de tela
- juguetes para apilar y anidar
- libros hechos de telas, cartón duro o plástico no tóxico
- tazas de medir de plástico
- cucharas de medir agrupadas en un anillo seguro
- cuchara de madera
- caja con tapa, por ejemplo cajas de zapatos

- sujetadores de ropa antiguos de madera
- ollas, cacerolas y tapas
- cajas de curitas vacías
- cestos y papeleras
- anillos para servilletas grandes y de plástico

NOTA SOBRE LA SEGURIDAD

Como asegurar espacios seguros para los bebés

Cunas y cambiadores de pañales

- Los colchones de las cunas deben calzar firmemente.
- Los listones de las cunas no deben tener más de 6 cm (2 y 3/8 de pulg.) de espacio libre entre sí.
- Las cunas deben estar armadas correctamente. No debe haber tornillos o pernos faltantes.
- La cunas y todo otro mueble para el bebé no deben haber sido pintados con pintura a base de plomo.
- Las cunas y los corralitos no deben colocarse cerca de ventanas.
- Debe colocarse una alfombra o tapete debajo de todas las cunas y cambiadores de pañales para amortiguar la posible caída del bebé.
- Todos los cambiadores de pañales deben tener cinturones de seguridad que deben usarse siempre que haya un bebé en el cambiador.
- Todos los suministros que utilizará para cambiar los pañales deben estar fuera del alcance del bebé pero al alcance de la proveedora de cuidados.

Elementos colgantes

- Las cuerdas de los cortinados y de las persianas deben estar fuera del alcance de los niños y lejos de las cunas.
- Todos los gimnasios de las cunas, juguetes colgantes y decoraciones deben ser retirados de la cuna tan pronto como el niño pueda levantarse con la ayuda de sus manos y las rodillas.

Juguetes

- Todos los juguetes y otros elementos deben un diámetro superior a 2.5 cm (1 pulgada). Si tiene alguna duda, puede comprar controladores de seguridad de los juguetes de los niños para determinar el diámetro apropiado.
- No debe haber piezas o partes de juguetes en el lugar donde duermen los niños.

Espacio para jugar

- Las áreas en donde gatean los bebés deben estar siempre limpias y sin peligros.
- Debe haber alfombras o edredones disponibles para los bebés que están comenzando a darse vuelta o que están boca abajo.
- Deben colocarse muebles de poca altura para que los bebés puedan utilizarlos de apoyo para caminar o incorporarse.
- Las áreas de juego deben estar suficientemente protegidas para que el juego normal de los niños de más edad no ponga en peligro a los bebés que estén gateando.
- No deben colocarse luces cerca o en contacto con cortinados, mantas o colchas. No coloque nunca toallas u otras telas sobre lámparas para disminuir la luz en una habitación.

· · · · · · · · · · · · · · · · ·

Su papel en el cuidado de los niños pequeños

Los niños pequeños ¡son fabulosos, fabulosos, fabulosos! Es prácticamente imposible estar triste o deprimido durante mucho tiempo cuando está en compañía de niños pequeños. Su entusiasmo y exuberancia son contagiosos. Entre los 18 y los 36 meses de edad, se produce un enorme desarrollo. Los niños pequeños que pocos meses atrás parecían depender casi totalmente de usted son ahora cada vez más independientes. En general, los niños pequeños pueden correr independientemente, comer con utensilios e identificar las partes del cuerpo. Muchos niños pequeños desarrollaron tanto la coordinación necesaria para patear la pelota hacia adelante como la capacidad de comunicar sus deseos e intenciones. Los niños pequeños son más comunicativos y en general, cuando están dispuestos, pueden concentrarse durante períodos de tiempo más largos. Muchas proveedoras de cuidado infantil prefieren esta etapa del desarrollo porque permite saber qué piensan los niños sobre los tipos de actividades que desea incluir cuando programa los calendarios diarios de actividades. A pesar de que los niños pequeños requieren una rutina constante, sus necesidades requieren generalmente menos estructura que las de los bebés.

Además, podrá descubrir el placer adicional que produce observar el nacimiento de sus personalidades y la satisfacción que se siente al ver el progreso que hacen los niños en respuesta al apoyo y el estímulo que les proporciona su programa. Si usted comienza a cuidar a los niños cuando son bebés, es especialmente gratificante verlos progresar y crecer.

Para muchas proveedoras, las características que definen esta etapa del desarrollo tienen dificultades que son únicas. Los niños pequeños exhiben frecuentemente conductas tales como morder, tener períodos breves de atención y la aparente incapacidad o falta de disposición para seguir órdenes. En los programas de cuidado infantil en el hogar, en donde el personal se limita generalmente a una sola proveedora o a una proveedora y una asistente autorizada, estas conductas pueden provocar varios problemas. Es imperativo comprender qué es apropiado desde el punto de vista del desarrollo para los niños que se encuentran en este grupo de edades. Las actividades que están bien planificadas y son adecuadas para la edad de los niños pequeños les ayudarán enormemente durante el día de cuidado infantil. También es importante saber cómo guiar la buena conducta.

Cuando sabe de qué forma se desarrollan y crecen los niños pequeños, le resultará más fácil crear un entorno adecuado para los niños y que apoye su desarrollo. Esto incluye mantener fuera de su alcance todos los materiales que no desea que utilicen. La compresión de las reglas es un hito del desarrollo importante para los niños pequeños. Establezca reglas sencillas que incluyan actividades adecuadas para la edad para las etapas del desarrollo de todos los niños que participan en su programa. Los siguientes materiales están agrupados por dominio de desarrollo:

Desarrollo motor y físico

- Los juguetes para manipular como los bloques que se conectan ayudan a desarrollar los músculos pequeños y la coordinación entre la mano y la vista.
- Los equipos grandes como los triciclos, las ruedas grandes, las pelotas, las cajas y los bloques vacíos permiten a los niños pequeños utilizar todo el cuerpo.
- Las escobas, las esponjas, las palas y los baldes son instrumentos que pueden usar los niños para realizar tareas.
- Abrocharse los botones, subir y bajar las cremalleras y comer en forma independiente son todas actividades que favorecen el desarrollo de la motricidad fina.
- Dar vuelta las páginas del libro también favorece el desarrollo de la motricidad fina.
- Proporcionar espacio suficiente y accesible para que puedan saltar y correr (además de juegos y equipos) favorece el desarrollo de la coordinación.

Desarrollo cognitivo

- Los juguetes para manipular como por ejemplo los rompecabezas, los tableros con clavijas y las piezas que se conectan (tenga siempre en cuenta el peligro de asfixia) ayudan a los niños a comprender el principio de ensayo y error. Comer y vestirse también puede proporcionarles práctica en esta área.
- Llenar y vaciar objetos, apilar y derribar tazas y bloques, martillar y golpear y abrir y cerrar les proporcionan a los niños pequeños la oportunidad de explorar el principio de causa y efecto.
- Distintos tipos de frutas y verduras, cucharas de distintos tamaños y calcetines de colores en una cesta de lavandería pueden utilizarse para enseñarles a los niños pequeños a clasificar y ordenar objetos.
- Explorar materiales como el agua y la arena, la plastilina, la pintura y distintos tipos de telas, frutas y verduras les permite a los niños pequeños examinar los detalles sensoriales de cada elemento.

- Participar en actividades artísticas y manualidades favorece la creatividad y el desarrollo de la motricidad fina de los niños pequeños. Recuerde que debe supervisarlos de cerca.

- Examinar y explorar elementos de la naturaleza adecuados para la edad son formas económicas de comenzar a practicar el reconocimiento de objetos y la retención en la memoria.

Desarrollo de la comunicación y el lenguaje

- Incluya períodos regulares para contar cuentos y leer y tenga disponible un conjunto de libros que los niños puedan usar solos. Lea poemas en voz alta para que los niños puedan aprender sobre el ritmo y los sonidos repetidos en el lenguaje. Tenga un lugar cómodo para que los niños puedan mirar los libros. En las páginas 208 a 210 encontrará más información sobre la importancia de leerles a los niños.

- Ayude a los niños pequeños a identificar las palabras de los objetos conocidos, por ejemplo las figuras en una casa de muñecas, las partes del cuerpo, etc. Organice actividades y juegos que aumenten la capacidad de retención de la memoria y de identificación de objetos de los niños.

- Aproveche tantas oportunidades como pueda para aprender y escuchar canciones que sean adecuadas para la edad y aprender a usar instrumentos musicales. La música también puede proporcionar un contexto beneficioso en el entorno de cuidado infantil en el hogar. Algunos niños en los programas de cuidado infantil en el hogar pueden identificar la hora del día y la actividad asociada basándose en la música que escuchan.

Desarrollo social y emocional

- Proporcione juguetes y equipos duplicados a los niños pequeños ya que no es razonable esperar que ellos los compartan. Los juguetes y suministros duplicados favorecen el juego paralelo que eventualmente lleva a los niños pequeños al juego colaborador con otros niños.

- Rote siempre los juguetes y los suministros para evitar el aburrimiento. Proporcione tantos materiales como sea posible que los niños pequeños puedan usar por su cuenta sin la ayuda de adultos.

- Ofrezca marionetas y accesorios que les ayuden a representar a personas reales para que los niños pequeños puedan pretender ser los adultos importantes en sus vidas.

- Aliente el juego de roles que le permite a los niños pequeños representar distintos papeles, especialmente aquellos que se limitan generalmente a los adultos. El juego de roles les permite a los niños pequeños experimentar el éxito en áreas a las cuales no tienen generalmente acceso como por ejemplo trabajar en una tienda o lavadero de autos. Cambie frecuentemente el lugar dedicado al juego de roles. Organice un correo durante tres o cuatro semanas, luego pruebe con un garaje, almacén o restaurante durante varias semanas.

- Cree por lo menos un espacio privado al que pueda ir un niño pequeño cuando necesite alejarse de los demás niños sin que usted lo pierda de vista. Un ejemplo podría ser la caja pintada de un electrodoméstico grande con almohadas adentro.

Su papel en el cuidado de los preescolares

Un buen entorno hogareño y familiar les proporcionan a los preescolares oportunidades extraordinarias para aprender y crecer. La preocupación y el cuidado diario les proporcionan a los padres la capacidad de saber cómo responder exactamente a sus niños pequeños en la mayoría de las situaciones. Ellos saben cuándo intervenir con aliento y protección y cuando deben retirarse y permitir que el niño tenga la oportunidad de probar su capacidades y desarrollar nuevas habilidades. Los buenos padres saben cuándo deben proteger a sus niños de la tristeza y de las preocupaciones y cuándo deben darles la oportunidad de resolver sus ansiedades.

Los tipos de interacción diaria que tienen lugar entre los padres y los niños pequeños desde los tres hasta los cinco años no son los tipos de interacciones que puede comprender fácilmente alguien que está fuera de la familia. A veces, es difícil comprender de qué modo los preescolares piensan y sienten sobre los miembros de la familia. Sin embargo, el modo en que un niño preescolar actúa en el hogar y lo que necesita del hogar son importantes cuando se piensa en el cuidado infantil de buena calidad en el hogar. Evalúe siempre si los niños de su programa están recibiendo el tipo de amor, cuidado, atención y estimulación que recibirían en un hogar saludable cuando están a su cuidado.

El desarrollo en un dominio no puede ser comprendido realmente sin tener en cuenta el desarrollo del niño en cada uno de los demás dominios. Al crear su horario de actividades, asegúrese de incorporar todos los dominios del desarrollo. Para hacer esto efectivamente, debe comprender las competencias de cada niño así como el siguiente indicador asociado con cada competencia.

Cuando revise las etapas del desarrollo, descubrirá que es necesario pensar sobre su calendario diario de actividades e identificar las actividades que apoyan a los niños y les ayudan a crecer y aprender. Si descubre que su horario diario no se adapta a estas necesidades, ha llegado el momento de hacer cambios que sean constructivos. Use este programa como un recurso para ayudarle a incorporar materiales y actividades que le permitan establecer un calendario de actividades significativo y efectivo.

Sin lugar a dudas, uno de los problemas más grandes en el cuidado infantil en el hogar es el espacio disponible. Este programa tiene en cuenta que usted está cuidando a niños de varias edades en su hogar y que necesita establecer lugares específicos para las distintas actividades y edades. Cuando crea áreas para actividades, también crea áreas de aprendizaje.

Estos dos conceptos deben ser intercambiables. Las áreas de aprendizaje deben permitirles a los preescolares hacer elecciones, favorecer el aprendizaje activo y ofrecerles experiencias prácticas. Las áreas de aprendizaje deben también favorecer las habilidades sociales mediante la colaboración y comunicación interactivas cuando los niños hablen libremente y proporcionar también espacio para el movimiento.

Cuando piense en la creación de áreas de aprendizaje para preescolares en su hogar, le resultará útil hacer una lista de los tipos de actividades de aprendizaje que deben realizarse como parte de su programa preescolar:

- lengua
- matemática
- ciencia
- arte
- música
- motricidad fina
- motricidad gruesa
- juego de roles
- área para bloques
- juego en exteriores
- momento de tranquilidad

Examine cuidadosamente el espacio disponible. La mesa de la cocina puede ser el lugar principal para muchas experiencias de aprendizaje. Si tiene espacio limitado, ciertamente puede utilizar el área de una habitación intercambiablemente. Por ejemplo, una esquina que se usa para bloques en la mañana puede utilizarse para el juego de roles en la tarde. Si hace carteles para identificar las distintas actividades de aprendizaje y cambia los carteles cuando es necesario, le ayudará a los niños a identificar las áreas específicas de aprendizaje.

En general, en el cuidado infantil en el hogar, tiene la ventaja de disponer de varias habitaciones. Muchos educadores creen que es una ventaja no disponer de espacios abiertos grandes en los cuales los niños son más propensos a correr al azar. Organice sus áreas de modo que los juguetes similares estén juntos. Por ejemplo, los rompecabezas, las tarjetas para cocer y los juguetes para manipular deben estar juntos, los materiales de escritura agrupados y los suministros para las actividades artísticas deben estar en el mismo lugar. Separe las áreas ruidosas de las tranquilas. Las actividades más físicas como por ejemplo, el juego con bloques y de roles, deben hacerse en una parte de la habitación mientras que los libros y los juguetes para manipular pueden estar en otra parte de esa misma habitación.

También puede utilizar dormitorios o estudios para actividades específicas. Es aconsejable guardar los materiales en contenedores que tengan ruedas o en armarios o aparadores de modo que al finalizar el día de cuidado infantil, pueda volver a utilizar fácilmente la habitación para fines domésticos. Recuerde: su capacidad de supervisar constantemente lo que ocurre es muy importante. Analice cada área de aprendizaje preescolar con respecto a la función que va a cumplir y a su capacidad de ver y escuchar a los niños. A continuación, encontrará los materiales básicos para el aprendizaje preescolar.

Para el desarrollo físico

El desarrollo de la motricidad gruesa permite contar con un buen estado físico, fortalecer la coordinación y la fuerza de los músculos grandes y liberar los sentimientos y frustraciones en los niños preescolares. A continuación, encontrara una lista de los materiales que puede tener en cuenta al crear el área preescolar. Algunos de estos materiales pueden estar disponibles en el patio de juegos más cercano. Al crear áreas de aprendizaje efectivas, tenga en cuenta los recursos con los que cuenta tanto fuera como dentro de su hogar. Los materiales sugeridos son los siguientes:

- pelotas
- viga de equilibrio
- bolsas rellenas de frijoles
- equipo para trepar adecuado para la edad
- aros de un hula hula
- colchonetas
- tobogán
- fuentes de música
- sogas para saltar
- globos
- juguetes para montar

El desarrollo de la motricidad fina de los preescolares es igualmente importante. El área para el desarrollo de la motricidad fina ayudará a los niños a aumentar el intervalo de atención y a desarrollar la coordinación entre la mano y la vista y el control de los músculos pequeños y también a aprender el concepto de tamaño, forma color y patrón. Los materiales sugeridos son los siguientes:

- rompecabezas
- bastidor para rompecabezas
- cuentas
- tarjetas para coser
- actividades con cordones
- tableros con clavijas
- telesketch
- juguetes para vestir
- juguetes para apilar
- cerraduras y llaves
- tuercas y pernos
- juguetes para desarmar
- tijeras
- perforadora
- masa de sal
- plastilina
- cartas de patrones
- juguetes para abrochar
- lápices y papel

Para el desarrollo cognitivo

Dos áreas de aprendizaje que mejoran el desarrollo cognitivo de los preescolares son la matemática y la ciencia. La creación de áreas en donde puedan poner en práctica este tipo de actividades, tanto con su ayuda como en forma independiente, enriquecerá enormemente el programa preescolar.

Mediante la exposición a la matemática, el niño preescolar aprende a contar, agrupar, hacer comparaciones, patrones, tiempo, medición del dinero, suma, resta, formas geométricas y resolución de problemas. Los materiales sugeridos son los siguientes:

- reloj de juguete
- monedas
- dinero de juguete
- reglas
- balanzas
- flanelógrafo
- objetos para contar (conchas marinas, piedras, botones, etc.)
- palitos de madera

- juguetes
- formas geométricas
- numerales táctiles
- rompecabezas
- tasas y cucharas para medir
- juego de dominó
- lápices y papel
- pizarrón
- computadora

Mediante la ciencia, los niños preescolares aprenden a experimentar, resolver problemas, tomar decisiones, desarrollar conceptos sobre la ciencia y la naturaleza y desarrollar las capacidades sensoriales. Los materiales sugeridos son los siguientes:

- lupa
- imanes
- plantas
- prismas
- balanzas
- exposiciones (colecciones naturales de piedras, conchas marinas, insectos, etc.)

- libros y revistas sobre ciencia
- pósteres e ilustraciones
- termómetro digital
- caja sensorial
- terrario
- semillas, nueces, hojas y flores
- nidos de pájaros, plumas

Para el desarrollo de la comunicación y el lenguaje

El área de aprendizaje de los preescolares debe favorecer el lenguaje oral, la capacidad de escuchar, el vocabulario, el reconocimiento de letras, rimas, sonidos poéticos, las habilidades de preparación para la lectura, las habilidades sociales, el vocabulario visual, la capacidad de escritura y la actitud positiva hacia la lectura. Los materiales sugeridos son los siguientes:

- libro
- letras magnéticas
- letras táctiles
- rompecabezas de letras
- archivos de ilustraciones
- marionetas
- flanelógrafo

- juegos de preparación para la lectura
- bingo alfabético
- loto
- juegos para comparar y establecer correspondencias
- juegos para establecer similitudes y diferencias

- máquina de escribir
- láminas con ilustraciones
- pizarrón
- lápices y papel
- libros en blanco
- cartas de secuencia
- tarjetas que puedan borrarse
- grabadora

Para el desarrollo social y emocional

Las áreas artísticas promueven la expresión creativa en los niños pequeños. Estas áreas mejoran también la imaginación y la capacidad de colaborar. Los materiales sugeridos son los siguientes:

- cepillos
- pinturas
- pinturas para pintar con la mano
- lápices de cera
- tiza
- marcadores
- papel

- papel de seda
- pegamento
- materiales reciclados
- masa de sal
- plastilina
- tijeras

- engrapadora
- cinta adhesiva
- algodón
- revistas
- papel para empapelar con libros
- sujetapapeles
- palitos de madera

El área destinada al juego de roles puede mejorar enormemente la capacidad de los niños preescolares de aprender el juego colaborativo y las habilidades sociales. También les permite expresar la creatividad. Los materiales sugeridos son los siguientes:

- cajas grandes vacías
- joyas antiguas
- teléfonos (tanto los aparatos antiguos como los teléfonos móviles les resultan interesantes a los niños)
- recipientes y cajas de alimentos vacías y limpias
- cochecito para bebé
- camas para muñecas
- marionetas
- animales de peluche
- muñecas de plástico y de tela (su colección de muñecas debe ser representativa de las distintas razas y géneros)
- mesas y sillas que sean del tamaño adecuado para los niños
- espejos de cuerpo entero que sean seguros
- carteras, zapatos, sombreros y corbatas
- equipo para cocina, como horno, refrigerador, sartenes y cacerolas, platos, escoba y barredora de juguete
- plancha y tabla de planchar de tamaños adecuados para los niños
- ropa para vestirse (de todo tipo)
- ropa elegante para vestirse

Su papel en la creación de un entorno integrador y adaptable

La mayoría de los programas de cuidado infantil en el hogar tienen tradicionalmente entornos que se adaptan a los niños pequeños. Esto se debe a que cuando es necesario ofrecer cuidado de buena calidad para niños de varias edades y capacidades, es necesario adaptarse con éxito a las necesidades individuales de cada niño. Las rutinas diarias flexibles y adaptables ayudan a proporcionarle a los niños, cualquiera sea su edad o capacidad, experiencias de aprendizaje positivas y una amplia variedad de oportunidades para el desarrollo saludable.

Cuando acepte niños con necesidades especiales, es necesario tener en cuenta los mismos principios básicos de cuidado infantil de buena calidad. Esto incluye la responsabilidad de mantener tanto un entorno como un horario diario que le permita a cada niño participar activamente y lo que es aún más importante, beneficiarse como resultado de su participación. La creación de un entorno que apoye lo que los niños puedan lograr es una parte importante de la creación de un programa integrador.

El desarrollo social y emocional en los niños pequeños debe incluir interacciones adecuadas con los niños de su misma edad y empatía por los demás. La diversidad que es posible encontrar en la mayoría de los programas de cuidado infantil en el hogar les permite a los niños de distintas culturas, experiencias de vida, edades y capacidades estar juntos y aprender uno del otro. Los niños también aprenden mediante el buen ejemplo y la guía amable. Los niños pequeños deben ser guiados y alentados a resolver con éxito el proceso de inclusión de sus pares. Este proceso comienza con usted.

La inscripción de un niño con necesidades especiales puede producir a veces ansiedad en las proveedoras. En general, esto ocurre debido a que no comprenden cabalmente lo que puede suceder. Por este motivo, es muy importante hacer preguntas. Los padres son la mejor fuente de información. Haga lo necesario para establecer líneas de comunicación abiertas y honestas. En la mayoría de los casos, se dará cuenta rápidamente que los padres no esperan que usted sea una experta en necesidades especiales. Sin embargo, frecuentemente descubrirá que los padres son receptivos de sus ideas y sus preocupaciones con respecto a sus niños.

Probablemente usted ya está demostrando que es capaz de adaptarse sin pensar mucho al respecto. Por ejemplo, cuando comienza a jugar a agarrar la pelota con niños pequeños a los que les cuesta hacerlo, usted adapta el juego a ellos. Tal vez, esté de pie o se siente cerca del niño o haga rodar la pelota en vez de arrojarla. También puede decidir usar una pelota de distinto tamaño que pueda ser más fácil de agarrar y sostener. Si tiene niños con mucha energía en su programa, tal vez decida limitar el tiempo que asigna a las actividades más tranquilas como por ejemplo las rondas e incluir más oportunidades de aprendizaje centradas en "hacer". Muy probablemente se descubra a sí misma haciendo ajustes para darle a cada niño una oportunidad de participar.

También puede descubrirse a usted misma redistribuyendo su entorno físico para que se adapte mejor a las etapas de desarrollo y a las edades de los niños que están a su cuidado.

Si tiene en cuenta las necesidades de los niños que participan, tal vez los equipos fijos no sean adecuados para su grupo y espacio. En su caso, tal vez sea mejor tener equipos más pequeños y maniobrables que le permitan hacer adaptaciones rápida y fácilmente. Muchas proveedoras emplean ruedas u otras herramientas similares para que les resulte más fácil mover los muebles.

La inclusión de niños con capacidades diversas beneficiará a todos los niños de su programa. Por ejemplo, mostrarles a los niños cómo cambiar las reglas de un juego para adaptarlas a todos los que estén presentes representa una oportunidad invaluable de enseñanza. Frecuentemente, en vez de prestarle atención al niño con necesidades especiales, concentrarse en cómo adaptarse a todos los niños en un grupo puede ofrecer excelentes oportunidades de aprendizaje que sean y duraderas. Se sorprenderá gratamente de ver cómo los niños se adaptan entre sí cuando se les da la oportunidad y el aliento para hacerlo.

Todos los niños pequeños se benefician cuando comprenden que no todos somos iguales y que está bien que sea así. Hable y elogie las fortalezas de cada niño. Haga un póster de superhéroe. Concéntrese cada semana en un niño distinto. Coloque una fotografía del niño en un póster y describa su «superpoder». Las características como su capacidad de agradar, paciencia, capacidad para compartir y para lograr que otros sean felices son todos excelentes ejemplos de superpoderes que pueden tener los niños.

Es necesario tener siempre en cuenta la seguridad y el nivel de comodidad de todos los niños; sin embargo, alentar las ideas creativas y las opiniones de los niños es invaluable para lograr que la integración tenga éxito. La mayoría de las proveedoras cree que a medida que los niños realizan la transición, las lecciones que aprendieron en el cuidado infantil son valiosas y les ayudarán durante largo tiempo. La creación de un programa integrador que represente las opiniones de todos es una maravillosa forma de asegurar que todos los niños tengan un buen comienzo.

Enriquecer el aprendizaje de los niños

Los niños aprenden en un entorno positivo. Crear entornos en donde las expresiones como «no» y «no toques» son reemplazadas por «sí» y «veamos cómo funciona esto» favorecen el aprendizaje positivo. Recuerde que aquellos elementos que no sean adecuados para los niños pequeños no deben estar disponibles.

Los niños aprenden gracias a la calidad de su cuidado. Los niños que no son alimentados correctamente o que están cansados o estresados tienen más dificultades para beneficiarse con las experiencias de aprendizaje. La calidad de su cuidado se pondrá de manifiesto en un horario diario de actividades bien equilibrado que satisfaga las necesidades físicas y emocionales de los niños de su programa.

Los niños aprenden mediante la experimentación. Las actividades deben incluir oportunidades para probar, tocar, ver, escuchar, oler y hacer cosas nuevas. Los niños pequeños necesitan oportunidades para probar, fracasar y probar nuevamente. La seguridad del entorno de cuidado infantil y la confianza que se establezca entre usted y el niño deben reforzar constantemente la experimentación y la exploración.

Los niños pequeños aprenden moviéndose. A veces parece que están en un movimiento perpetuo. Con frecuencia, su intervalo de atención durante algunas actividades es limitado. En general, si se les permite moverse y participar en experiencias que requieran el uso de todo el cuerpo, utilizarán las manos, los pies, la cabeza y el cuerpo para aprender. No se queje de su energía, busque formas ingeniosas de aprovecharla.

Los niños aprenden mediante los sentidos. Incorpore actividades que le permitan a los niños pequeños tener la oportunidad de utilizar todos sus sentidos: la vista, el oído, el tacto, el gusto y el olor. La cocina y la jardinería son excelentes actividades para estimular todos sus sentidos.

Los niños aprenden haciendo. La enseñanza en el cuidado infantil en el hogar requiere frecuentemente la incorporación de algunas tareas apropiadas para la edad. A muchos niños pequeños les encanta barrer con escobas y pasar mopas. Limpiar una mesa puede ser una excelente actividad para un niño pequeño ya que no requiere una gran cantidad de instrucciones verbales.

Los niños pequeños aprenden jugando. Es necesario que incorpore el valor del juego supervisado cuando desarrolle su horario diario. El juego es lo que los niños pequeños hacen mejor y lo que más les gusta hacer. En la estimulación del desarrollo total, el juego es el trabajo de los niños. La incorporación de tipos de juegos creativos les ofrece a los niños una gran cantidad de experiencias variadas de aprendizaje.

Los niños aprenden mediante el lenguaje. Enseñarles palabras es probablemente uno de los regalos más grandes que puede hacerles. Los niños deben poder verbalizar sus experiencias y sentimientos. Leer, hablar, escuchar y cantar son elementos importantes de su programa.

Los niños aprenden mediante la imitación. Ellos están constantemente imitando a otros. En el entorno de cuidado infantil en el hogar, los niños alternarán entre la imitación de niños más grandes y más pequeños que ellos. Usted está continuamente «en escena» ya que los niños frecuentemente imitarán su lenguaje y su conducta.

Los niños aprenden mediante la repetición. Ellos aumentan el conocimiento basándose en la repetición y la experiencia acumulada. Por ese motivo, los niños pequeños pueden escuchar pacientemente la misma historia cientos de veces. La paciencia y la disposición para repetir las actividades favoritas una y otra vez son una parte necesaria de todo programa exitoso para los niños pequeños.

Los niños aprenden mediante la exposición. Frecuentemente debe haber escuchado decir que los niños son como esponjas. Si esto es verdad, es importante tener en cuenta que cuanta más exposición tengan a estímulos positivos en un entorno protegido y seguro, más aprenderán. ¡Cuanto más positivas y variadas sean las experiencias, mejor!

Enriquecer el crecimiento de los niños

Cuanto más sea acurrucado, abrazado y cargado un niño, más seguro e independiente se volverá. Los niños pequeños, y especialmente los bebés necesitan ser cargados con frecuencia para que pueda establecerse un vínculo y para el desarrollo normal del cerebro. Asegúrese de que haya suficiente tiempo durante el día para abrazar y cargar a los niños pequeños. Mientras sostiene al niño pequeño entre sus brazos, camine o acúnelo mientras le habla suavemente. A los niños más grandes, abrácelos mientras les lee un libro, sosténgalos de la mano cuando vaya a caminar con ellos y deles un abrazo cuando lo necesiten.

Los niños pequeños responden a las indicaciones verbales. Las indicaciones verbales pueden consistir en los sonidos que los adultos usan frecuentemente cuando hablan con los niños pequeños. Los niños pequeños pueden responder a sonidos suaves en media lengua o inflexiones de voz en tonos más altos. A medida que conozca mejor a cada niño, podrá adaptar el tono y el énfasis teniendo en cuenta la respuesta del niño. No tenga miedo de experimentar. Cuando se comunique con niños pequeños, debe alentar la respuesta verbal. Por ejemplo, imite el sonido que hacen los niños y aliéntelos a que respondan a sus sonidos. Enseñe a los niños pequeños a decir «Estoy enojado porque tomaste mi juguete». Estos tipos de interacciones ayudan a desarrollar la capacidad del lenguaje. La rutina diaria ofrece las mejores oportunidades para interactuar verbalmente con los bebés. Por ejemplo, hable con ellos mientras le cambia los pañales, los alimenta y los limpia. Hable con ellos mientras prepara el almuerzo o supervisa las actividades de otros niños. Cuanto más se comunique y aliente sus respuestas, más oportunidades tendrán para el desarrollo del lenguaje y la comunicación.

Los niños pequeños también tienen una respuesta natural a la música, en parte debido a que estaban expuestos en el útero al ritmo, el sonido y el movimiento. Incluso los bebés más pequeños pueden ser tranquilizados por la música. La música suave e instrumental y las canciones de cuna son buenas elecciones. Las melodías repetitivas como el «Arrorró» o «Row, Row, Row Your Boat» son recibidas bien generalmente por la mayoría de los bebés y los niños pequeños. Los niños preescolares están listos para ritmos más complicados..

Las actividades que alientan a los niños pequeños a usar el sentido de la vista y mejoran el desarrollo visual son importantes. Pídales a los bebés que sigan un objeto con la vista. A los niños pequeños y preescolares le gusta mucho jugar a «I Spy» («Veo, Veo»). Si la rutina o el juego es muy conocido, es posible que el niño desee alejarse. Al igual que con todas las actividades, es indispensable estar atento a los cambios en el temperamento y los patrones de conducta. No todos los niños responderán o participarán de la misma forma.

Importancia de un horario diario

Junto con su atención positiva y enriquecedora a un entorno seguro y a un desarrollo y crecimiento saludables, es necesario ofrecerles a los niños de todas las edades oportunidades de que tengan interacciones positivas con otros niños. Cuando planifique su horario diario, aproveche que cuenta con niños de varias edades. Asegúrese de que haya suficiente tiempo todos los días para que los bebés puedan observar e interactuar con niños de todas las edades. Incluso los bebés más pequeños pueden aprovechar las oportunidades de escuchar y ver la actividad que se desarrolla alrededor de ellos. El crecimiento emocional y cognitivo de los bebés depende de las experiencias tempranas. Como usted se encuentra en la posición ideal para ofrecerles oportunidades de experimentar muchas de estas enriquecedoras experiencias de aprendizaje temprano en su entorno de cuidado infantil en el hogar, nunca podremos destacar lo suficiente la importancia de su papel

En el cuidado infantil, el aprendizaje se relaciona con prácticamente cualquier interacción que ocurra entre un adulto y un niño. Usted está demostrando continuamente las conductas apropiadas mediante el tono de su voz, la sonrisa, los actos de bondad y los contactos afectuosos—todos estos elementos son componentes importantes de la experiencia de aprendizaje temprano. Su programa de actividades deben incluir suficiente tiempo para este tipo de interacciones y también para las actividades de aprendizaje más estructuradas. Un calendario diario exitoso es aquel que logra un equilibrio entre el cuidado diario y la enseñanza, que incluye todos los dominios del desarrollo y que reflexiona sobre las distintas formas en que los niños aprenden.

Cuando esté planificando el calendario de cuidado infantil en el hogar, es muy importante que la rutina diaria sea adecuada tanto para usted como para los niños que participan en su programa. Las proveedoras de cuidado infantil en el hogar son las administradoras del tiempo. Muchas de ustedes no tienen personal adicional. Ustedes hacen todo. Además de secar las lágrimas, limpiar las colas y las narices se aseguran de que el entorno sea seguro e higiénico constantemente. Además de preparar la comida, limpian. Para poder realizar exitosamente todas estas tareas, es necesario establecer una rutina diaria que les permita usted y a los niños tener expectativas coherentes de lo que ocurrirá durante el curso del día. Todos los días deben incluir constantemente una amplia variedad de actividades de aprendizaje:

- activas (bailar, excavar)
- tranquilas (lectura, rompecabezas)
- grupales (cantar, escuchar cuentos)
- independientes (armar, pretender)
- de libre elección (los niños eligen)
- estructuradas (la proveedora dirige)
- interiores (artísticas, sensoriales)
- exteriores (trepar, artísticas)
- tiempo de transición (llegada, ir al baño)
- comer (refrigerios, comidas)
- siestas (dormir, tiempo de descanso tranquilo)

La rutina diaria necesita ser estructurada pero no debe ser rígida. Es necesario que usted sea suficientemente flexible para hacer cambios cuando sea necesario. Si un día hay una tormenta inesperada, la caminata a la esquina deberá ser postergada. Si uno o más niños están resfriados, también puede ser aconsejable cambiar las actividades planificadas.

Establezca una rutina asignando bloques de tiempo.que correspondan con las actividades y las tareas que usted y los niños repiten cada día. Las actividades repetidas pueden incluir la llegada, la limpieza, el lavado de manos, el almuerzo, el tiempo en el exterior, las siestas o el tiempo de descanso de los niños. También es necesario asignar tiempo para las actividades nuevas de cada día y tener en cuenta lo que realmente podrá hacerse. Para decirlo en forma sencilla, en la administración de su programa lo más importante es que establezca una rutina que sea adecuada para usted. Una proveedora con mucha experiencia dijo una vez que el secreto del éxito radicaba en que ella había comprendido que no solo los niños requieren un momento de tranquilidad sino también la mayoría de las proveedoras. Una vez que ella incorporó sus propias necesidades como así también la de los niños, las cosas comenzaron a funcionar.

Este programa contiene cuatro calendarios diarios de ejemplo. A veces, lo que parece adecuado en el papel no se corresponde con la realidad de su entorno o de su inscripción. No tenga miedo de cambiar o modificar una rutina diaria que no se adapta bien a su programa. Asegúrese de que los niños comprendan los cambios y no se sorprendan por ellos.

Al establecer rutinas diarias exitosas, debe tener en cuenta cómo crecen y se desarrollan los niños. La mejor forma de describir su filosofía es pensar en cómo le explicaría la originalidad de su programa a un padre. ¿Cuáles son las características de su programa que lo diferencian de otros programas de cuidado infantil? ¿Qué estilo tiene con los niños? ¿Cuál cree usted que son las mejores prácticas para ofrecer un desarrollo y un crecimiento saludables?

La proveedora que compartió el secreto de su éxito llegó a la conclusión de que en el ritmo de su rutina diaria necesitaba tener en cuenta que tanto ella como los niños se beneficiaban con los períodos de tiempo no estructurados. Por ese motivo, su rutina diaria tenía un enfoque relajado con énfasis en la calidad de las actividades estructuradas en vez de en la cantidad. Ella y sus niños eran relajados y felices. Establecer su filosofía facilita el desarrollo de la rutina diaria. Sus prioridades le ayudarán a planificar actividades diarias que apoyen los objetivos generales de su programa.

Identificar las habilidades y necesidades de cada niño y seleccionar luego las actividades acordes con esas habilidades y necesidades permite tener una fórmula para el éxito que aparentemente es sencilla. Sin embargo, responder a las necesidades individuales de cada niño mediante actividades que sean adecuadas también para todas las edades y etapas de los niños que están a su cuidado puede ser más complicado. Por este motivo, es importante examinar periódicamente su rutina diaria y también las actividades específicas que ha incluido en ellas. La realización de evaluaciones periódicas del desarrollo es necesaria para determinar si está respondiendo correctamente a las necesidades individuales de los niños.

En muchos hogares, la proveedora de cuidado infantil en el hogar ha intentado crear un programa único para todos o simplemente ignoró las necesidades del desarrollo de un grupo de edades para concentrarse en otro. Ninguno de estos métodos es efectivo para apoyar a los niños. Muchas proveedoras, incluso en programas con niños que tienen edades cercanas, descubren que los intereses y las necesidades del desarrollo de cada niño se encuentran dentro de un amplio espectro. Así como cada programa de cuidado infantil en el hogar es distinto, cada niño también lo es. Es posible desarrollar un buen calendario diario con una selección cuidadosa de actividades e integrar a la vez a cada niño. Para poder hacerlo, debe recordar que las oportunidades de aprendizaje no solo se llevan a cabo durante la lectura de un libro o la creación de un proyecto de arte.

El tipo de aprendizaje que se produce durante el almuerzo, por ejemplo, es tan importante como cualquier otra experiencia de aprendizaje. Usted puede aprovechar esa actividad diaria para incorporar todos los objetivos de su programa. Piense lo que ocurre cuando un niño se sienta a la mesa con otro niño y come una comida agradable con éxito. Comer una buena comida le ofrece la oportunidad de apoyar el desarrollo físico, utilizando los utensilios apropiados y bebiendo de una taza. La conversación que puede darse durante la comida le ofrece la oportunidad de apoyar el desarrollo del lenguaje. La interacción positiva con los niños de su edad y con los adultos le ofrece la oportunidad de apoyar el desarrollo social. La satisfacción que obtiene al preparar la mesa y ayudar a otro niño, le ofrecen la oportunidad de apoyar el desarrollo emocional. La posibilidad de identificar colores en la mesa, contar galletas y hablar sobre el origen de los alimentos le ofrece la oportunidad de apoyar el desarrollo cognitivo. El secreto real para crear un calendario diario exitoso es analizar cuidadosamente todos los elementos de su día y lograr que todos ellos sean lo más provechosos posibles.

Vincularse con las familias

Minimizar la importancia de los padres o de los tutores de los niños en su educación es un gran error. Los padres son los primeros maestros más importantes de los niños. Las proveedoras de cuidado infantil en el hogar deben demostrar respeto por los padres de los niños que participan en su programa. Cuanto más participen las familias, más éxito académico tendrán los niños en la escuela. Esto también es cierto con respecto al aprendizaje y desarrollo que tienen lugar en los primeros entornos de cuidado infantil. Dígales a los padres cuánto valora usted a los hijos. Desarrolle formas creativas de mantener abierta la comunicación. Para crear un entorno de cuidado infantil que apoye el desarrollo y bienestar de los niños, es necesario que trabaje en colaboración con los padres.

Una parte muy real de su responsabilidad reside en comunicar toda preocupación que tenga a los padres, basándose en sus observaciones del crecimiento y el desarrollo de los niños. Esto no siempre es fácil. Es muy importante que esté preparada para hacerlo y lo haga en forma profesional.

Comunicar sus preocupaciones en una reunión personal es preferible a hacerlo por teléfono, por carta o correo electrónico. Sea amigable y comience la reunión con comentarios positivos. Mantenga la conversación centrada en el niño. Esté preparada para hacer observaciones documentadas de sus preocupaciones. Escuche lo que tienen que decir los padres y trate de recordar que estar a la defensiva o con una actitud argumentativa no es lo mejor para el niño. Si hay un problema, analicen juntos las posibles soluciones y ayude a los padres a desarrollar un plan de acción cuando sea necesario.

Recuerde que su papel como proveedora requiere que usted comparta las observaciones pero no que haga un diagnóstico basándose en experiencias que pueda haber tenido en el pasado con el niño. Cada niño es distinto. Compartir información sobre un indicador del desarrollo con los padres puede ser de mucha utilidad. Muchas comunidades tienen recursos que permiten realizar intervenciones tempranas y que pueden ser de gran ayuda tanto para usted como para los padres. Informe a los padres cuáles son los recursos que conoce en la comunidad. Sea comprensiva. Tenga en cuenta que la colaboración con los padres solo puede mejorar el bienestar del niño.

Muchas proveedoras han comentado que les cuesta más relacionarse con algunos padres que con los niños. De vez en cuando, usted puede creer que los padres no están interesados en la calidad de cuidado y que les importa más lo que cobra y si puede estar disponible hasta más tarde para adaptarse a las necesidades de cuidado de sus niños. Esto puede ser muy frustrante. Sin embargo, al establecer objetivos de aprendizaje temprano positivos para su programa, deberá encontrar formas efectivas de comunicarse con todos los padres, incluso aquellos que le resultan difíciles.

Algunas sugerencias:

- Folleto *FCC Curriculum Developmental Assessment* (Evaluación del desarrollo del programa de cuidado infantil en el hogar). Tener un folleto que le permita compartir sus observaciones en forma organizada representa una ventaja significativa a la hora de comunicarse con los padres. El folleto de evaluación le ofrece una forma muy profesional de demostrar el progreso realizado durante la inscripción del niño de su programa. El folleto también proporciona un método objetivo de comunicar áreas del desarrollo que pueden necesitar apoyo adicional. Esta herramienta está diseñada para que registre las observaciones sobre cada niño desde el nacimiento hasta los cinco años.

- Informes de progreso. El nombre mismo hace sonreír a los padres. Los padres interesados quieren saber si su hijo está progresando en forma positiva. Utilice su gráfico indicador del desarrollo e incorpore información relevante en su informe de progreso. Muchas proveedoras envían este tipo de informes mensualmente. En general, no es difícil de identificar algo nuevo que haya ocurrido durante el mes si usted observa el desarrollo y el crecimiento de los niños. Esto le dará también la oportunidad de informar a los padres sus observaciones sobre todo retraso en el desarrollo que haya podido identificar al revisar la información del indicador.

- Reuniones mensuales o quincenales. A pesar de que usted puede ver a los padres diariamente durante la llegada y a la salida, en esos momentos generalmente no tiene mucho tiempo para iniciar una conversación. Esos momentos del día son generalmente los más ajetreados en un entorno de cuidado infantil típico. Los padres están casi siempre preocupados por llegar al trabajo o al hogar y no desean conversar. Usted también está generalmente muy ocupada durante esos períodos. También es posible que los padres no sean los que llevan o van a buscar a los niños y que dependan de otros modos de transporte como autobuses o algún otro miembro de la familia. Programar reuniones personales a una hora que sea conveniente tanto para usted como para los padres del niño puede posibilitar mejores relaciones de trabajo y una mejor comunicación entre los padres y la proveedora. Esté preparada. Sepa lo que desea decir antes de que comience la reunión. Si necesita tener documentación o respuestas a sus preguntas, informe a los padres antes de la reunión. Sea consciente del valor del tiempo y trate de mantener la reunión lo más enfocada posible.

- Otras opciones. Algunas proveedoras organizan cenas grupales con todos los padres. Otras organizan noches de artesanías y arte para las familias. Algunas proveedoras invitan a los padres a participar en la sesión de cuentos y a leerles a los niños. Otras proveedoras tienen listas de control que envían a los hogares todos los días con los niños.

Cualquiera sea la opción que utilice para aumentar todo lo posible la comunicación entre usted y los padres de los niños, tenga en cuenta que mejorará su capacidad de responder a las necesidades individuales de todos los niños.

A continuación, encontrará algunas ideas que puede implementar para ayudar a los padres a sentirse seguros y motivados a colaborar con usted para proporcionar la mejor experiencia posible de aprendizaje infantil:

- Programe una reunión previa a la inscripción, a una hora en la que no necesite cuidar niños. Hable con los padres en un lugar de su hogar en donde puedan sentirse cómodos y en donde la conversación no sea interrumpida. Tenga una actitud amigable y tranquila. Escuche activamente lo que tienen que decir los padres. Deles la oportunidad de expresar claramente sus necesidades de cuidado infantil. Esté preparada para derivar a la familia a otro recurso si cree que no puede satisfacer adecuadamente las necesidades de los padres y el niño.

- Sea sincera con respecto a su historial de licencia. Los padres frecuentemente verifican con la autoridad que otorga la licencia antes de entrevistar a una proveedora. Si ha tenido quejas o problemas con la licencia, es mucho mejor para los padres escuchar su versión de lo ocurrido y cómo lo resolvió.

- Entregue a los padres un manual con sus normas. En general, los padres de los bebés desean tener fácil acceso a sus hijos. En muchos estados, el acceso automático es un requisito regulatorio. ¿Cuál es su norma? ¿Cuáles son sus expectativas con respecto a las visitas durante la siesta? ¿Quién proporciona la fórmula y los materiales para el cambio de los pañales? ¿usted o los padres? ¿Cuál es su norma con respecto al amamantamiento? ¿Es posible amamantar cómodamente en su entorno? ¿Cuál es su norma con respecto al cambio de pañales? ¿Cuáles son sus normas con respecto a la enfermedad? ¿Cuándo le solicitará a un padre que deje el trabajo o la escuela para pasar a buscar a un niño enfermo? ¿Cuándo solicitará la autorización de un médico para que el niño pueda regresar a su programa? ¿Qué otros adultos habrá en su hogar cuando usted proporcione cuidado infantil? Su manual de políticas debe ofrecerle a las familias información sobre todos estos temas.

- Hable sobre los requisitos regulatorios que debe cumplir para mantener su licencia. Enfatice los requisitos que se relacionan con el cuidado infantil. Aproveche esta oportunidad para explicar su experiencia; informar acerca de toda credencial o título relevante como por ejemplo, su capacitación en primeros auxilios para niños y RCP y toda averiguación de antecedentes delictivos que le hayan hecho a usted, a otros miembros de su hogar o a otro personal de cuidado infantil.

  Antes de la inscripción, permita que las familias pasen tiempo en su hogar mientras un programa está en curso. Muéstreles a los padres el equipo que usará para los bebés y demuestre de qué forma incluye a los bebés en su calendario diario de actividades. Hable de las metas y de los planes futuros. Deles a los padres ideas específicas sobre cómo pueden ellos y usted utilizar las mismas estrategias positivas en el hogar y en el entorno de cuidado infantil.

- Una vez que el niño comience a estar a su cuidado, establezca un período de prueba durante el cual usted o la familia pueden dar por terminado el arreglo sin recriminaciones. Desarrolle un método de comunicación con los padres para permitirles saber siempre cómo es el día del niño cuando está a su cuidado. Refuerce la idea de que la participación de los padres es necesaria para el desarrollo emocional y social del niño. Piense oportunidades para que los padres participen en excursiones, sesiones de cuentos, ayudando con actividades y compartiendo información. Deles a las familias la oportunidad de participar en la elaboración de algunas de las normas de su programa. Los padres cuyas opiniones son valoradas están más dispuestos a invertir tiempo y energía en establecer relaciones de trabajo colaborativas.

- Dedique un tiempo a pensar qué necesitaría usted para sentirse cómoda si dejara a su hijo al cuidado de alguien que no pertenece a su familia. Utilice alguna de estas tácticas para lograr que los padres se sientan más a gusto. Sea siempre honesta con usted misma y con sus clientes. La integración del cuidado infantil de buena calidad en un entorno de cuidado infantil en el hogar requiere frecuentemente mucho trabajo. A pesar de que muchos estados permiten cuidar a más de un bebé, no asuma que usted está automáticamente equipada para cuidar adecuadamente a varios bebés. Usted no debe descuidar a un bebé o a los demás niños de su programa porque tiene miedo de admitir que el programa no se está llevando a cabo como deseaba originalmente. Dedique tiempo periódicamente para evaluar la efectividad y la viabilidad de su calendario diario. Mantenga informadas a las familias y no tenga miedo de ser flexible cuando sea necesario.

- Desarrolle una relación positiva y motive la participación de la familia demostrando su capacidad para escuchar, empatizar y proporcionar información precisa y recursos relevantes. La buena comunicación se basa en la confianza. Usted tiene derecho ciertamente a tener sus opiniones pero sus opiniones no son siempre tan valiosas como su capacidad para dirigir a los padres en la dirección correcta. Conocer bien los recursos de su comunidad y compartir información sobre los programas alimenticios, los requisitos de vacunación, las oportunidades de intervención temprana e incluso, los nombres de buenos médicos pediatras es invaluable.

- Tómese el tiempo necesario para conocer bien a los niños y a las familias de su programa. Inspirar confianza y afinidad es un componente importante en el establecimiento de relaciones orientadas a los mejores intereses de los niños. Tómese el tiempo para comprender los valores específicos y los sistemas de creencias como así también las costumbres que afectan el modo en que los niños de su programa piensan y actúan.

- Acepte que los padres son defensores naturales de los niños. Infórmeles formas positivas en las que pueden ejercer su apoyo. Las familias pueden ser muy importantes en la determinación de las regulaciones que rigen el cuidado infantil, en el aumento de la disponibilidad de servicios y recursos comunitarios y en la movilización de otras familias. Trate de pensar en las familias de los niños que están en su programa como un valor positivo.

- Piense en el modo en el cual transmite la información a los padres actualmente. Las siguientes sugerencias demuestran formas de mejorar la comunicación entre la proveedora y los padres:
  - › Caja de sugerencias. Considere la posibilidad de colocar una caja de sugerencias en un área fácilmente accesible. Permita a los padres proporcionar sugerencias en forma anónima si desean hacerlo.
  - › Tablero de noticias. Coloque un tablero de noticias en alguna parte de su hogar en donde los padres puedan verlo fácilmente durante la

llegada y la salida. También puede publicar su calendario diario, el menú de la semana y actividades especiales e interesantes que haya planificado, dibujos de los niños, notificaciones sobre juguetes y materiales defectuosos y cualquier otra información que considere de utilidad para los padres.

> Boletines informativos. Esto puede convertirse en un proyecto creativo y divertido. Trate de establecer continuidad en el formato y el plazo de tiempo. Si descubre que el boletín informativo le lleva vez más tiempo del que dispone, asegúrese de que los padres sepan que dejará de ofrecerlo y pregúnteles sus opiniones al respecto.

> Cuestionarios. Distribuya de vez en cuando cuestionarios a los padres y permítales enviar sus preferencias e ideas por escrito. Recuerde que cuando les entrega un cuestionario a un padre, debe ser para recabar información y no simplemente para que usted se sienta bien. No se tome en forma personal la información que recibe, utilícela para mejorar su programa.

> Llamadas telefónicas. Si le cuesta comunicarse con los padres, pregúnteles si puede hablar con ellos por teléfono. Programe un honorario que sea conveniente para las dos partes.

> Visitas al programa. Aliente a los padres a visitar su programa. Incorpore actividades para que puedan asistir los padres y que pueden utilizar los niños para demostrar sus logros. Pídales a los padres que ayuden cuando sea posible. Muchos miembros de la familia disfrutarán sentándose y acunando a un bebé mientras usted y los niños representan su historia favorita. Los padres pueden también tener experiencias específicas que permitan mejorar su programa. Pregúnteles a los padres sobre sus intereses. Por ejemplo, carpintería, costura, naturaleza, cocina, etcétera.

> Visitas al hogar. Las visitas al hogar de los niños pueden resultarle muy útiles a usted si los padres se sienten cómodos y usted se siente motivada a hacerlas. Las visitas al hogar les proporcionan a los niños la oportunidad de que usted conozca su hogar y para las familias es una demostración importante de su buena disposición para establecer líneas de comunicación. Esta puede ser una forma muy efectiva de establecer afinidad con las familias de los niños de su programa.

> Fotos y vídeos. Algunas proveedoras utilizan fotos y videos para darles a los padres la oportunidad de observar a sus niños en el programa de cuidado infantil. Esta es una excelente forma de mantener informados a los padres sobre las actividades diarias y los logros de sus hijos.

> Evaluaciones e informes de progreso. Usted puede utilizar la información del indicador de desarrollo en las unidades 1 a 4 y/o la *The*

Redleaf Family Child Care Developmental Assessment, (Evaluación del desarrollo en cuidado infantil de The Redleaf) Edición revisada, para hacerle observaciones importantes a los padres sobre sus hijos en las horas de cuidado infantil. Al proporcionarles esta información, está estableciendo otra forma más de mantener informados a los padres y de motivar su participación.

Asociación con las familias de los bebés

Aquellos que hemos pasado por la experiencia de tener que dejar a nuestros bebés durante un período de tiempo prolongado con alguien que no es miembro de nuestra familia sabemos cuán difícil puede ser. Es importante que recuerde que la participación de la familia forma parte de la calidad del cuidado infantil tanto como su programa y el entorno de cuidado infantil. Esto es especialmente cierto cuando está cuidando bebés. Los padres o tutores son y seguirán siendo la principal influencia en el desarrollo de sus hijos. Establecer relaciones de colaboración con los padres desde el comienzo ayuda a establecer las bases de un crecimiento y desarrollo positivos durante todo el tiempo en que el niño permanezca en su programa.

En el caso del cuidado de los bebés, usted puede darles un excelente apoyo a las familias de su programa. El cuidado infantil en el hogar de buena calidad les permite a los padres ir a trabajar o a estudiar sin preocuparse innecesariamente o sentirse culpables por el cuidado de los niños. En el caso de los bebés que todavía no hablan, esto es invaluable. Cuando los niños no pueden hablar, los padres no pueden preguntarles sobre su día o saber si les gusta el entorno de cuidado infantil. A veces, a los padres de los bebés solo les resta esperar, generalmente con los dedos de los pies y las manos cruzados, que la elección que han realizado de cuidado infantil sea apropiada. Esta puede ser una experiencia atemorizante

La buena comunicación entre los padres y la proveedora nunca será más importante que cuando usted esté cuidando a bebés. Algunos padres creen que debido a que la proveedora de cuidado infantil puede estar sola y sin personal adicional, la responsabilidad puede convertirse en una preocupación. Su capacidad para comunicar claramente las experiencias diarias de los bebés puede hacer mucho para aliviar parte de esta ansiedad.

Tener la experiencia y el conocimiento sobre cómo se desarrollan los bebés es muy importante porque le da la oportunidad de compartir información beneficiosa con los padres. Frecuentemente, su experiencia puede resultar invaluable para los padres—especialmente, los padres primerizos—que no tienen gran experiencia. Dedicar tiempo a proporcionarles información sobre los indicadores del desarrollo, por ejemplo, los ayuda a saber más y evita que se sientan excluidos de muchas de las maravillosas primeras veces que habrá en la vida de sus hijos. La capacidad de los bebés de formar vínculos es una base indispensable para el desarrollo saludable. La colaboración entre los padres y las proveedoras alimenta estos vínculos saludables. La colaboración le permite a los padres y a las proveedoras copiar las conductas positivas de los otros y tiene como resultado un desarrollo positivo para los bebés.

La asociación con la familia de los niños pequeños y de dos años

Para forjar una relación de colaboración exitosa, es necesario establecer una buena comunicación entre usted y los padres de los niños pequeños. A medida que los niños pequeños comienzan a hablar más, les dirán a usted y a su padres de qué forma ven el mundo. Por lo tanto, le resultará conveniente mantener abiertas las líneas de comunicación entre usted y los padres de los niños pequeños.

En esta etapa del desarrollo es muy importante la coherencia. A medida que los niños pequeños se vuelven más conscientes de su mundo, también se vuelven más conscientes de las incoherencias. Enseñarles a ir al baño, guiarlos en su conducta y el refuerzo emocional y social son áreas en las cuales los padres y las proveedoras deben estar de acuerdo. Poner los materiales de recursos que usted utiliza para desarrollar su programa y las normas de cuidado infantil a disposición de los padres es una excelente idea. Informar a los padres sobre los indicadores del desarrollo que alcanzaron los niños mientras estaban a su cuidado es una excelente forma de compartir información y establecer líneas de comunicación con los padres.

¿Cómo hacer para saber dónde puede comenzar a motivar a los padres para que participen? Frecuentemente, los padres que participaban mucho cuando los niños eran bebés o cuando se inscribieron por primera vez, no mantienen el mismo nivel de participación con el correr del tiempo. A veces, sus experiencias de vida pueden ser distintas y disponer de menos tiempo. En ocasiones, su nivel de interés puede ser distinto cuando se sienten más cómodos con su cuidado. Pero los niños pequeños requieren generalmente más participación de los padres, no menos. Los problemas como la ansiedad por la separación ocurren generalmente en esta etapa del desarrollo. Usted quiere que los niños se sientan cómodos y que desarrollen confianza y habilidades. No hay nada que reemplace la buena comunicación y la participación activa de los padres en esta etapa del desarrollo de los niños. Establecer una conexión positiva entre los padres y la proveedora mejora la comunicación y permite también establecer continuidad y coordinación en el aprendizaje de los niños.

La conducta de los niños pequeños pueden crear a veces algunos problemas en el entorno de cuidado infantil en el hogar y por ello es posible que la proveedora se encuentre a sí misma transmitiendo siempre opiniones negativas a las familias de estos niños. Si se da cuenta de que está quejándose constantemente en vez de colaborar, pregúntese si no sería mejor establecer intervalos regulares de comunicación si usted fuera uno de los padres de un niño pequeño en su programa. Al establecer líneas de comunicación con los padres, es especialmente útil crear una comunicación equilibrada. Asegúrese de incluir las cosas divertidas y atractivas que ve hacer a los niños en su programa. Los niños son graciosos y es divertido interactuar con ellos. Comparta esos momentos con los padres de los niños. Obviamente, usted desea también compartir observaciones sobre problemas que necesitan la atención compartida de usted y de las familias de los niños. Sin embargo, recuerde que todos los padres se benefician escuchando las maravillosas anécdotas sobre sus hijos que usted puede compartir con ellos.

Otro de los muchos atributos del cuidado infantil en el hogar es que algunos de los niños a los que cuida son del vecindario. Usted podrá aprender mucho sobre los servicios y recursos en su área y compartir esta información con las familias que inscriben a los niños en su programa. Esa es otra forma en la que puede establecer relaciones de colaboración con los padres de los niños pequeños. Por ejemplo, muchos padres se sienten presionados a encontrar actividades de fin de semana para los niños pequeños. Ofrezca sugerencias y comparta sus recursos.

Asociación con la familia de los niños preescolares

Es de esperar que la mayoría de los padres que inscriben a los niños en un programa preescolar lo hagan para que los niños estén mejor preparados para ingresar al jardín de infantes o a primer grado. Estar bien preparado para la escuela es ciertamente un componente importante. Mantener informados a los padres sobre el progreso de los niños reforzará la necesidad de su participación. Muchas proveedoras utilizan las conferencias con los padres para comunicar información sobre los niños preescolares del programa.

Al igual que con todas las formas de comunicación, es importante no crear una situación en la cual sea usted la que hable principalmente y haya poca escucha de su parte. La conferencia con los padres es una forma efectiva de recibir información importante y también de transmitirla. Para crear un programa que funcione bien para los niños preescolares de su programa, es importante obtener toda la información que pueda sobre el niño. Una de las formas de hacer esto es entregar un cuestionario a los padres antes de la reunión. Esto les dará a los padres la oportunidad de pensar sobre la información que desean proporcionar sobre sus hijos. A continuación, encontrará algunas sugerencias para el cuestionario:

- Pregunte a los padres cuál creen ellos que es la actividad favorita de sus hijos en el programa. Le sorprenderá las respuestas que recibirá.
- Pregunte si hay algo que les preocupa a los niños. A veces, los niños transmitirán en el hogar información acerca de la cual pueden sentirse incómodos hablando con usted. Solicite a los padres que sean honestos ya que es una buena forma de que usted tenga una comprensión especial.

- Pregunte a los padres cuáles creen que son las fortalezas de sus hijos. No desaliente la tendencia que tienen los padres a elogiar un poco a sus hijos.

- Pregunte a los padres cuáles son las áreas en las que creen que sus hijos tienen que mejorar. Tener la perspectiva de los padres le permitirá a usted tener una mejor comprensión del niño y de la familia. Este tipo de información también permite incluir en su programa actividades diseñadas para fortalecer las áreas específicas de desarrollo.

- ¿Hay algo que los padres desearían ver en su programa de cuidado infantil y que no esté disponible ahora? Esta pregunta genera frecuentemente importantes conversaciones entre los padres y las proveedoras.

- ¿Hay alguna información especial que los padres desean transmitirle y que podría permitirle a usted conocer mejor a los niños? Este tipo de preguntas requiere que usted aprecie la opinión de los padres y además les da a los padres la oportunidad de sentirse más cómodos hablando con usted sobre sus hijos.

Evaluación de su programa de cuidado infantil

Como el servicio de la proveedora de cuidado infantil en el hogar puede ser considerado, en gran parte, el causante del desarrollo y el crecimiento de un niño que está a su cuidado, es indispensable que evalúe periódicamente su programa. El mejor lugar para empezar es mirar la conducta de los niños.

- ¿Alguno de los niños comenzó a tener problemas de sueño o de comida mientras estaba a su cuidado?

- ¿Alguno de los niños está extremadamente descontento cuando llega? ¿Alguno de los niños no muestra mejora alguna durante el día?

- ¿Alguno de los niños se ha retraído o aumentado sus problemas de conducta?

Si ha respondido afirmativamente a alguna de estas preguntas, es imperativo que hable con las familias de los niños y les comunique sus preocupaciones. A veces, puede estar sucediendo algo en la vida de los niños que usted no sepa. En algunos casos, los padres pueden solicitarle que hable con el médico de los niños. ¿Hay alguna rutina o actividad que puede ser apabullante para alguno de los niños y que puede estar causándole estrés?

¿Y con respecto a usted?

- ¿Conoce y comprende usted la etapa del desarrollo de todos los niños que participan en su programa?

- ¿Tiene usted los materiales adecuados para la estimulación y la relajación?

- ¿Planifica usted actividades que incluyan a todos los niños y que apoyan el desarrollo y el crecimiento continuos de todos los niños?

- ¿Favorece la distribución de su entorno de cuidado infantil las oportunidades de aprendizaje para los niños y las oportunidades de enseñanza para usted?

- ¿Evalúa usted su calendario diario actividades? ¿Está obteniendo los resultados que desea con el calendario diario de actividades?
- ¿Satisface usted las necesidades de todos los niños de su programa?
- ¿Evalúa usted periódicamente los materiales y el equipo para comprobar que sean seguros y adecuados para la edad y que correspondan a la etapa del desarrollo de cada niño?
- ¿Tienen los niños suficiente tiempo para explorar y experimentar en su entorno?
- ¿Tienen los niños suficientes oportunidades para jugar con los niños de su misma edad?
- ¿Cómo es su nivel de energía? Cuando llegan los niños a la mañana, ¿está usted cansada y pasiva?
- ¿Con cuánta frecuencia utiliza la televisión durante el día de cuidado infantil?
- ¿Cuánta interacción tiene usted con los niños? ¿Participa usted en sus juegos? ¿Se sienta usted a la mesa durante las comidas y participa con ellos en la conversación?
- ¿Le permite su comunicación con las familias hablar de cualquier tema, hacer cualquier observación y comunicar cualquier preocupación que tenga con respecto al desarrollo y crecimiento saludable de los niños?

Cuando evalúe el éxito de su programa, tenga en cuenta todos los puntos de contacto que tuvo durante el día. ¿Puede usted aprovechar todas las tareas y actividades y lograr que sean lo más significativas y apropiadas posible para el desarrollo de los que están a su cuidado? Si la respuesta es negativa, ¿qué necesita cambiar en su calendario diario actividades o en la organización de su programa para crear experiencias que sean más significativas y apropiadas para el desarrollo?

Recuerde siempre cuán importante es su responsabilidad de proporcionar una garantía de calidad. La evaluación completa y objetiva de su entorno de cuidado infantil puede prevenir lesiones importantes o incluso la muerte de un niño. La revisión periódica de su programa y de su entorno le ayudará también a hacer los cambios necesarios para adaptarse mejor a los objetivos del desarrollo de cada niño.

Es importante asegurarse de que el entorno de cuidado infantil sea seguro y no presente riesgos. Los niños que pueden moverse usan frecuentemente sillas o banquillos para treparse por las barreras. No hay sustituto efectivo de la supervisión directa. No asuma que puede prevenir las conductas que no ve. Debe recordar que cada niño es diferente y no asumir nunca que todos los niños que ingresan su programa responderán a sus directivas sobre la seguridad de la misma manera.

Las actividades

LAS ACTIVIDADES INCLUIDAS EN ESTE LIBRO HAN SIDO UTILIZADAS
exitosamente en una amplia variedad de entornos de cuidado infantil en el hogar. Estas
actividades pueden implementarse fácilmente en el hogar independientemente de cuán
grande o pequeña sea su área de cuidado infantil. Asimismo, todas las actividades incluidas
pueden utilizarse para desarrollar otras actividades, con solo pequeñas modificaciones
o incorporaciones creativas. Considere cambiar el tema o el material de juego de una
actividad para adaptarlo a los intereses de los niños. Algunas actividades pueden parecer
tediosas, pero recuerde que los niños pequeños disfrutan y necesitan la repetición. Los
niños muy pequeños no solo disfrutarán sino también aumentarán su confianza mediante
la repetición de actividades sencillas. A cualquier edad, realizar una actividad una sola vez
no refuerza los objetivos del desarrollo ni permite adquirir una habilidad. La repetición es
necesaria y efectiva.

Selección de las actividades

Al seleccionar las actividades del programa, es necesario tener en cuenta a los niños que
van a participar en él. Conocer los dominios del desarrollo y aplicar ese conocimiento
a las preferencias y temperamentos individuales de los niños le ayudará a establecer un
calendario de actividades efectivo. Usted sabe mejor que nadie qué necesitan los niños de
usted y de su programa. El programa no puede producirse en el vacío. Su programa debe
reforzar el sentido de identidad física y personal de cada niño. Por ejemplo, las ilustraciones
y los libros que seleccione deben ser representativos de la identidad cultural de su programa
con respecto al género, la etnicidad, la cultura y la raza. Planifique actividades que
complementen las características físicas y personales de todos los niños que participan.

También le resultará muy útil saber qué puede esperar realmente de los niños en las distintas etapas. Cuando las cuidadoras no comprenden cabalmente el desarrollo natural de los niños, pueden creer a veces que el desinterés y el aburrimiento constituyen «buena conducta» y que las actitudes enérgicas y exuberantes son «malas conductas». Comprender el desarrollo del niño y tener expectativas reales le ayudará a apoyar a los niños con actividades exitosas.

La mayoría de los expertos infantiles está de acuerdo en que cada bebé nace con un temperamento y un conjunto de actitudes predeterminados. No hay dos niños iguales, aun cuando provengan de la misma familia. Un niño puede ser muy bueno con las palabras y otro con los números. Cada de niño es especial, con talentos y fortalezas y también con debilidades. Aun los niños con las personalidades más difíciles tienen aspectos positivos. Recuerde que no todas las cualidades son heredadas. Hay cualidades que pueden ser inspiradas mediante su ejemplo de cuidado y su programa: la responsabilidad, el amor por el aprendizaje, la amabilidad, la honestidad y la tolerancia hacia los demás. Conocer el temperamento y las preferencias de cada niño le permitirá incluir actividades que sean apropiadas para el desarrollo de esos niños. La buena comunicación con los padres, la observación cercana de los niños durante la amplia variedad de actividades y su experiencia deben ayudarle a comprender los temperamentos y preferencias de los niños a su cuidado.

Usted debe ofrecerles oportunidades a todos los niños de aprender de sí mismos y de su entorno. La enseñanza exitosa requiere aprovechar toda la increíble curiosidad y energía que ellos poseen y crear experiencias de aprendizaje que sean relevantes. Nunca se proponga intimidar o doblegar deliberadamente la voluntad de un niño para producir un resultado que pueda ser acorde con sus necesidades.

A medida que se familiarice más con el modo en que cada niño aprende y se desarrolla, evalúe su programa para determinar de qué forma puede ayudarlo mejor en su experiencia de aprendizaje infantil ¿Cuál es la mejor forma de enseñar dado el cuidado que ofrece? Dónde y con quién pasa el niño la mayor parte del día son extremadamente importantes. Los niños pequeños en un entorno grupal pueden no satisfacer tan rápido sus necesidades como los niños que tienen un cuidado más personal. Sin embargo, la evidencia demuestra que los niños en entornos grupales frecuentemente aprenden a hablar antes que los niños que no han tenido esa experiencia. Usted tiene un papel muy importante en este tipo de aprendizaje temprano. Aproveche todo lo posible cada interacción con los niños, hablando sobre lo que usted hace y por qué lo hace y haciendo preguntas que motiven al niño a hablar y escuche atentamente la respuesta del niño. Todas las actividades y tareas que realiza durante el día deben beneficiar a los niños su programa.

Aliéntelos genuinamente para que los niños puedan beneficiarse totalmente de cada nueva experiencia. Piense en usted como una admiradora; los grandes logros deben ser reconocidos y aplaudidos. Todos los niños deben sentir que son especiales y exitosos. Cuando planifica actividades y promueve juegos que les permiten a los niños ser exitosos y luego aplaude y reconoce sus éxitos, mejora el entorno de aprendizaje para todos los niños de su programa.

En muchos casos, las proveedoras de cuidado infantil en el hogar tienen a los centros de cuidado infantil como modelo para sus programas. Esto no es necesario. Los programas de cuidado infantil en el hogar que siguen las buenas prácticas parentales son generalmente muy exitosos. En la familia, hay actividades todo el día en las cuales participan los niños. En la mayoría de los casos, las actividades están orientadas hacia los intereses de los niños individuales. Este modelo puede funcionar con mucha eficacia en un entorno de cuidado infantil en el hogar y beneficiar a todos los niños.

Repase los indicadores del desarrollo y compárelos con el desarrollo de cada niño en su programa. Estos indicadores deben ayudarla para incluir actividades que satisfagan las necesidades del desarrollo de cada niño. Su papel más importante es ayudar a los niños a crecer.

Selección de actividades para los bebés

Cuando revise las etapas del desarrollo de los bebés, le resultará fácil darse cuenta cuán importante es su función. Desde el primer día de inscripción debe prestar mucha atención al enriquecimiento y estimulación de los bebés en formas que sean adecuadas a su edad. Tareas que parecen sencillas, como responder rápidamente y en forma positiva al llanto de un recién nacido, tienen más importancia cuando comprende que el llanto para llamar la atención no es arbitrario, sino una comunicación importante y un indicador cognitivo. Muchas conductas que pueden darse por sentadas son de hecho indicadores del desarrollo que deben ser notados y reforzados.

Organice su entorno para promover el progreso de los bebés en vez de restringirlo. A los bebés que estén a punto de gatear, por ejemplo, no se les debe negar la oportunidad de hacerlo con el argumento de que es difícil para usted atender a un bebé que está gateando y a todos los demás niños presentes.

Selección de actividades para los niños pequeños y de dos años

El desarrollo que se produce entre los 12 meses y los tres años es enorme. En general, los niños pequeños comienzan a caminar y a hablar. Por este motivo, una gran parte del aprendizaje se centra en el desarrollo físico y del lenguaje. Los niños pequeños están comenzando a formar vínculos con otros adultos y niños y a experimentar satisfacción por sus logros. Cuando desarrolle un programa para niños pequeños es necesario que incorpore actividades para promover el desarrollo emocional y social. El desarrollo cognitivo que se produce durante este período es increíble. La mayoría del aprendizaje cognitivo que tiene lugar en esta etapa es el aprendizaje repetitivo, es decir, la repetición mediante la memorización, frecuentemente sin comprender el significado. Recitar el abecedario sin comprender lo que representan las letras es un ejemplo de aprendizaje de memoria. Con el tiempo, el aprendizaje de memoria comenzará a tener sentido. Por ejemplo, cuando el niño comience a reconocer las letras de su nombre. Las actividades repetitivas les ayudarán a los niños pequeños a ser suficientemente competentes y a lograr el éxito. Cada vez que un niño pequeño tiene éxito y es reconocido por ese éxito, su confianza crece.

Los niños pequeños son más inquisitivos y activos que los bebés porque son más coordinados, confiados y tienen más conciencia de su entorno. Los tamaños, colores y formas tienen significados para los niños pequeños y a ellos les encanta utilizar su conocimiento para enriquecer aún más sus experiencias. Es fácil incluir a los niños más grandes en su programa ya que como ellos ven cuando usted reconoce los logros de los niños pequeños, imitarán frecuentemente su conducta. Los niños pequeños están aprendiendo tantas cosas sobre su mundo y cómo funciona que las actividades planificadas deben ofrecerles oportunidades para

- probar y equivocarse en la manipulación de objetos,
- la exploración del principio de causa y efecto,
- clasificar y ordenar y
- experimentar todo tipo de materiales sensoriales.

Selección de actividades para los niños preescolares

Un programa adecuado para los preescolares favorece el desarrollo social, lingüístico, intelectual y físico mediante la actividad y el descubrimiento independientes del niño. Esto les muestra que pueden aprender, crecer y tener confianza en sí mismos y en los demás. Las actividades escolares deben

- promover el desarrollo social, artístico e intelectual de los niños mediante sus propias actividades y descubrimientos;
- aumentar el conocimiento mediante las exposiciones y experiencias repetidas y no mediante instrucciones explícitas;
- alentar a los niños a cuestionar cuidadosamente y a pensar por sí mismos;
- ayudar a los niños a disfrutar la satisfacción de resolver problemas y aprender habilidades;
- alentar a los niños a comenzar a simbolizar ideas con ilustraciones y signos, además de palabras habladas y también,
- a promover la diversión de los niños mediante el juego ya que este es la forma natural de trabajar y aprender que tienen los niños.

Unidad 7

Actividades para el desarrollo motor y físico

....

Uso de los sentidos

▦ Bebés desde el nacimiento hasta los 6 meses

Objetivos del desarrollo: Concentrarse en objetos que estén a entre 20 y 30 cm (8 a 12 pulg.) de distancia / reaccionar a sonidos fuertes

A los bebés les encanta mirar las expresiones faciales. Al nacer, un bebé puede ver mejor los rostros y otros objetos que estén a una distancia de entre 20 y 30 cm. Esta distancia corresponde a la distancia aproximada que tiene un bebé desde la posición de alimentación en los brazos de la cuidadora hasta el rostro del cuidadora. Al intentar interactuar con un bebé, pruebe distintas expresiones faciales y sonidos (algunos más fuertes que otros como por ejemplo, aplaudir con las manos) para desarrollar la visión y el oído del bebé. Bajo su supervisión, permita que otros niños también hagan distintas expresiones faciales. A continuación, encontrará algunas ideas:

- sonreír de distintas formas
- torcer y enrollar la lengua
- fruncir los labios y hacer expresiones divertidas con la boca

- hacer sonidos con los labios
- bostezar
- parpadear y poner los ojos en blanco
- mover la cabeza de un lado a otro

▦ Bebés desde el nacimiento hasta los 6 meses

Objetivos del desarrollo: Reaccionar a sonidos / Girar la cabeza hacia ambos lados estando recostado sobre la espalda / Seguir el movimiento de objetos con la vista

La visión del bebé se desarrollará en los primeros meses y también su audición. Usted notará que los bebés responden a los sonidos y a los estímulos visuales. Experimente con muchos sonidos distintos.

Comience siempre hablándole a los bebés, diciendo sus nombres e identificándose repetidamente. Trate de suscitar respuestas vocales de ellos. Si hacen sonidos, responda con entusiasmo. Muéstreles que está complacida y hable con ellos sobre sus esfuerzos. «¿Qué bien?» y «¡Escucha como hablas!» son ambas buenas respuestas.

Espere hasta que miren en una dirección. Sacuda suavemente un sonajero u otro objeto que sea seguro desde la dirección opuesta. Observe si giran la cabeza hacia la dirección de donde proviene el sonido. Muéstreles el objeto que está sacudiendo. Dígales qué objeto es y ayúdelos para que lo sostengan. Luego ayúdelos para que sacudan el objeto nuevamente. Observe sus rostros para ver si hay algún cambio en la expresión. Repita la misma actividad con varios objetos. Cuando use objetos diferentes, observe si los bebés siguen con la vista los objetos en movimiento.

Bebés de 6 a 12 meses

Objetivos del desarrollo: Transferir objetos de una mano a la otra / Sujetar objetos pequeños

Un excelente forma de reutilizar las botellas y los frascos de plástico es llenarlos con diferentes objetos divertidos como agua, purpurina y colorante para alimentos; pasta tricolor; agua coloreada y pajillas cortadas; arroz teñido con colorante para alimentos; frijoles y otros alimentos secos. Asegúrese de que las tapas estén firmemente cerradas. Aliente a los niños para que sostengan, toquen, levanten, den vuelta y agiten los envases. Muéstreles cómo hacer rodar los envases sobre una superficie plana. Observe si hacen pasar los envases de una mano a la otra. Si es necesario, puede alentar a un bebé entregándole un segundo envase. Con frecuencia, el bebé transferirá el objeto que sostenía a la mano vacía antes de sujetar el segundo objeto.

Bebés de 6 a 12 meses

Objetivo del desarrollo: Gatear

A medida que los bebés fortalezcan los músculos grandes, usarán esa fortaleza para moverse por la habitación. Deje libre un área, sin objetos pequeños con los que puedan atragantarse para que los bebés puedan explorar. Apoye los intentos que hagan de gatear con palabras de aliento: «Muy pronto estarás gateando. Levanta la pancita». Los bebés pueden frustrarse si sus cuerpos no responden como ellos quieren. Si sucede esto, sea comprensiva: «Es muy frustrante moverse hacia atrás en vez de hacia adelante. Estás haciendo un gran esfuerzo. Con un poco más de práctica comenzarás a gatear». Cuando los bebés comiencen a gatear, hable con ellos sobre las texturas del piso, el césped y otros elementos que les interesen.

Bebés de 12 a 18 meses

Objetivos del desarrollo: Control de la motricidad fina / Estimulación sensorial

Esta actividad puede consistir en una actividad controlada en el interior pero puede hacerse con más facilidad en el exterior. Si realiza esta actividad en el interior, llene un cubo pequeño con 2 cm (1 pulg.) de tierra o arena. Coloque una sábana o un tapete pequeño debajo del cubo para que se deposite allí el material derramado. Si decide ir al exterior, utilice un cajón de arena o coloque el cubo en un lugar al que puedan tener fácil acceso los bebés.

Proporcióneles cucharas de madera grandes o palas y recipientes o tazas de medida de plástico de distintos tamaños. Deje que los bebés toquen la tierra o la arena. Aliéntelos para que recojan tierra o arena y la dejen caer de vuelta dentro del recipiente. Permita que exploren libremente en la arena o en la tierra con sus manos o con las cucharas, los recipientes y los cubos y asegúrese de que no la coman o la arrojen. Pídales que describan cómo perciben el material. Si no responden, hablé con ellos sobre la textura del material.

También puede reunir varios objetos para jugar con agua: botellas pequeñas de plástico con tapas con chorro, jeringas de cocina y una variedad de esponjas. Aliente a los bebés a usar estos juguetes con agua. Ellos pueden absorber el agua con la esponja y luego escurrirla, absorber el agua dentro de la jeringa de cocina y escuchar el sonido cuando vierten el agua dentro de un recipiente o una taza. Recuerde que es necesario supervisarlos constantemente durante esta actividad. Cualquiera sea su edad, nunca dije solo a un niño con agua estancada.

Bebés de 12 a 18 meses

Objetivo del desarrollo: Poner un bloque sobre otro

Coloque una amplia variedad de bloques con distintas texturas en un espacio despejado y pídales a los niños que construyan torres con usted. Muéstreles a los bebés cómo colocar un bloque sobre otro y describa lo que está haciendo a medida que lo hace. Si los bebés aún no han recogido los bloques, entréguele a cada niño un bloque y pídale que lo agregue a la torre que usted hizo. A medida que los bebés muestren interés en los distintos bloques, hable con ellos sobre las texturas. «Este bloque está hecho de tela. Es suave y blando.» «Estos bloques son de madera. Son duros.» Continúe siempre que los niños estén interesados.

Uso de los sentidos

⠿ Niños pequeños y de dos años (18 a 36 meses)

Objetivo del desarrollo: Comer por sí mismos

Esta es una actividad divertida que puede realizar durante el refrigerio o a la hora del almuerzo. Los niños de esta edad están comenzando a comer por sí mismos y están desarrollando sus preferencias gustativas. Disponga una selección de alimentos saludables que puedan comer. Incluya comida para comer con la mano como cereales y también comida que puedan comer con una cuchara. Si es necesario, ayúdelos a tomar los alimentos o la cuchara para que puedan poner los alimentos en la boca. Hable con los niños sobre lo que están comiendo. Nombre los alimentos y hable sobre el hecho de que son crocantes, suaves, dulces, salados o agrios.

⠿ Niños pequeños y de dos años (18 a 36 meses)

Objetivo del desarrollo: Andar en triciclo o en otros juguetes para montar

Si todavía no tiene un espacio asignado para que los niños utilicen juguetes para montar, arme un camino para usarlos en el exterior. Tenga suficientes juguetes para montar para permitir que los niños realicen esta actividad en forma simultánea y no tengan que esperar su turno durante mucho tiempo. En general, los niños pequeños no comprenden todavía los conceptos de compartir y esperar el turno. Los niños más pequeños generalmente utilizarán estos juguetes sin pedalear. Lo que tiene de bueno incluir a niños de varias edades es que cuando los niños pequeños tienen la oportunidad de observar a los niños más grandes pedalear en los juguetes para montar, estarán motivados a hacer lo mismo. Aliente estos intentos bajo su supervisión cercana. Permita que los niños pequeños tengan muchas oportunidades de sentarse y de mover estos juguetes por el camino designado. Aliente esta actividad, tanto en los logros como en los intentos.

Uso de los sentidos

⠿ Niños preescolares de 3 a 5 años

Objetivos del desarrollo: Hacer marcas o trazos con instrumentos de dibujo / Escribir su nombre

Cuando se inscriban en su programa niños preescolares, pídales que hagan un dibujo de sí mismos. Deles un espejo irrompible para que los niños puedan verse. Aliente a los niños para que usen todos los colores posibles y para que dibujen todos los detalles que puedan. Escriba la fecha y el nombre de los niños en sus dibujos y guárdelos en un lugar seguro para usarlos en el futuro. Pídales que hagan otro dibujo de sí mismos aproximadamente cada cuatro meses. Compare los dibujos y analice cuánto se han desarrollado. Cuando los niños muestren interés, invítelos a que practiquen la escritura de sus nombres en sus dibujos. Este es un excelente proyecto para compartir con los padres.

⠿ Niños preescolares de 3 a 5 años

Objetivos del desarrollo: Usar los músculos grandes / Saltar sobre objetos

Despeje una área grande en espacios con diferentes superficies en el piso. Por ejemplo, alfombra, madera, baldosas, grava suelta y arena. Proporcione una amplia variedad de objetos de distintas longitudes que tengan entre 10 y 25 cm (4 a 10 pulg.) de de altura e invite a los niños a colocar los objetos en los espacios para crear una pista con obstáculos para saltar. Deles a los niños tiempo para saltar y solicíteles luego que describan cómo se sintieron saltando en las distintas superficies. Anote las observaciones de cada niño sobre las superficies. Después de la actividad, compare las observaciones. ¿Se utilizaron palabras distintas para describir las superficies?

Explorar el movimiento

⠿ Bebés desde el nacimiento hasta los 6 meses

Objetivo del desarrollo: Juego con las manos

A los bebés, generalmente les fascinan sus manos. Tan pronto como descubren sus manos, comienzan a agitarlas, a saludar y a moverlas. Usted notará que las manos y los dedos llegan rápidamente a la boca. ¡Eventualmente, también lo harán los dedos de los pies! Su interacción alentará a los bebés a aprender a usar las manos. Muéstreles su mano abierta y espere para asegurarse de que la vean. Diga «mi mano está abierta» y mueva los dedos. Luego cierre la mano con el puño suelto. Asegúrese de que estén mirando su mano y diga, «mi mano está cerrada». Repita esto varias veces esperando hasta que los bebés observen el movimiento.

Luego, muéstreles sus propias manos. Si sus manos están cerradas, deles suaves golpecitos en la parte de atrás para alentarlos a que se relajen. Cuando las manos estén abiertas, aliéntelos sonriendo y describiendo las manos abiertas. Luego, cierre suavemente las manos y los dedos en un puño suelto y dígales «tus manos están cerradas». Repita esta actividad hasta que los bebés pierdan interés, lo cual sucede generalmente cuando se alejan de la actividad.

⠿ Bebés desde el nacimiento hasta los 6 meses

Objetivo del desarrollo: Mover la cabeza hacia los costados cuando se encuentra sobre el estómago

Probablemente una de las primeras cosas que los bebés de su programa aprenderán a hacer es reconocer su rostro y su voz. Recuerde que en esta etapa, los bebés ven mejor a una distancia de aproximadamente 10 cm (8 pulg). Colóquese de modo que su rostro se encuentre en el campo de visión del bebé y mueva lentamente su cabeza de un lado a otro. Observe si sigue su cabeza con la vista cuando la mueve. A continuación, mueva su cabeza hacia arriba y hacia abajo y observe la reacción. A medida que el bebé comience a crecer, podrá colocar su cabeza a una distancia mayor.

Guíe suavemente las manos del bebé hacia su rostro. Toque con las manos del bebé las distintas partes de su rostro. Observe si sus ojos siguen el movimiento. Sostenga sus manos sobre sus mejillas y mueva nuevamente su cabeza de un lado a otro. ¿Continúa siguiendo el movimiento con la vista?

Bebés de 6 a 12 meses

Objetivo del desarrollo: Sujetar objetos pequeños

Nunca habrá demasiados bloques en su programa. Los bloques son un gran primer juguete para los niños. Seleccione bloques para los bebés que sean seguros y que no sean demasiado pesados. Despeje un área alfombrada o coloque una manta o colchonetas sobre el piso y distribuya los bloques. Muéstreles a los bebés los distintos colores y tamaños de bloques. Ayúdelos a sujetarlos. Si el bebé está renuente a jugar, haga rodar o empuje un bloque hacia dónde se encuentra el bebé. Hable del color y de la sensación táctil que le da cada bloque cuando un bebé muestre interés en él. Arme una torre pequeña con los bloques. Si los bebés no tiran abajo la torre por su cuenta, muéstreles cómo hacerlo suavemente. Vuelva a armar los bloques y aliente a los bebés a derribarla. Repita este ejercicio utilizando más bloques. Una vez que los bebés sepan cómo derribar torres, ayúdelos a construir torres por su cuenta.

Bebés de 6 a 12 meses

Objetivo del desarrollo: Gatear

Arme un camino de obstáculos para los bebés que gatean. Coloque cestas o almohadas en forma de triángulo o cuadrado en el piso. Muéstreles cómo desea que se arrastren por el piso. Agáchese y aliéntelos a moverse hasta la primera cesta o almohada. Continúe alentándolos durante todo el recorrido. Haga participar a los niños más grandes. Pídales que ellos también gateen por el camino.

Bebés de 12 a 18 meses

Objetivos del desarrollo: Control de la motricidad fina / Ponerse solo de pie

Haga una pasta espesa mezclando gradualmente agua con dos cucharas grandes de harina. Use una cuchara para colocar una gota de esta mezcla sobre un trozo grande de papel encerado que adhirió previamente a la mesa de la cocina o a la mesa de proyectos. Proteja la ropa de los bebés con camisas viejas o baberos grandes antes de permitirles pintar con los dedos.

Invite a los bebés a acercarse a la mesa. Muéstreles cómo mover y deslizar los dedos y las manos por el papel encerado. Utilice palabras descriptivas como *resbaloso* y *húmedo* en su conversación con ellos. Aliente los bebés a mover las manos hacia arriba y abajo, atrás y adelante y en círculos. Utilice un dedo señalador para hacer puntos a lo largo del papel y permitir que los niños experimenten con la mezcla húmeda y resbaladiza. Evite hacer dibujos para ellos porque esta actividad tiene como finalidad promover el movimiento y la experimentación libre. Hacerles dibujos a los niños puede inhibir su creatividad.

⠿ Bebés de 12 a 18 meses

Objetivo del desarrollo: Aplaudir

Siéntese con los bebés y aliéntelos a que la miren mientras usted aplaude lentamente. Repita esta actividad varias veces hasta que se den cuenta de lo que está haciendo. Continúe haciendo esto mientras dice:

Si tú tienes muchas ganas de aplaudir.
Si tú tienes muchas ganas de aplaudir.
Si tu tienes la razón y no hay oposición,
No te quedes con las ganas de aplaudir.

Repita esto varias veces y observe para ver si los bebés intentan imitar sus sonidos y movimientos. Concéntrese en los movimientos y guíe a los niños pequeños a aplaudir con las manos, dar palmaditas, darle golpecitos a la masa invisible que tienen entre las manos, pincharla con los dedos, dibujar la letra *B* en el aire y poner la masa en un horno imaginario. Aliente a los niños para que aplaudan con usted. Si reemplaza la letra «B» por la primera letra del nombre de los niños y usa sus nombres en la canción, ellos escucharán con más atención.

Puede ser necesario que sostenga suavemente las manos de los bebés y los ayude a aplaudir. Con práctica, jugarán con esta canción espontáneamente. Recuerde que a los bebés les gusta la repetición y la necesitan.

Explorar el movimiento

⠿ Niños pequeños y de dos años (18 a 36 meses)

Objetivo del desarrollo: Coordinación de la vista y el pie

Establezca un área en el interior que sea segura para que los niños pequeños muevan una pelota suave con los pies. Si no es posible, realice esta actividad en el exterior. Establezca los límites del perímetro que usarán cuando jueguen con la pelota. Si realiza esta actividad en el interior, los niños pueden empujar la pelota hasta un lugar indicado. Si realiza esta actividad en el exterior, los niños pueden empujar la pelota hasta un árbol o puerta indicados.

Dígales a los niños pequeños que utilicen un solo pie para empujar la pelota hasta el lugar indicado. Muéstreles cómo empujar la pelota con el pie en vez de patearla. Cuando los niños pequeños hayan desarrollado la coordinación necesaria, cuente cuantas veces necesitan empujarla para que la pelota llegue hasta el lugar indicado. Repita esta actividad en varios momentos y cambie el lugar indicado para que resulte más interesante.

Niños pequeños y de dos años (18 a 36 meses)

Objetivo del desarrollo: Coordinación de la motricidad gruesa

Reúna varias botellas de detergente para platos o de gaseosas de plástico. Alíneelas como palos de bolos, manteniéndolas cerca entre sí. Proporcione una variedad de pelotas y deje que los niños seleccionen cuáles desean utilizar. Muéstreles a los niños pequeños como tirar abajo los bolos haciendo rodar la pelota. Si a los niños les cuesta hacer rodar la pelota, pídales que usen las dos manos. Acerque o aleje a los niños, dependiendo del éxito que tengan derribando las botellas. Muéstrese entusiasmada cuando puedan derribar las botellas. Repita esta actividad tantas veces como quieran los niños

Explorar el movimiento

Niños preescolares de 3 a 5 años

Objetivos del desarrollo: Equilibrio o salto en un pie / Caminar apoyando la puntera y el talón por una línea

Despeje un espacio grande en el interior o en el exterior. Coloque una cuerda de 1.20 cm (4 pies) de largo en el piso o use tiza para dibujar una línea en el exterior. Invite a los niños a participar en juegos relacionados con el equilibrio. Muéstreles cómo pararse en un pie y exagere el modo en que usa sus brazos para ayudarse a mantener el equilibrio. Si los niños pueden pararse fácilmente en un pie, pídales que traten de saltar al otro pie. Aliente a los niños que se sientan frustrados. A continuación, invite a los niños a caminar hacia atrás sobre la cuerda o la línea de tiza. Pídale a un niño más grande que muestre cómo hacerlo o muéstreles usted misma. Permita que los niños continúen haciendo esto hasta que pierdan el interés. Si un niño pierde el interés antes de que termine el grupo, permítale jugar cerca del grupo haciendo otra cosa.

Niños preescolares de 3 a 5 años

Objetivos del desarrollo: Coordinación de la mano y la vista / Uso de los pequeños músculos en las manos

Usar una cuchara para pasar pequeñas piedritas, bloques de Lego u otros objetos pequeños de un recipiente a otro fortalece los músculos que se utilizan para sostener los instrumentos de escritura. Entregue dos recipientes de cereales y una cuchara a cada niño que participe.

Lo ideal es colocar cada juego de recipientes y la cuchara en una bandeja pequeña sobre la que pueden caer todos los objetos que se derramen. Muéstreles a los niños cómo sostener una cuchara apretando el mango por la mitad. Coloque el dedo pulgar derecho arriba y el dedo índice derecho por debajo. Coloque los otros tres dedos de la mano derecha alrededor del mango. Muéstreles a los niños cómo usar la cuchara para sacar los objetos. A medida que levanta la cuchara, sosténgala horizontalmente y muévala lenta y suavemente hacia el otro recipiente. Vierta los objetos lentamente en el segundo recipiente. Aliente a los niños a hacer los mismo hasta que todos los objetos estén en el segundo recipiente.

Si alguno de los objetos cae en la bandeja, pídales a los niños que lo recojan utilizando el movimiento de pinza. Esta es una excelente actividad para que los preescolares tengan acceso a ella sin su ayuda. Esto les permite sentirse independientes y practicar este ejercicio con tanta frecuencia como deseen. Asegúrese de que los niños pequeños y los bebés no tengan acceso a los objetos pequeños.

Interactuar con las personas

⁞▶ Bebés desde el nacimiento hasta los 6 meses

Objetivo del desarrollo: Llevarse fácilmente los pies a la boca cuando están acostados sobre la espalda

Coloque a un bebé en su regazo en una posición semielevada frente a usted o sobre una manta. Levante suavemente sus pies de modo que él pueda verlos. Hágale cosquillas suavemente en los dedos o roce la planta del pie. Dígale «Estos son tus pies». Luego retírelos de su vista y diga «¡Oh! ¿A dónde fueron?» Luego muéstreles nuevamente los pies y diga «¡Oh! ¡Aquí están! ¡Aquí están tus pies!» Hágales cosquillas y rócelos nuevamente. Repita esta variación de picabú varias veces asegurándose de mantener una expresión agradable y de alegría.

Bebés desde el nacimiento hasta los 6 meses

Objetivo del desarrollo: Darse vuelta estando boca abajo

El momento de estar sobre la pancita es una parte muy importante de todos los calendarios de actividades diarias de los bebés. Estar sobre la pancita es muy útil para desarrollar la fortaleza muscular que necesitan para darse vuelta. Interactúe con los bebés durante el momento que están sobre la pancita. Coloque a los bebés sobre una manta limpia y tiéndase junto a ellos o siéntese frente a ellos para que puedan verla. Hable con ellos y haga sonar un sonajero o una campana para captar su atención. Asegúrese de cambiar el lado sobre el que se coloca para que puedan ejercitar todos los músculos. Eventualmente comenzarán a darse vuelta.

Bebés de 6 a 12 meses

Objetivo del desarrollo: Aceptar ser alimentado con cuchara

En esta etapa del desarrollo, algunos bebés pueden estar comenzando a comer alimentos sólidos. Una habilidad que requiere el uso de la motricidad fina durante la comida es abrir y cerrar la boca. Esto puede parecer una tarea sencilla, después de todo ¡a los bebés les encanta ponerse toda clase de cosas en la boca! Pero no siempre es tan sencillo como parece. Durante los refrigerios y las comidas ayude a los bebés a aprender los pasos específicos requeridos para poder comer. Muéstreles cómo realizar cada uno de los siguientes pasos y luego ayúdelos a aprender a hacer lo mismo:

- Mire la cuchara llena de comida e identifique el contenido.
- Abra la boca para introducir la cuchara.
- Coloque la cuchara con el alimento dentro de la boca.
- Cierre la boca.
- Retire la cuchara.
- Muéstrele al bebé la cuchara sin la comida.
- Mantenga su boca cerrada hasta que trague la comida.

Hable con los bebés mientras los guía para que sigan estos pasos. Descríbales cada paso que dé. Si un bebé mantiene la cuchara dentro de la boca, pídale que abra la boca. Abra su boca para mostrarle lo que debe hacer. Posiblemente tenga que practicar el ejercicio de comer varias veces pero los bebés aprenderán más rápido si interactúa más con ellos.

También puede colocar a los bebés en una posición desde la cual puedan observar mientras comen los niños más grandes. Además de beneficiar a los bebés, esto le da la oportunidad de recordarles a los niños más grandes cómo comer correctamente. A los niños les encanta demostrar sus habilidades cuando saben que alguien les está prestando atención. Los bebés son una excelente audiencia.

Bebés de 6 a 12 meses

Objetivo del desarrollo: Seguir objetos distantes con los ojos

Use las dos manos para arrojar una pequeña pelota hacia arriba delante de los bebés. Mientras hace esto, hable con ellos. Pídales que miren hacia arriba y observen el movimiento de la pelota. Cuando habla con ellos, use la palabra *arriba*. Ellos deberían estar motivados a mirar hacia arriba y ver cómo la pelota sube y baja. Cambie la inflexión de su voz cada vez que la pelota sube y baja y use las dos palabras, *arriba* y *abajo*. Dele una pelota a cada bebé y aliéntelos para que la lancen hacia arriba con las dos manos. Llame a los bebés por su nombre y reconozca los intentos positivos que hayan hecho.

Bebés de 12 a 18 meses

Objetivo del desarrollo: Controlar la motricidad fina

Use una pelota rellena y pequeña de alrededor de 7.5 cm (8 pulgadas) de diámetro. (Este es un buen tamaño para que los bebés más grandes puedan sostenerla con las dos manos. Los bebés pueden sujetar y controlar con más facilidad la pelotas rellenas pero se pueden utilizar también pelotas pequeñas de goma).

Siéntese con los bebés en un círculo pequeño, en un espacio suave y sin alfombra, haga rodar la pelota hasta uno de los bebés y pídale que la haga rodar nuevamente a usted. Primero, dígales a los bebés que usen las dos manos para hacerla rodar. Ellos desarrollarán gradualmente las habilidades necesarias para hacer rodar la pelota con una sola mano.

Para extender este juego, se puede utilizar un túnel casero hecho con una caja que tenga aberturas grandes en un extremo. Los niños pueden también hacer rodar la pelota por debajo de la mesa, de una silla o de un túnel hecho con bloques. A los demás niños de su programa les gustará ayudar a construir un túnel y alentarán con entusiasmo a los bebés en esta actividad.

Bebés de 12 a 18 meses

Objetivos del desarrollo: Desarrollo de las habilidades de motricidad gruesa / coordinación de la mano y la vista

Juegue el juego llamado Simon Dice sin que nadie tenga que salir del juego. Invite a los bebés y a los niños más grandes que estén interesados a sentarse o a quedarse de pie en un espacio despejado. Nombre una parte del cuerpo y pídales a los niños que apunten a esa parte: «La señorita Sue dijo que apuntemos a nuestra nariz». Apunte a su propia nariz y deles a los bebés tiempo para apuntar a sus propias narices. Continúe nombrando las partes del cuerpo como la oreja, la rodilla, los codos y los tobillos. Si los bebés pueden moverse, pídales que muevan sus cuerpos: «La señorita Sue dijo que nos demos vuelta». Deles a los niños más grandes la oportunidad de ser Simon.

⠿ Bebés de 12 a 18 meses

Objetivo del desarrollo: Aplaudir con alegría

Diga el siguiente poema y haga lo que dice sentada en el piso con los bebés:

> *Golpear, golpear, golpeando* (tome una cuchara y golpeela contra el piso)
> *Aplaudir, aplaudir, aplaudiendo* (aplauda con las manos)
> *Dormir, dormir, durmiendo* (recuéstese y finja dormir)

Repita el poema y haga las acciones de otra forma. Golpee en un lugar distinto y aplauda con los brazos en el aire.

Interactuar con las personas

⠿ Niños pequeños y de dos años (18 a 36 meses)

Objetivos del desarrollo:
Armar una torre con tres o más bloques / coordinación de la mano y la vista

Los bloques son uno de los materiales que proporcionan muchas oportunidades de desarrollo en el cuidado infantil. Los bloques son muy convenientes para el cuidado infantil en el hogar porque pueden moverse de una habitación a otra y guardarse en un cesto al finalizar el día. A los niños pequeños les encanta imitar a los niños más grandes. Aliente a los niños más grandes a construir torres con bloques para mostrarles a los niños pequeños cómo hacerlo. Asegúrese de supervisar de cerca y aliente a los niños más grandes cuando construyen las torres. Ofrezca aliento en forma entusiasta cuando los niños pequeños puedan construir sus propias torres. Observe de cerca para comprobar que los niños pequeños no se frustren o se aburran. Si no pueden apilar los bloques, deje que busquen otra actividad y que vuelvan a probar más tarde. Mientras los niños pequeños están construyendo las torres, hable sobre los conceptos de «arriba» y «abajo». Coloque un juguete pequeño arriba del bloque más alto de la torre y explique que está en la punta. Derribe el juguete y explique a los niños pequeños que ahora está en la parte inferior. Repita el juego y permita que los niños muevan el juguete de un extremo al otro.

Niños pequeños y de dos años (18 a 36 meses)

Objetivo del desarrollo: Control de los músculos grandes

Todos los niños aman la música. Cuando escuchen música, diga de vez en cuando «congelarse» o «detenerse». Moverse y detenerse es una forma efectiva de alentar el control del cuerpo y las habilidades auditivas. Tome una de las manos de cada niño mientras camina y diga «Vamos a caminar. Cuando yo diga 'detenerse' tienes que detenerte. ¿Estás listo? Caminar, caminar, caminar, caminar—detenerse». Detente cuando yo diga «detenerse». Cambie el movimiento de caminar a saltar. «Saltar, saltar, saltar, saltar—detenerse». Continúe cambiando la actividad pero mantenga el mismo ritmo y deténgase siempre con la palabra *detenerse*. Frecuentemente observará que los niños pequeños muy pronto sabrán en qué momento detenerse. Otras acciones que puede incluir son saltar, dar vuelta y marchar. ¡Cuando planifique actividades para los niños pequeños, recuerde que necesitan moverse!

Interactuar con las personas

Niños preescolares de 3 a 5 años

Objetivo del desarrollo: Usar tijeras

El desarrollo de los músculos pequeños lleva mucha práctica y ejercicio durante los años preescolares. Invite a los niños a cortar boletos de tiras de papel o césped de cartulina de color verde. No hay una forma correcta o incorrecta de cortar el papel—solo necesitan cortar. Si es necesario, muéstreles a los preescolares cómo sostener las tijeras correctamente. Los dedos pulgares deben ser colocados en el orificio superior y los dedos medios en el inferior. El dedo para señalar (índice) debe descansar justo debajo del aro del orificio inferior y proporcionar apoyo a las tijeras. Mientras los preescolares cortan, hable con ellos sobre cómo pueden usar los boletos o el césped que están haciendo. Luego, asegúrese de dejarles tiempo para lleven a la práctica sus planes. Cuando los niños comiencen a recortar mejor con la tijera, pídales que corten línea, curvas y finalmente, formas y objetos.

Niños preescolares de 3 a 5 años

Objetivo del desarrollo: Armar rompecabezas con facilidad

Los rompecabezas pueden fabricarse pegando imágenes coloridas sobre cartón o cartulina gruesa. Puede usar revistas viejas, calendarios viejos, libros para colorear, folletos de viaje o pueden dibujarlos usted y los niños. Si entrega uno o dos rompecabezas a la vez a cada niño, motivará a los preescolares a armarlos. Invítelos a intercambiar los rompecabezas cuando terminen de armarlos y tenga más rompecabezas listos para entregar o pídales que hagan sus propios rompecabezas. Use el conocimiento que tiene de los niños para determinar cuántas piezas debe tener cada rompecabezas. Si los niños no saben cómo armar rompecabezas, comience por pocas piezas e incorpore gradualmente más piezas. Esta actividad le permite tener más rompecabezas disponibles a un bajo costo y usted puede luego adaptar cada rompecabezas al nivel de desarrollo de cada uno de los preescolares. Cuando los niños desarrollen más habilidades, puede armar rompecabezas pequeños con tarjetas de saludo.

Interactuar con los juguetes y los objetos

Bebés desde el nacimiento hasta los 6 meses

Objetivos del desarrollo: Seguir un objeto móvil con los ojos/ Levantar el pecho con el peso en los antebrazos

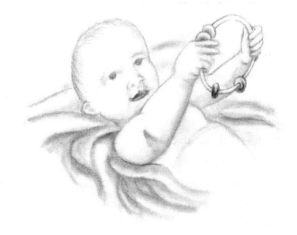

Una vez que los bebés puedan sostener sus cabezas, colóquelos sobre el estómago en un lugar seguro como por ejemplo una manta sobre el piso. Colóquelos de forma que miren hacia dentro de la habitación. Coloque de costado un recipiente redondo de plástico que sea pequeño y seguro como por ejemplo un recipiente de especias vacío y hágalo rodar hacia los bebés. Obsérvelos. ¿Miran el recipiente? ¿Tratan de agarrarlo? Guíelos para que se extiendan hasta el recipiente y permítales tocarlo. Recupere el recipiente y hágalo rodar hacia los bebés desde otro lugar. Ayúdelos a tratar de alcanzarlo y tocarlo nuevamente. Asegúrese de hablar con ellos durante el juego.

Invite a los niños más pequeños a hacer rodar el recipiente. Recuerde que debe supervisar cuidadosamente la interacción con los bebés.

Bebés desde el nacimiento hasta los 6 meses

Objetivo del desarrollo: Coordinación gruesa

Coloque suavemente a los bebés de espalda sobre una manta limpia en el piso o en el césped. Coloque una manta liviana o servilleta de tela sobre las piernas y el torso. Aliéntelos a patear la manta para sacarla. Muestre mucho entusiasmo e interés cada vez que lo intentan. Repita esta actividad hasta que pierdan el interés. Esta actividad es muy buena para desarrollar los músculos de las piernas y la coordinación. También ayuda a los bebés a darse cuenta de que sus piernas y pies siguen ahí a pesar de que ellos no pueden verlos.

Bebés de 6 a 12 meses

Objetivo del desarrollo: Sujetar objetos pequeños

Busque una lata de café de plástico que esté vacía y tenga tapa de plástico. Corte un orificio en la tapa de plástico que sea suficientemente grande para permitir el paso de los objetos pequeños que usted dejará caer dentro del recipiente. Reúna objetos de colores brillantes que no representen un peligro de asfixia.

Invite a los bebés a jugar un juego con usted. Ponga el envase con tapa sobre una superficie plana y deje caer un objeto o dos a través del orificio en el envase. Levante la tapa y «encuentre» los objetos. Repita esta actividad varias veces. Luego dele los objetos a los bebés y aliéntelos para que dejen caer los objetos a través del orificio en la tapa. Pueden necesitar un poco de ayuda al comienzo, pero después de varios intentos deberían poder hacerlo solos. Generalmente, a los bebés le gusta levantar la tapa (después de que la haya sacado del recipiente) y encontrar los objetos. El aliento y la sonrisa son siempre buenos motivadores para los bebés.

Bebés de 6 a 12 meses

Objetivo del desarrollo: Sentarse sin apoyo

Los bebés que pueden sentarse sin apoyo están listos para explorar el mundo que los rodea—por lo menos, todo aquello a lo que puedan llegar. Usted debe traerles a los bebés que no puedan moverse todo lo que pueda de su entorno. Encuentre objetos seguros con los que puedan practicar la sujeción, pasar objetos de una mano a otra, devolvérselos a usted, empujar, hacer rodar e inclusive patear. Por ejemplo, comience con una pelota pequeña que puedan estrujar. Aliente y guíe a los bebés para probar varios movimientos

- tratar de alcanzar la pelota
- atrapar la pelota y sostenerla
- lanzar la pelota
- hacer rodar la pelota
- pasar la pelota de una mano a la otra
- entregarle la pelota a usted
- empujar la pelota con las manos o los dedos
- empujar la pelota con los pies
- seguir la pelota visualmente cuando se mueve

⠿ **Bebés de 12 a 18 meses**

Objetivo del desarrollo: Desarrollo de la motricidad fina

A los niños les encanta usar las manos y la masa de sal es una excelente forma de ejercitar los músculos pequeños de las manos. Consiga masa sal o plastilina que no sean tóxicas y sirvan para el modelado suave o haga su propia masa de sal con harina, sal y agua. Deles a los bebés pequeñas pelotas de masa de sal y quédese usted con una del mismo tamaño. Muéstreles cómo apretar, pinchar, tirar, aplanar, redondear y darle forma a la masa de sal. Guíe las manos y los dedos de los bebés durante el trabajo con la masa de sal. A medida que aumenta su capacidad para trabajar con este material, ayúdelos a hacer objetos sencillos de masa de sal. Deje secar algunos de estos objetos y exhíbalos. Muéstreles a los bebés los objetos que hizo usted. También puede incorporar otros elementos al juego con masa de sal como por ejemplo rodillos y otras herramientas de plástico o madera que sean seguras. Recuerde: ¡este es también un gran momento para comenzar a enseñarles que no deben ponerse todo en la boca!

⠿ **Bebés de 12 a 18 meses**

Objetivo del desarrollo: Confianza

Cante la canción «If You're Happy and You Know It» e invítelos a moverse con la música. Agregue todos los versos que desee a la canción. Por ejemplo, agite sus brazos, zapatee, grite «hurra», haga ruido con la nariz, golpee sus rodillas, etc. A los bebés y a los niños más grandes les divierte mucho mover el cuerpo al ritmo de la música y los bebés más pequeños se divertirán viendo cómo lo hacen.

Interactuar con los juguetes y los objetos

⠿ **Niños pequeños y de dos años (18 a 36 meses)**

Objetivo del desarrollo: Martillar

Muéstreles a los niños pequeños cómo usar un tablero de martilleo con clavijas y martillos. Nombre las distintas partes y muéstreles cómo sostener un martillo. Permita que los niños pequeños tengan tiempo para probar por su cuenta. Esté cerca si necesitan ayuda con el tablero de martilleo después de martillar las clavijas. Probablemente repitan esta actividad varias veces. Cuando un niño decida terminar, felicítelo por el esfuerzo que hizo para martillar y haga notar a los niños que usaron los músculos del brazo en forma divertida.

Niños pequeños y de dos años (18 a 36 meses)

Objetivo del desarrollo: Arrojar una pelota

Reúna una colección de pelotas suaves (calcetines enrollados por ejemplo) y una cesta o cubo grandes. Coloque la cesta cerca de los niños. Muéstreles cómo tirar la pelota dentro de la cesta. Aliéntelos para usar una mano pero permítales tirar con las dos manos por arriba o por abajo. No establezca demasiadas reglas para evitar que los niños se confundan o se frustren.

A medida que los niños pequeños se sientan más confiados, aleje la cesta. Esto les ofrecerá un desafío cada vez más grande. Recuérdeles que el objetivo es el recipiente y no otros objetos de la habitación.

Interactuar con los juguetes y los objetos

Niños preescolares de 3 a 5 años

Objetivo del desarrollo: Hacer rebotar una pelota y atraparla

Dele a cada preescolar una pelota que rebote y marque un lugar en el piso o afuera con cinta adhesiva o con tiza. Invite a los niños a dejar caer las pelotas en sus marcas, a observarlas y a atraparlas cuando reboten. Cada niño debe usar las dos manos para atrapar la pelota y evitar usar el cuerpo como ayuda. Si cuenta cada vez que atrapan la pelota, el juego les resultará más interesante a los niños.

Niños preescolares de 3 a 5 años

Objetivo del desarrollo: Usar los músculos pequeños de las manos para pegar y colorear

A los niños de todas las edades les gusta hacer collages. Usted puede proporcionarles una cantidad ilimitada de materiales para hacerlo. Siempre que el material sea abundante, barato y liviano merece ser probado. Deje que los niños decoren los collages como prefieran. Vincule esta actividad con las habilidades previas a la alfabetización invitando a los niños a ponerle un título a los collages. Con su permiso, escriba los títulos sobre los collages.

Desarrollo de habilidades verbales

⠿ Bebés desde el nacimiento hasta los 6 meses

Objetivos del desarrollo: Concentrarse en objetos que estén a entre 20 y 30 cm (8 a 12 pulg.) de distancia / Llevar las manos hacia la línea media del cuerpo estando sobre la espalda

Reúna objetos sencillos y coloridos para mostrarles a los bebés. Coloque suavemente a los bebés sobre la espalda en una manta. Muéstreles los objetos y nombre cada uno de ellos. Hable sobre cómo los usa, cuán grandes son, si son duros o blandos, etcétera. Sostenga el objeto sobre el pecho del bebé y aliéntelo a alcanzarlo con las dos manos. Continúe con todos los bebés siempre que permanezcan interesados. Repita esta actividad frecuentemente para desarrollar el enfoque de la vista y apoyar el reconocimiento de palabras.

⠿ Bebés desde el nacimiento hasta los 6 meses

Objetivo del desarrollo: Sostener y observar un libro

Leales en voz alta a los bebés libros sencillos impresos en cartón. Coloque a los bebés de modo que puedan ver las ilustraciones mientras lee. Haga una pausa y hable sobre las ilustraciones que hay en cada página antes de continuar. Sostenga a un bebé en su regazo e invítelo a tocar y sostener el libro mientras usted lee. A los bebés les gusta mirar las fotografías de otros niños. Mientras miran las fotografías, hable sobre lo que hacen los niños en las fotografías, la ropa que usan y la expresión de sus rostros.

⠿ Bebés de 6 a 12 meses

Objetivo del desarrollo: Fortalecer los músculos faciales para apoyar el desarrollo del habla

A los bebés no solo les gustan las caras divertidas, ellos también disfrutan imitando lo que ven. Usted puede iniciar esta actividad haciendo caras divertidas y alentándolos a que muevan la lengua, los labios, las mejillas y las mandíbulas. Organice juegos donde haya que soplar usando burbujas, pelotas de algodón, silbatos y trozos de papel. Cuando juegue a estos juegos, pídales a los bebés que gateen persiguiendo las burbujas, las pelotas de algodón y otros materiales. Supervíselos de cerca durante esta actividad y no permita que los bebés se pongan ningún objeto en la boca.

Bebés de 6 a 12 meses

Objetivo del desarrollo: Sujetar objetos pequeños

Hay algunos juguetes diseñados especialmente para bebés que proporcionan muchas oportunidades para juegos que son apropiados para el desarrollo. Según cuáles sean las necesidades y habilidades del desarrollo, puede alentar a los bebés a probar alguna de las siguientes actividades. El uso de un juguete de distintas formas le demuestra a los bebés que hay varias formas de jugar con los juguetes:

- Muéstreles a los bebés cómo usar anillos apilables. Apílelos comenzando por los más grandes y terminando con los más pequeños y viceversa. Observe si los bebés tratan de imitar su actividad. Hable de los distintos tamaños y compárelos entre sí.
- Coloque los anillos en un poste. Aliente a los niños para que hagan lo mismo.
- Coloque los anillos en sus dedos y luego en los dedos de los bebés. Hable del aspecto de los anillos y de cómo los sienten. ¿Entran bien? ¿Son demasiado grandes? ¿Parecen divertidos?
- Haga girar los anillos. Hable con los niños sobre si los anillos giran rápido o lento y la apariencia que tienen cuando giran.

Bebés de 12 a 18 meses

Objetivo del desarrollo: Hacer garabatos

A medida que los niños desarrollen su capacidades de motricidad fina, hacer garabatos se convertirá en una actividad muy importante. Invite a los niños más grandes a colorear con los bebés más grandes. Tenga cuidado para que los niños no sientan que es infantil hacer garabatos. Los marcadores lavables, los lápices de cera y las hojas grandes de papel son buenos materiales para todos los niños. A medida que los bebés tengan más experiencia haciendo garabatos, aliéntelos a usar colores. Nombre los colores en los dibujos para ayudar a los bebés a aprender las palabras.

Bebés de 12 a 18 meses

Objetivos del desarrollo: Pararse solo / Caminar solo

Enséñele a los bebés a reconocer e imitar los distintos sonidos que hacen los animales. Use movimientos del cuerpo, imágenes, animales de peluche y canciones como «Old MacDonald» que son formas divertidas de reforzar los sonidos. Una vez que los bebés sepan muchos de los sonidos, invítelos a actuar como un grupo de animales de la granja, mascotas o animales salvajes. «Estirémonos todos como gatos. ¿Qué sonidos hacen los gatos?» También puede hacer disfraces de animales y tenerlos al alcance de los niños en el espacio destinado al juego de roles.

Desarrollo de habilidades verbales

⠿ Niños pequeños y de dos años (18 a 36 meses)

Objetivos del desarrollo: Control de los músculos pequeños / Coordinación de la mano y la vista

Esta es una actividad que alienta a los niños pequeños a usar el movimiento de pinza para recoger objetos pequeños. Tenga en cuenta que si todavía tiene en su programa a niños pequeños que se ponen objetos en la boca, deberá supervisarlos de cerca y tomar las precauciones necesarias para evitar que se asfixien. Cuando haga una visita al parque o camine en el espacio de juegos que se encuentra en el exterior, invite a los niños pequeños a buscar piedras. Ellos pueden buscar piedras grandes, pequeñas, irregulares o suaves o piedras de colores específicos. Deje que cada niño pequeño recoja y coleccione algunas piedras y regrese a su casa con ellas. Una vez en la casa, podrán mirarlas de cerca, hablar de ellas y contarlas. Deje que los niños pequeños manipulen y clasifiquen las piedras. Decida si desea mostrarlas, usarlas para otras actividades o volver a colocarlas afuera. Si desea exhibir las piedras, asegúrese de que estén en un lugar al que no puedan tener acceso los niños pequeños sin su ayuda.

Niños pequeños y de dos años (18 a 36 meses)

Objetivo del desarrollo: Dibujar círculos

La mayoría de los niños pequeños continúan haciendo garabatos de vez en cuando, aun después de comenzar a dibujar imágenes figurativas. A medida que se desarrollen, los niños pequeños comenzarán a dibujar formas e imágenes específicas. Trate de tener lápices de cera que no dejen depósitos de cera que puedan borronearse. Los lápices de cera rotos ofrecen muchas oportunidades para la experimentación. Aliente a los niños a usar los lados y el extremo final de los lápices de cera. Hacer esto mejora el control de los músculos pequeños y la destreza. A medida que los niños pequeños desarrollen más control y traten de imitar a otros niños más grandes, aliéntelos a dibujar círculos. Pídales que señalen y hablen de los objetos en el entorno de cuidado infantil o en su experiencia que tengan forma redonda. Ofrézcales materiales como discos, tazas o esténciles para usar en el dibujo de los círculos. Cuando un niño pequeño termine, hágale preguntas sobre el dibujo y hable sobre lo que usted ve.

Desarrollo de habilidades verbales

Niños preescolares de 3 a 5 años

Objetivo del desarrollo: Uso de los músculos grandes

Seguir al Líder es un juego excelente para los preescolares. Invite a los preescolares a hacer una fila detrás del líder seleccionado. Pídale al líder que anuncie los cambios en la actividad e invite a todos los niños a repetir las palabras a medida que se mueven. Lo que el líder anuncie y haga, el resto de los niños deben repetir e intentar hacer. Si el líder dice «saltar», todos los jugadores deben decir en voz baja «saltar, saltar, saltar» mientras saltan por el espacio designado. Antes de comenzar el juego, recuérdele a los niños que deben hablar en voz baja para que todos puedan escuchar las instrucciones del líder. El líder puede saltar, marchar, brincar, hacer equilibrio en un pie, gatear debajo de la mesa, galopar, arrojar una pelota o pretender patearla. Dele a todos los niños la oportunidad de ser el líder. Este es un juego que puede hacerse tanto adentro como afuera.

Niños preescolares de 3 a 5 años

Objetivo del desarrollo: Correr con soltura y detenerse rápidamente

La música es una gran forma de motivar aun a los niños más reacios. Ponga una canción y aliente a los niños a galopar, brincar, caminar rápido o saltar al ritmo de la música. Permita que los niños elijan un movimiento. Aliéntelos a probar distintos tipos de movimientos. Juegue a Luz roja, Luz verde con los preescolares. Invite a los niños a pararse uno junto al otro en un extremo de un espacio grande y despejado. Póngase frente a ellos en el otro extremo del espacio despejado. Explique el juego: Cuando usted sostenga un círculo de papel verde, ellos deben correr (o caminar rápido si no hay suficiente espacio para que corran) hacia usted. Cuando ellos vean que usted sostiene un círculo de color rojo, deben detenerse inmediatamente. Juegue cambiando del verde al rojo en varios intervalos. La primera persona que llegue hasta donde esté usted será el nuevo «controlador del tráfico».

Unidad 8

Actividades para el desarrollo cognitivo

....

Uso de los sentidos

⫶▸ Bebés desde el nacimiento hasta los 6 meses

Objetivo del desarrollo: Explorar el entorno con los sentidos

Consiga un objeto suave para cada niño. Muéstrele a los bebés cómo se abre y cierra su mano. Muestre cómo se doblan los dedos y cómo sostienen un trozo de tela pequeño o un animal de peluche. Hable con ellos y explíqueles lo que está haciendo mientras lo hace. Por ejemplo, diga «Mi mano se cierra alrededor del trozo de tela».

A continuación, ayúdelos a abrir y cerrar las manos y a doblar los dedos. Sostenga suavemente las manos de los bebés mientras trabaja con ellos. Asegúrese de que estén mirando y observe sus rostros y sus ojos para ver sus reacciones. Guíe las manos de los bebés para que se cierren sobre el objeto que estén sosteniendo e invítelos a sostenerlo. Repita esta actividad con cada niño para que cada uno pueda tener su propio objeto. No espere a que los recién nacidos puedan sostener un objeto sin su ayuda. Recuerde que debe hablar con los bebés mientras realiza esta actividad y que debe asegurarse de que miren lo que hace usted y lo que hacen ellos

⫶▸ Bebés desde el nacimiento hasta los 6 meses

Objetivos del desarrollo: Explorar el entorno con los sentidos / Reaccionar a la voz humana

Coloque a los bebés sobre su regazo o sobre una manta en el piso. Hábleles suavemente mientras toca y nombra los ojos, las orejas, las mejillas, los labios, la nariz, los dedos de la mano, los dedos del pie, las rodillas y los codos. Ellos deben responder a su contacto y también a su voz. Guíe suavemente sus manos para que toquen sus ojos, las orejas, las mejillas, etc. mientras repite la actividad. Los bebés establecen un vínculo con las personas que los cuidan en parte, a través del contacto. Una vez que se haya establecido el vínculo, a los bebés les resultará más fácil aprender sobre su entorno y desarrollar capacidades verbales.

Bebés de 6 a 12 meses

Objetivo del desarrollo: Investigar objetos golpeándolos, agitándolos y arrojándolos

Reúna una variedad de objetos que los bebés puedan golpear para escuchar distintos sonidos. Puede usar una sartén dada vuelta, una caja de zapatos tapada, una caja de madera, un trozo de madera, un libro o una revista, etc. Coloque los objetos frente a los bebés y pídales que examinen cada objeto. Luego aliéntelos a golpear cada objeto con las manos. Los distintos sonidos les interesarán y los entretendrán brevemente. Recuerde que su intervalo de atención es muy corto. Cuando repita esta actividad, busque objetos nuevos y sea paciente. No fuerce nunca a los bebés a participar si parecen no estar interesados.

Bebés de 6 a 12 meses

Objetivo del desarrollo: Mostrar interés en los juegos

Use las dos manos y lance hacia arriba un objeto suave, como por ejemplo una pelota de calcetines, delante de los bebés. Mientras hace esto, hable con ellos. Pídales que miren hacia arriba y observen el movimiento del objeto. Cuando habla con ellos, use la palabra *arriba*. Ellos deberían estar motivados a mirar hacia arriba y ver cómo el objeto sube y baja. Cambie la inflexión de su voz cada vez que la pelota sube y baja y use las palabras *arriba* y *abajo*. Dele un objeto suave a cada bebé y aliéntelos para que lo lancen hacia arriba con las dos manos. Llame a los bebés por su nombre y reconozca los intentos positivos que hayan hecho.

Bebés de 12 a 18 meses

Objetivo del desarrollo: Practicar el principio de causa y efecto

Los bloques de poco peso son muy adecuados para las actividades de los bebés. Puede hacer bloques con cartones de leche pequeños. Use cinta adhesiva para unir los extremos y cubra los cartones con papel adhesivo. Permita que los bebés decoren los bloques con pegatinas. Siéntese con los bebés para jugar a apilar. Aliéntelos a apilar todos los bloques que puedan. Deje que los bebés derriben la pila si desean o deje que hagan una torre lo más alta posible y deje que la gravedad derribe la pila de bloques. Repita esta actividad varias veces para que los bebés puedan practicar y descubrir por qué se caen los bloques.

⠿ Bebés de 12 a 18 meses

Objetivo del desarrollo: Seguir órdenes sencillas de adultos o de otros niños

Juegue el juego de seguir al líder e incluya a los niños mayores. Usted y/o los niños mayores de su programa pueden jugar a «seguirme» con los bebés tantas veces como ellos quieran. Asegúrese de que sus instrucciones incluyan tareas que los bebés más grandes puedan completar fácilmente como por ejemplo, tocarse las rodillas y los dedos de los pies, recuperar pelotas y tocar los bloques verdes. A medida que la confianza de los bebés sea mayor, aumente el grado de complejidad de las tareas. Observe de cerca para tratar de identificar áreas en las que los bebés tengan dificultades como por ejemplo, la identificación de colores e incorpore actividades que afiancen esta área del desarrollo.

Uso de los sentidos

⠿ Niños pequeños y de dos años (18 a 36 meses)

Objetivo del desarrollo: Reconocer la propia imagen en el espejo

Tenga un espejo a mano para que cada uno de los niños pequeños pueda verse a sí mismo. Aliente esta actividad y pídale a cada niño pequeño que nombre al niño que ve el espejo. Tome varias fotos de cada niño pequeño. Esconda las fotos en distintos lugares del área dedicada al cuidado de niños. Pídale a cada niño pequeño que se mire en el espejo y que encuentre la foto escondida.

⠿ Niños pequeños y de dos años (18 a 36 meses)

Objetivo del desarrollo: Hacer clasificaciones sencillas

Separe dos colecciones de objetos: unos que sean suaves y otros con textura. Puede usar frutas, pelotas, animales de peluche pequeños, piñas de pino, trozos de materiales texturados y esponjas para fregar que sean de plástico y estén limpias. Pídales a los niños pequeños que se sienten con usted y examinen los objetos. Hablen de las diferencias entre los objetos lisos y los texturados. Invite a cada uno de los niños pequeños a que clasifique cada objeto mediante el tacto. Una vez que los niños pequeños se sientan confiados en la clasificación de objetos, pídales que cierren los ojos. Coloque un objeto en las manos de cada niño pequeño y permítale examinarlo e identificar si son suaves o texturados. Aliente a los niños durante esta actividad y aplauda sus éxitos.

Uso de los sentidos

Niños preescolares de 3 a 5 años

Objetivo del desarrollo: Comprensión de conceptos

Conversación sobre el clima. ¿Qué es el clima? El clima es la condición del aire en un lugar y en un momento en particular. Para los niños pequeños, el clima es lo que ven, escuchan y sienten cuando están en el exterior. En general, el clima cambia de un día para otro. Hable sobre las estaciones y sobre cómo está el clima todos los días. Aliente a los niños a que hablen sobre cómo se sienten cuando tienen frío o calor.

Pídales a los niños que expliquen los cambios que ven y sienten cuando cambia el clima o las estaciones.

Niños preescolares de 3 a 5 años

Objetivo del desarrollo: Clasificar o describir objetos con uno o más atributos

Reúna suficientes platos de papel para todos y ayude a los niños a seleccionar y cortar ilustraciones de revistas de los siguientes grupos de alimentos: panes y granos, leche y productos lácteos, frutas, verduras, carnes, frijoles y nueces. Dígales a los niños que elijan algo de cada categoría para pegar en el plato.

Coloque los platos en fila. Pídales a los niños que digan qué alimentos hay en cada plato. Dígales que para ser saludables, deben comer algunos de estos tipos de alimentos todos los días. Si están interesados, pídales que busquen más ilustraciones de alimentos en las revistas y que las recorten. Luego podrán clasificar las ilustraciones de alimentos en grupos de alimentos y pegar cada grupo en un plato.

Niños preescolares de 3 a 5 años

Objetivo del desarrollo: Poner las cosas en orden o secuencia

Hable con los niños sobre una receta sencilla que puedan hacer en la cocina. Será más interesante si es algo que a ellos les gusta comer. A continuación, encontrará algunas ideas:

- Hacer un emparedado.
- Llenar un recipiente para cereal con fruta.
- Hacer un pudín a partir de una mezcla.

Deje que los preescolares decidan qué desean ayudarla a hacer. Pregunte a los niños cómo hacerlo y escriba sus ideas en un papel. Una vez que los niños estén de acuerdo con los pasos a seguir, siga sus instrucciones para hacer la comida. La secuencia puede no estar en orden o puede faltar un paso, pero no se preocupe. Ellos estarán observando y ayudando y probablemente se den cuenta de los errores a medida que usted continúe con el proceso. Aliente la actividad para que sea autocorregible haciendo preguntas en cada paso. Permita que los preescolares se corrijan y se ayuden entre sí. Una vez que la tarea haya sido completada, hable sobre los resultados. Repase la secuencia correcta y hable sobre otras formas de obtener el mismo resultado. También puede usar esta actividad como una oportunidad para hablar del principio de causa y efecto. Por ejemplo, ¿qué cambios suceden en el queso y en el pan cuando se calientan para hacer un emparedado de queso?

Explorar el movimiento

Bebés desde el nacimiento hasta los 6 meses

Objetivo del desarrollo: Descubrir que las manos y los pies son extensiones de sí mismo

Coloque a los bebés sobre la espalda y levánteles la pierna izquierda para permitirles sujetar el pie izquierdo. Coloque la pierna izquierda abajo y levánteles la pierna derecha para que puedan sujetar el pie derecho. Esta actividad será más interesante si coloca una campana u otro objeto que haga ruido en cada calcetín o botita que estén usando los bebés. Haga esto varias veces y hable con los bebés mientras mueve las piernas izquierda y derecha. El sonido de la campana les interesará. Déjelos jugar con sus pies y las campanas. Luego coloque sus piernas abajo con cuidado. Observe si tratan de repetir esta actividad por su cuenta. Asegúrese de supervisar de cerca y de retirar las campanas cuando terminen ya que pueden asfixiarse con ellas.

Bebés desde el nacimiento hasta los 6 meses

Objetivo del desarrollo: Anticipar eventos

Toque suavemente los pies desnudos del bebé. Utilice una inflexión de voz que atraiga su atención. Comience con el dedo gordo del pie y siga hasta el dedo pequeño mientras recita la siguiente canción:

> *This little piggy went to market,* (toque el dedo gordo)
> *This little piggy went to market,* (toque el segundo dedo)
> *This little piggy went to market,* (toque el tercer dedo)
> *This little piggy went to market,* (toque el cuarto dedo)
> *And this little piggy cried, "Wee! Wee! Wee!" all the way home.* (Toque el dedo pequeño y trepe con sus dedos por la pierna del bebé)

Repita esta canción varias veces y muchas veces en el futuro. Los bebés pronto comenzarán a prepararse para el final de la canción cuando usted trepe con sus dedos por la pierna. Si hace una pausa y luego exagera sus expresiones faciales y la voz al terminar, les encantará ver cómo responde usted a su anticipación.

Bebés de 6 a 12 meses

Objetivo del desarrollo: Mostrar conocimiento de la permanencia de los objetos (saber que los objetos existen aun cuando no los vean)

Coloque a los bebés en la posición sentada o apóyelos en el piso. Use tiras de hilo o cinta ancha y coloreada o tiras angostas de tela de aproximadamente 30 cm (12 pulgadas) de largo. (Recuerde que debe retirar siempre estos materiales al finalizar la actividad). Mueva las tiras del material en forma serpenteante y trate de que los bebés se interesen en alcanzarlas. Llame a los bebés por el nombre y continúe haciendo serpentear las tiras. Aliéntelos a alcanzarlas y a sujetar las tiras en movimiento. Permita que toquen y sostengan las tiras. Retire suavemente las tiras y mientras los bebés miran, colóquelas debajo de una pequeña manta que esté al alcance de los bebés. Pídales que encuentren las tiras. Si no responden, haga ondular nuevamente las tiras y aliente a los bebés a que traten de alcanzarlas.

Bebés de 6 a 12 meses

Objetivo del desarrollo: Participar en juego más intencionales

Alrededor de los nueve meses, los bebés comienzan a ser más intencionales con respecto al juego. Pueden hacer mover un tren por los rieles o colocar objetos dentro de recipientes. Use un recipiente grande y grupos de objetos como pelotas, autos, bloques o animales de peluche para esta actividad. Coloque los objetos en el piso, cerca del recipiente. Muéstrele a los bebés que desea que recojan un objeto y lo coloquen dentro del recipiente. Aliéntelos para que hagan esto varias veces. A medida que comiencen a gatear, aleje los objetos y el recipiente para alentar el movimiento entre los juguetes y el recipiente.

Bebés de 12 a 18 meses

Objetivo del desarrollo: Seguir un juguete móvil y recuperarlo cuando esté parcialmente oculto

Si tiene un juguete pequeño para empujar o tirar con una cuerda disponible, puede usarlo para esta actividad. De lo contrario, puede hacer uno atando un hilo de 61 cm (2 pies) de largo a un juguete pequeño para que se desplace por superficies regulares. Invite a los bebés a mirar mientras usted tira del juguete hacia un mueble que ocultará la vista del juguete. Cuando el juguete se encuentre parcialmente oculto detrás del mueble, pídales a los bebés que vayan a buscarlo. Si no pueden sacar el juguete de atrás del mueble, repita la actividad y observe para ver si están siguiendo los movimientos del juguete hacia el mueble. Si no están interesados, vuelva a intentar más tarde. Si recuperan el juguete, felicítelos y repita el proceso hasta que dejen de estar interesados.

Bebés de 12 a 18 meses

Objetivo del desarrollo: Practicar el principio de causa y efecto

Reúna varios de los juguetes preferidos de los bebés y por lo menos una toalla o manta pequeña de cada bebé. Mientras los bebés miran, coloque los juguetes en el piso y cúbralos con las mantas. Invite a los bebés a sacar las mantas de arriba de los juguetes. Comparta su alegría cuando encuentran los juguetes. Aliente a los bebés a cubrir los juguetes e invite a otros niños a mirar mientras los bebés destapan los juguetes. Los bebés disfrutarán de esta actividad y querrán repetirla varias veces si muestra mucho entusiasmo cada vez que destapan los juguetes.

Explorar el movimiento

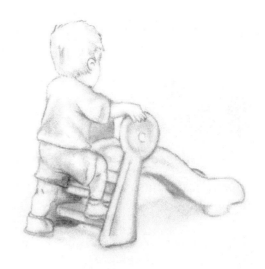

Niños pequeños y de dos años (18 a 36 meses)

Objetivo del desarrollo: Repetir canciones y rimas infantiles sencillas

Los juegos que incluyen canciones y movimiento ayudan al desarrollo saludable de los niños pequeños. Uno de estos juegos es «Ring around the Rosy».

> *Ring around the rosy,* (tómense de las manos y caminen en círculo)
> *A pocket full of posies.*
> *Ashes! Ashes!*
> *We all fall down.*

Déjese caer suavemente en el piso. A los niños les encanta está canción y el juego. Luego vuelva a jugar el juego pero en vez de decir "all fall down" (todos nos caemos) cambie la acción.

> *Ring around the rosy,* (tómense de las manos y caminen en círculo)
> *A pocket full of posies.*
> *Ashes! Ashes!*
> *Dé vuelta.*

También puede aplaudir o saltar hacia arriba y abajo.

Niños pequeños y de dos años (18 a 36 meses)

Objetivo del desarrollo: Reconocer los colores

Invite a los niños pequeños a jugar juntos un juego con usted. Pídales que se sienten en el piso y presten atención para ver si escuchan el color de algo que estén usando. Tenga papeles de colores que coincidan con los colores de la vestimenta de los niños. Sostenga el papel del color correcto mientras canta la canción sobre ese color. Los bebés mas pequeños pueden necesitar su ayuda. También puede solicitarle a los niños más grandes que jueguen junto con los niños más pequeños.

> *Veo el color rojo.*
> *Si están usando algo de color rojo, muéstrenlo.*
> *Póngase de pie, dense vuelta,*
> *Muéstrenme el color rojo y siéntense.*

No espere a que todos los niños se sienten ya que puede llevar mucho tiempo. Seleccione un nuevo color y continúe jugando hasta que los niños pierdan el interés.

Explorar el movimiento

⠿ Niños preescolares de 3 a 5 años

Objetivo del desarrollo: Mostrar interés en el alfabeto

Repase frecuentemente las letras del alfabeto con los niños preescolares. Esta actividad ayuda a aumentar su familiaridad con las letras. Dígales que tiene una acción o un aparente acción que ellos deberán hacer con cada letra. Escriba las letras *Aa* a *Zz* en fichas separadas con la acción correspondiente a la letra en la parte de atrás de cada tarjeta. Al prepararse para esta actividad, si tiene una acción en la parte de atrás de la tarjeta que requiere algún tipo de material, asegúrese de que esté disponible. Coloque las tarjetas en una caja y mézclelas. Invite a los preescolares a sacar una tarjeta por turno. Pida a cada niño que lea la letra en voz alta y que le entregue la tarjeta para que usted pueda leer la acción. Una vez que haya leído la acción, todos los niños que participen podrán hacerla. Esta es una actividad que puede hacer frecuentemente con los preescolares. A continuación, encontrará una lista de sugerencias. Incorpore sus propias acciones y cámbielas a medida que los niños progresen.

Aa Armar una torre con cubos.	Jj Jalar. .	Tt Tocar tus pies.
Bb Bailar.	Ll Levantar las manos.	Uu Unir las manos.
Cc Correr.	Mm Marchar.	Vv Vaciar una caja.
Dd Darle un abrazo a un amigo	Nn Nombrar a un amigo.	Yy Yacer en el piso.
Ee Estirarse.	Oo Oler un objeto.	Zz Zarandear.
Ff Felicitar a un amigo	Pp Patear una pelota	
Gg Gatear.	Qq Quitarle un juguete a alguien.	
Hh Hacer una torre con cubos	Ss Saltar.	
Ii Ir a la siguiente habitación.		

Niños preescolares de 3 a 5 años

Objetivo del desarrollo: Utilizar términos de posición

Cree un camino de obstáculos adentro o afuera que permita realizar distintos tipos de actividades. Por ejemplo, dígales a los niños que se coloquen debajo una mesa y arriba de un taburete. También puede incluir arrastrarse, brincar y saltar. Sea creativo e incluya términos de posición como *arriba y abajo*, *adentro y afuera* y *adelante y atrás*. Interactúe con los preescolares dándoles instrucciones para que utilicen los términos de posición mientras recorren el camino de obstáculos. Use muebles, sillas, caminos, cajas y prácticamente cualquier otra cosa que se le pueda ocurrir para crear caminos de obstáculos.

Niños preescolares de 3 a 5 años

Objetivo del desarrollo: Crear patrones

- Pida a los niños que copien patrones de movimiento corporal. Por ejemplo, toca tu cabeza, toca tus pies y luego salta. (A medida que los niños progresan, haga las listas más complejas y largas).
- Aplauda mientras sigue un patrón y pida a los niños que lo repitan.
- Demuestre cómo pueden los niños hacer patrones en un papel con sellos de tinta o de esponja.
- Aliéntelos a reproducir patrones con cuentas, bloques y tableros con clavijas.

Niños preescolares de 3 a 5 años

Objetivo del desarrollo: Medir

- Mida a cada niño con un trozo de hilo. Pídale que haga un dibujo de su cabeza en un plato de papel y péguele el hilo.
- Use la balanza del baño para pesar a cada niño.
- Deles a los niños oportunidades para pesar líquidos y sólidos.
- Pídales a los niños que midan el largo o el alto de las mesas, las sillas, los libros y otros objetos que haya en su hogar con las manos, un lápiz de cera, un bloque o un zapato. Luego puedan informar cuán largo es algo diciéndole a todos «tiene cinco manos de largo» o «tiene 10 zapatos de largo».

Interactuar con las personas

▦ Bebés desde el nacimiento hasta los 6 meses

Objetivo del desarrollo: Responder a su propio reflejo en el espejo

Use un espejo de mano irrompible para esta actividad. Sostenga el espejo cerca de los bebés para que puedan mirarse a sí mismos en el espejo. Observe para ver si sonríen o hablan a media lengua. Si lo hacen, sonríales y hable también con ellos a media lengua. Hable con ellos y llámelos por su nombre mientras mira en el espejo. Recuerde que debe usar una voz expresiva cuando habla con los bebés. Esto no significa que debe hablar en voz alta sino que debe emplear varias inflexiones de voz.

▦ Bebés desde el nacimiento hasta los 6 meses

Objetivo del desarrollo: Descubrir que las manos son extensiones de sí mismos

Coloque suavemente a los bebés de espalda sobre una manta limpia en el piso. Hable con ellos o haga sonidos. Observe para ver si sus pequeñas cabezas tratan de verla. Si no lo hacen, vuelva a intentar. Varíe la inflexión de su voz para estimular la visión de los bebés. Presione suavemente las palmas de sus manos una contra otra. Observe para ver si separan las manos y las vuelven a poner juntas. Cuando repite esta actividad, está alentando a los bebés a ser conscientes de sus manos.

▦ Bebés de 6 a 12 meses

Objetivo del desarrollo: Decir adiós con la mano

A los bebés, frecuentemente le cuesta hacer las transiciones de un familiar a la cuidadora y a veces, tienen la misma dificultad para hacer la transición de usted al familiar. También puede costarles hacer las transiciones de un lugar a otro. Puede facilitarles estas transiciones alentándolos a decir adiós con la mano o a decir «adiós» a la persona, lugar u objetos que están dejando. Por ejemplo, cuando sea el momento de entrar después de haber pasado un momento divertido en el parque, digan «adiós» a la hamaca y a la arena e invite a los bebés a despedirse con la mano. Mantener esta práctica permite que las transiciones sean más fáciles para los bebés.

Bebés de 6 a 12 meses

Objetivo del desarrollo: Mostrar interés en los juegos

Improvise un picabú o el juego de la escondida. Arme un lugar que sea cómodo para los bebés por ejemplo, una manta sobre el piso. Muéstreles a los bebés la manta, una almohada y un animal de peluche grande. Luego escóndase detrás del objeto y pregunte con voz agradable, «¿A dónde se fue [escribir aquí el nombre]?» Espere un momento, salga de su escondite y diga, «¡Aquí estoy!» Repita esta actividad hasta que los bebés pierdan el interés. Escóndase detrás de distintos objetos y muévase a distintos lugares de la habitación para mostrarle a los bebés que usted siempre volverá a aparecer. Asegúrese de que su tono y su inflexión de voz sean siempre suaves y alegres cuando juegue este juego.

Bebés de 12 a 18 meses

Objetivo del desarrollo: Disfrutar de los libros y especialmente de dar vuelta las páginas

Proporcione una cesta con libros o un estante bajo con libros que sean de fácil acceso para los bebés más grandes. Seleccione los libros que sean firmes y que puedan ser manipulados fácilmente por dedos y manos pequeñas. Aliente a los bebés a mirar los libros con usted o con niños más grandes y también solos. Dedique algún tiempo todos los días para sentarse con ellos y mirar juntos los libros. Cuénteles el cuento o señale y nombre las ilustraciones de los libros. Pídales a los bebés que den vuelta las páginas. Repita esta actividad tantas veces como los niños deseen participar.

Bebés de 12 a 18 meses

Objetivo del desarrollo: Participar en el juego más intencional

Busque o dibuje tres ilustraciones sencillas de 21.5 cm x 27.9 cm (8½ x 11 pulgadas) como una casa, un árbol y una mariposa. Esta actividad tendrá más éxito si las imágenes son grandes, coloridas y no tienen mucho detalle. Una excelente fuente para este tipo de ilustraciones son los libros para colorear. Invite a los niños a colorear las ilustraciones con colores vivos antes de cortarlas del libro. Pegue cada ilustración sobre cartulina (las cajas de cereal son muy prácticas para esto). Cuando estén secas, haga varios rompecabezas sencillos cortando cada ilustración por la mitad de arriba a abajo con una sola irregularidad en el corte.

Mezcle las piezas y colóquelas sobre una superficie plana en la que puedan jugar los bebés. Aliéntelos a armar los rompecabezas. Nombre los objetos y los colores.

Puede utilizar estos rompecabezas y repetir esta actividad muchas veces. Los bebés tendrán cada vez más confianza y tal vez hablen de las ilustraciones usando una palabra o frase. En general, es conveniente usar un máximo de tres rompecabezas a la vez. Si hay demasiadas imágenes, los bebés pueden confundirse.

Interactuar con las personas

⠿ **Niños pequeños y de dos años (18 a 36 meses)**

Objetivo del desarrollo: Pretender leer

Cuando los niños pequeños escuchan un poema, un libro o una canción que les gusta, quieren escucharlos muchas veces. Después de leerles un cuento varias veces, es una buena idea pedirles a los niños que cuenten la historia con sus propias palabras. Deje que cada niño sostenga el libro y le cuente la historia a usted y a otros niños interesados. Aliéntelos a contar sus cuentos

favoritos y agradézcales los esfuerzos. Otra forma de apoyar la lectura compartida es hacer una pausa cuando lee un cuento conocido y dejar que ellos completen algunas de las palabras. Asegúrese de dejar tiempo durante el día para que los niños pequeños se sienten y hagan de cuenta que leen.

⠿ **Niños pequeños y de dos años (18 a 36 meses)**

Objetivo del desarrollo: Participar en más juegos de rol

A la mayoría de los niños pequeños les gusta disfrazarse. Reúna todo tipo de ropa limpia: sombreros, bufandas, capas, zapatos, guantes y cualquier otra prenda que crea que les gustará. Para hacer participar a los niños en esta actividad, puede ponerse un sombrero y pretender ser alguien más. Cuando usted participa en juegos de rol, está desarrollando sus habilidades verbales y aumentando su vocabulario. Tenga materiales disponibles que sean de fácil acceso para al alentar a los niños pequeños a disfrazarse. Cuando busque materiales para su programa de cuidado infantil en el hogar, piense en los distintos tipos de objetos para los juegos de rol. Por ejemplo, los sombreros de bomberos son excelentes accesorios para los niños pequeños. Para evitar frustraciones, tenga disponibles varios elementos para los niños que participan.

Interactuar con las personas

⠿ Niños preescolares de 3 a 5 años

Objetivo del desarrollo: Establecer correspondencias fácilmente

Los tableros con clavijas son muy valiosos para los preescolares. Aliente a los preescolares a colocar las clavijas en los orificios correspondientes del tablero. Los rompecabezas son también una excelente forma de hacer que los preescolares coloquen las piezas en el espacio apropiado. Hagan su propio juego de tarjetas de correspondencia cortando tarjetas de 7 x 12 cm (3 x 5 pulgadas) de cartulina. Escriba una letra en cada tarjeta. Haga tres o cuatro tarjetas de cada letra. Invite a los preescolares a buscar las letras que sean iguales. También puede usar barajas y alentar a los preescolares hacer coincidir los números y los palos.

⠿ Niños preescolares de 3 a 5 años

Objetivo del desarrollo: Participar en temas de juego más desarrollados

Aliente a los preescolares a participar en el juego de roles proporcionándoles accesorios e invitándolos a representar distintos roles. Jugar al restaurante es un excelente tema porque la mayoría de los niños ha estado en un restaurante. Antes de que los niños jueguen en el espacio del restaurante, hablé con ellos sobre lo que ocurrirá en el restaurante. Pídales que identifiquen a todas las personas que trabajan en un restaurante. Hable sobre las personas que generalmente no ven como por ejemplo, los que cocinan y lavan los platos. Hable sobre lo que significa ser un buen cliente. Permita que los niños negocien todo lo que puedan del juego por sí mismos. Si se traban o se frustran, adopte usted misma un papel para facilitar el juego. También puede realizar este juego de roles durante el almuerzo.

Cuando cambie el tema en el espacio de juego de roles, asegúrese de que haya suficientes accesorios para realizar las actividades:

- Restaurante: platos de papel, servilletas, vasos plásticos, cubiertos, bandejas, anotadores, lápices, delantales, menús, caja registradora, comida de juguete, ilustraciones de comida pegadas en los platos de papel, teléfono, recipientes para sacar la comida

- Oficina de correo: sobres, papel, lápices, bolígrafos, sellos de goma, almohadilla para el sello, etiquetas adhesivas, caja registradora, dinero de juguete, papel y lápices, bolsa para cargar el correo, sombrero viejo, vagón para el camión de correo

- Escuela: escritorio, campana, calendario, papel, lápices de cera, sobres, teléfono ropa para vestirse

Interactuar con los juguetes y los objetos

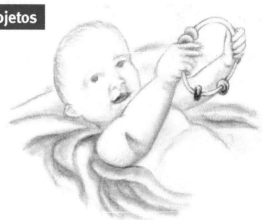

⫸ Bebés desde el nacimiento hasta los 6 meses

Objetivo del desarrollo: Mostrar preferencia por patrones en blanco y negro o con contrastes altos

Las sombras que se proyectan en la pared son formas interesantes para que miren los bebés. Coloque una luz de noche en una posición en donde pueda proyectar sombras desde un móvil colgante, por ejemplo. También puede probar con una linterna. Trate de hacer sombras con sus manos. Los patrones contrastantes ayudan a los bebés a aprender a enfocarse. A los bebés le gustan las telas con cuadros y patrones irregulares.

- Corte alguna formas de cartulina negra. Pruebe cortando círculos, triángulos, cuadrados y en zigzag.
- Péguelos a la cartulina blanca para hacer patrones contrastantes en blanco y negro. Haga patrones diferentes en cada lado de la cartulina blanca.
- Toque las tarjetas y aliente a los bebés a mirarlas, tratar de alcanzarlas y tocarlas.

⫸ Bebés desde el nacimiento hasta los 6 meses

Objetivo del desarrollo: Mostrar interés en manipular juguetes y objetos

Sostenga un sonajero frente a los bebés y agítelo suavemente. Cante una canción mientras agita el sonajero. Puede usar la melodía de "Twinkle, Twinkle Little Star" y ponerle las palabras que desee. Haga participar a los todos y asegúrese de que estén mirando el sonajero. Mueva el sonajero a distintos lugares, manteniéndolo siempre en la línea de visión de los bebés. Continúe agitando el sonajero mientras se mueve y continúa cantando. Observe cuando los bebés mueven la cabeza en la dirección del sonajero. Coloque un sonajero en la mano de cada bebé y vuelva a cantar la canción.

⫸ Bebés de 6 a 12 meses

Objetivo del desarrollo: Mostrar interés en los objetos que tienen piezas móviles

Cuelgue un juguete móvil u otro pequeño juguete liviano del techo, arriba del cambiador, que esté suficientemente cerca como para que usted pueda tocarlo pero fuera del alcance de los bebés. Haga mover el juguete lentamente mientras cambia los pañales. Luego, levante al bebé y déjelo tocar el juguete que cuelga. Aliéntelos a mover el juguete que cuelga con sus manos. Si no puede colgar un juguete del techo, sostenga un juguete liviano en el aire mientras los bebés yacen debajo. Aliéntelos a tocar el juguete o el móvil.

Bebés de 12 a 18 meses

Objetivo del desarrollo: Participar en el juego más intencional

Reúna esponjas limpias de varios tamaños y colores. Llene un cubo de plástico con 2 a 5 cm (1 a 2 pulgadas) de agua. Invite a los bebés a sostener y tocar las esponjas secas. Luego sumérjalas en el agua y observe cómo absorben el agua hasta que estén saturadas. Hable con los bebés sobre el cambio en el tacto y el peso de las esponjas. Escurra las esponjas y permita que los bebés jueguen con las esponjas en el agua. Recuerde que debe supervisar a los niños de cerca durante cualquier actividad con agua.

Bebés de 12 a 18 meses

Objetivo del desarrollo: Comprender que los objetos tienen una finalidad

Seleccione varios objetos como cepillos del cabello, cucharas y tazas, con los cuales los bebés estén familiarizados y que vean en uso regularmente. Coloque los objetos sobre el suelo. Pídales a los bebés que se sienten con usted cerca de los objetos. Recoja uno y úselo. Por ejemplo, haga de cuenta que cepilla su cabello con el cepillo para el cabello. Pídale a cada uno de los bebés que recoja un objeto y le muestre cómo se usa. No se desaliente si no se interesan en el juego. Intente hacer esta actividad en diferentes momentos durante el día. Cambie los objetos cuando los niños se aburran con los objetos que les está mostrando.

Interactuar con los juguetes y los objetos

Niños pequeños y de dos años (18 a 36 meses)

Objetivo del desarrollo: Mostrar interés en las formas

Muéstrele a los niños pequeños ejemplos de cuadrados, triángulos y círculos. Hable sobre las distintas formas que hay en el entorno: platos redondos, libros cuadrados, recipientes rectangulares. Pida varias

veces a los niños pequeños que identifiquen las formas que hay alrededor de ellos. Cuando crea que están listos, seleccione una forma específica para buscar e inicie la búsqueda de la forma. Recuerde que debe incluir suficientes materiales en toda el área de cuidado infantil para que todos los niños pequeños tengan la oportunidad de encontrar las formas. También puede adaptar esta actividad cuando esté en el exterior. Pídales a los niños pequeños que identifiquen las formas que observan durante una caminata. Si un niño identifica un cartel triangular, felicítelo y seleccione la siguiente forma que deben buscar

⠿ Niños pequeños y de dos años (18 a 36 meses)

Objetivo del desarrollo: Seguir instrucciones más complejas de adultos

Esconda grupos de objetos semejantes en toda la habitación. Asigne a cada niño pequeño un grupo de objetos (por ejemplo, dos sonajeros o tres bloques azules) para buscar. Juegue este juego con frecuencia. Aliente a los niños a traer los dos o tres objetos de vuelta al grupo a la vez en vez de uno por uno. Apláudalos cuando tengan éxito recuperando los grupos de objetos.

Interactuar con los juguetes y los objetos

⠿ Niños preescolares de 3 a 5 años

Objetivo del desarrollo: Desarrollar la capacidad de la memoria

Separe cuatro objetos pequeños y colóquelos en una fila. Por ejemplo, una llave, una casa, un juguete y una cuchara. Nombre los objetos de izquierda a derecha y pídales a los niños que repitan los nombres de los objetos. Pídales que les den la espalda a los objetos o que cierren los ojos. Retire uno de los objetos y colóquelo en un lugar donde los niños no puedan verlo. Pida a los niños que se den vuelta y digan qué objeto falta. Si no pueden darse cuenta cuál es el objeto faltante, muéstreselos y repita el proceso. Cuando los preescolares puedan identificar el objeto faltante con más facilidad, cambie las posiciones de los objetos para hacer el juego más interesante y difícil. También puede agregar objetos para aumentar la complejidad.

Niños preescolares de 3 a 5 años

Objetivo del desarrollo: Clasificar y organizar

En el cuidado infantil en el hogar es siempre muy útil utilizar las tareas y los materiales que tiene a mano. Una forma efectiva de exponer a los preescolares al concepto de clasificación es utilizar el cesto de ropa para lavar. Pídales a los niños que la ayuden a separar la ropa en grupos. Cuando lave la ropa, pídales a los niños que la ayuden a separar la ropa: calcetines en una pila, camisas en otra y pantalones en otra. Si los niños pequeños y los niños de dos años están interesados, invítelos a separar los calcetines por color. También puede vaciar la bolsa de comestibles sobre la mesa de la cocina o la encimera. Pídales a los niños que agrupen las frutas y las verduras por tipo: manzanas, bananas, papas, zanahorias.

Niños preescolares de 3 a 5 años

Objetivo del desarrollo: Hacer comparaciones entre objetos después de la observación

No todas las gotas de lluvia tienen el mismo tamaño. En general, tienen entre 0.05 mm y 0.07 mm (0.02 y 0.031 pulgadas) de diámetro. Una actividad de ciencia divertida en un día de lluvia es hacer huellas de lluvia.

Equipo

- un día lluvioso
- bandas elásticas
- pantimedia vieja, medias u otro material delgado y elástico
- lata de café vacía
- colador de harina
- azúcar en polvo

Pasos

1. Use una banda elástica para asegurar un trozo de la pantimedia sobre la lata de café vacía.
2. Use un colador de harina para rociar una capa delgada de azúcar en polvo sobre la pantimedia.
3. Coloque la lata afuera, debajo de la lluvia durante unos segundos. Una vez adentro, observe y compare las huellas dejadas por las gotas de lluvia en el azúcar. ¿Tienen la misma forma y tamaño? ¿Están uniformemente espaciadas?

Niños preescolares de 3 a 5 años

Objetivo del desarrollo: Clasificar y crear conjuntos

- Aliente a los niños a clasificar cucharadas, tenedores y cuchillos de plástico en una bandeja para cubiertos.
- Muéstreles cómo agrupar y clasificar los juguetes del mismo tipo cuando haya que ordenar.
- Permita que los niños clasifiquen una cesta de ropa con calcetines limpios por color y textura.
- Haga pirulíes pegando círculos de 7.6 cm (3 pulgadas) de cartulina en palitos de madera. (Haga varios de cada color). Permita que los niños los clasifiquen por color en latas de jugo cubiertas con el mismo color.

Niños preescolares de 3 a 5 años

Objetivo del desarrollo: Contar

- Cuente mientras hace varios ejercicios como saltos en tijera, tocarse los pies y flexionar la cintura, etc.
- Cuente mientras hace rebotar una pelota, cuando está en el columpio o salta en la soga.
- Cuente cuántos platos necesitará para el refrigerio, cuántas pelotas de algodón para un proyecto de arte, cuántos pasos deberá dar hasta llegar al jardín o cuántos bloques puede apilar. ¡Cuente todo!
- Use la actividad de contar como estrategia de transición: «Veamos si todos pueden ir en puntas del pie hasta la mesa antes de que yo cuente hasta 10».
- Pídale a un niño distinto todos los días que cuente a todos los niños.
- Haga pósteres pequeños con los números 1 a 20. Dele a cada niño una tarjeta numerada y pídales que se pongan en el orden correcto. (Con los niños más pequeños o que estén aprendiendo los números, comience con un grupo pequeño de números: 1 a 5).

⠿ Niños preescolares de 3 a 5 años

Objetivo del desarrollo: Demostrar la comprensión de la correspondencia directa

- Cuente cuentos como los "Tres Osos" y "Los Tres Cerditos" y luego pídales a los niños que los vuelvan a contar. Use un panel de franela y pídales a los niños que establezcan una correspondencia directa.
- Aliente a los niños para que distribuyan los libros, los lápices de cera y los refrigerios. Haga preguntas como «¿Tiene suficiente para todos? ¿Cuántos más necesitas?»
- Pídales a los niños que hagan coincidir los bloques con los cuadrados en las tarjetas de patrones.
- Pídales a los niños que hagan coincidir las clavijas con los orificios en los tableros de clavijas.
- Juegue juegos como Arroz con Leche, en donde los niños tienen que tocar a una persona por vez.

⠿ Niños preescolares de 3 a 5 años

Objetivo del desarrollo: Comprender el significado de los números y el reconocimiento

- Aliente a los niños a sujetar el número de pinzas para la ropa correspondiente de un plato de papel que tenga un número escrito en él.
- Organice una búsqueda del tesoro en el exterior para buscar números específicos de objetos. Pídales a los niños que busquen una hoja, dos piedras, tres flores, etc.
- Use un teléfono de juguete para ayudar a los niños a reconocer los números.
- Ayude a los niños a reconocer su dirección, número de teléfono y fecha de cumpleaños utilizando juegos de correspondencias y canciones inventadas.

⠿ Niños preescolares de 3 a 5 años

Objetivo del desarrollo: Hacer comparaciones entre objetos después de la observación

A pesar de que el sol está lejos de nosotros, su luz afecta nuestra vida cotidiana. La mayoría de los adultos se asegura de que los niños tengan puesto el protector solar adecuado cuando juegan en el exterior. Este experimento ayudará a los niños a comprender el poder del sol.

Equipo

- Cuatro latas de atún, de comida para gato u otras latas de tamaño similar, limpias, sin ninguno de los extremos y con los bordes filosos cubiertos con cinta gruesa
- Una hoja de cartulina de color
- Tres tapas de filtro distintas de 25 cm² (4 pulgadas cuadradas) (papel para envolver transparente, papel para envolver de color, papel encerado, papel de periódico, tela, papel de aluminio, vidrio, etc.)
- Cinta adhesiva
- Bolígrafo, lápiz o marcador
- Espacio soleado o alféizar

Pasos

1. Use la cinta para pegar una tapa de filtro distinta en uno de los extremos de cada una de las tres latas. Deje una lata sin tapar.
2. Dibuje una línea por el centro de la cartulina y transversalmente de modo que quede dividida en cuatro secciones iguales.
3. Coloque una de las latas tapadas en cada una de las cuatro secciones de la cartulina. Etiquete cada sección, inclusive la que tiene la lata sin tapar.
4. Coloque la cartulina y las latas tapadas en un espacio soleado.
5. Deje todo en ese lugar durante una semana. Luego retire los filtros y compare el papel que se encuentra debajo. Muéstreles a los niños como el sol decoloró la tintura del papel. Pídales a los niños que descubran qué filtro bloqueó más el sol y qué filtro lo bloqueó menos.

Desarrollo de habilidades verbales

Bebés desde el nacimiento hasta los 6 meses

Objetivo del desarrollo: Mostrar preferencia por patrones en blanco y negro o con contrastes altos

Las imágenes con alto contraste o sencillamente en blanco y negro son las que los bebés ven con mayor facilidad. Reúna este tipo de imágenes para compartirlas con ellos. Nombre los objetos que haya en cada imagen. Hable sobre la imágenes y cuénteles historias sobre lo que sucede en las imágenes.

Bebés de 6 a 12 meses

Objetivo del desarrollo: Seleccionar juguetes para jugar en forma intencional

Cuando programe actividades para cada día, descubrirá que con frecuencia, hay materiales o juguetes concretos que se relacionan con una actividad concreta. Por ejemplo, muéstreles a los bebes qué instrumentos se necesitan para una actividad musical. Cuando los bebés parezcan comprender qué instrumentos se utilizan a la hora de música, permítales reunir los instrumentos por su cuenta. Felicítelos cuando sean capaces de reunir todo el equipo necesario para hacer música. También puede hacer esto con otro tipo de actividades.

Bebés de 6 a 12 meses

Objetivo del desarrollo: Participar en el juego más intencional

Coloque un tapete pequeño o una toalla grande sobre el piso y coloque a los bebés sobre ella o haga esto en el exterior, sobre el césped. Invite a los bebés y a los niños más grandes a observar mientras usted hace burbujas. Mientras las burbujas caen al piso, hable con los niños sobre cómo se mueven las burbujas por el aire. ¿Las empuja la brisa o caen rápidamente al suelo? Si los bebés tratan de alcanzar las burbujas, sople algunas cerca de ellos para que puedan tocarlas. Hable sobre cómo explotan la burbujas cuando las tocan. Hable sobre los colores que aparecen cuando la luz brilla sobre las burbujas. Tenga en cuenta que al hablar sobre lo que sucede alrededor de los niños, los ayuda a mejorar sus habilidades verbales.

Bebés de 12 a 18 meses

Objetivo del desarrollo: Seguir órdenes sencillas de adultos o de niños más grandes

Haga círculos grandes de cartulina roja, amarilla y azul. Los círculos deben tener aproximadamente 45 cm (18 pulgadas) de diámetro. También puede usar cartulina blanca y pedirle a los niños más grandes que las coloreen. Hable sobre los colores con los niños más grandes. Sostenga cada círculo e identifique el color. Luego pídale a los bebés que repitan el nombre del color. Cuando esté segura de que los bebés más grandes pueden identificar los colores, distribuya los círculos en el piso de su área de cuidado infantil. Nombre un color y pídales a los niños que vayan a buscarlo. Elógielos cuando puedan identificar el color correcto.

Bebés de 12 a 18 meses

Objetivo del desarrollo: Disfrutar de los libros y especialmente de dar vuelta las páginas

Busque un libro sencillo sobre colores o haga uno usted misma utilizando cartulina o cartón grueso. Elija ilustraciones sencillas y brillantes y pegue una en cada cartulina. Los libros de colores son una gran fuente de imágenes sencillas de dibujar. Junte las páginas utilizando una perforadora para hacer dos orificios sobre el lado izquierdo de la tapa y en cada página. Asegure las páginas con hilo grueso. Pídales a los bebés más grandes que se sienten con usted para mirar el libro. Señale un color en el libro y diga su nombre. Pídales a los niños que busquen otra cosa en el libro que tenga el mismo color. Si usted no puede encontrar algo del mismo color, busque en un libro o revista distintos. Continúe con los otros colores o dedique más tiempo a cada color.

Desarrollo de habilidades verbales

Niños pequeños y de dos años (18 a 36 meses)

Objetivo del desarrollo: Recordar experiencias pasadas

Los niños pequeños están generalmente muy dispuestos a hablar y les encanta cuando los adultos escuchan lo que tienen que decir. Aproveche esta disposición para hablar y aprender vocabulario mientras refuerza a la vez su capacidad para recordar experiencias pasadas.

Pregúntenle a los niños pequeños cuántos pasos les lleva completar una actividad o tarea diaria. Por ejemplo, pídales que describan los pasos que deben seguir para lavarse las manos o cepillarse los dientes. Al comienzo, hágales preguntas cuando sea necesario y ayúdelos a recordar cada paso. La mayoría de las proveedoras descubren que los niños aprenden a jugar muy bien este juego muy rápido. Utilice este método para recordar de varias formas:

- «¿Qué hicimos ayer?»
- «Dime de qué trataba el cuento que leímos esta mañana».
- «Háblame sobre el juego que jugamos ayer a la mañana y que te gustó tanto».

Niños pequeños y de dos años (18 a 36 meses)

Objetivo del desarrollo: Hacer clasificaciones sencillas

La comprensión de conceptos opuestos es una forma de clasificar que puede practicarse con facilidad en su calendario de actividades diarias. Los niños pequeños se dan cuenta de que ellos son pequeños y los adultos son grandes. Señale ejemplos de objetos de diferentes tamaños durante el día. Cuando esté en el exterior, pídales a los niños que identifiquen objetos que sean grandes y pequeños: árboles grandes y árboles pequeños, piedras grandes y piedritas. A medida que los niños realicen mejor esta actividad, comience a trabajar con elementos que sean más similares en su tamaño y observe los intentos que hacen los niños de determinar qué objetos son más grandes y más pequeños. Coloque un grupo de objetos frente a los niños pequeños. Pídales que identifiquen los que son más pequeños y los que son más grandes. También puede trabajar el concepto de tamaño en sus proyectos de arte. Pídale a los niños que dibujen un objeto pequeño y luego un objeto más grande. Compare los tamaños de las torres de bloques y los tamaños de frutas y verduras.

Durante el curso del día puede trabajar también otros conceptos opuestos como principio y final, adentro y afuera, arriba y abajo, adelante y atrás. Dedique un momento a destacar el concepto de opuestos cada vez que tenga la oportunidad de hacerlo. Reconozca a los niños pequeños cuando usan las palabras sobre las que han estado hablando. Cuando cometen un error, vuelva a repetir el mensaje utilizando los términos correctos.

Desarrollo de habilidades verbales

Niños preescolares de 3 a 5 años

Objetivo del desarrollo:
Reconocer su nombre impreso

Los niños preescolares deben tener
mucha exposición a las letras del
alfabeto. Escriba el nombre de cada niño
en una tarjeta. Use la letra mayúscula
para la primera letra y letras minúsculas
para el resto del nombre del niño. Guíe el dedo índice del niño sobre las letras del nombre
y nombre cada letra a medida que lo hace. Repita este procedimiento varias veces y luego
pida a los niños que usen el dedo índice para trazar cada letra por su cuenta. Use las tarjetas
con los nombres para que los niños pasen lista. Haga una pila o una caja con «Estoy» y otra
pila o caja con «No estoy». Al llegar, pida a los niños muevan los nombres de la pila de «No
estoy» a la pila de «Estoy». Cuando estén listos para irse a casa, deben mover sus nombres
nuevamente a la pila «No estoy».

Niños preescolares de 3 a 5 años

Objetivo del desarrollo: Contar 20 o más objetos con precisión

Logre que los preescolares participen en experiencias en las cuales tengan que contar en
la vida real. Pídales que cuenten cuántas manzanas se necesitan para el refrigerio, cuántos
lápices de cera usan en un proyecto de arte, cuántos bloques pueden apilar en una torre y
cuántos escalones hay para entrar y salir de su casa. También puede utilizar el conteo como
una técnica de transición. Dígales a los preescolares que quiere que se sienten para escuchar
un cuento antes de que usted cuente hasta 10. «Contemos hasta diez y veamos si están todos
listos para escuchar el cuento».

Niños preescolares de 3 a 5 años

Objetivo del desarrollo: Decir la hora

- Coloque un reloj digital junto a un reloj tradicional con las manecillas. Con
  práctica, los niños comenzarán a asociar los números de reloj digital con el lugar
  en que se encuentran las manecillas en el reloj tradicional.

- Haga un rompecabezas con el reloj y pida a los niños que completen los números de las distintas actividades durante el día.
- Pida a los niños que secuencien las imágenes de las distintas actividades que ocurren durante el día. Escriba la hora en cada imagen.

Niños preescolares de 3 a 5 años

Objetivo del desarrollo: Utilizar términos de medición

Cada segundo, aproximadamente la misma cantidad de agua que se evapora de la tierra es reemplazada por la lluvia. Este medidor de lluvia fácil de hacer le permitirá a los niños de su programa medir la lluvia caída en su área.

Equipo

- botella plástica de 1 o 2 litros
- objetos pesados (canicas, grava de la pecera, piedras, monedas, etc.)
- tijeras
- agua
- regla
- marcador de tinta permanente
- cinta

Pasos

1. Corte cuidadosamente el extremo superior de la botella de plástico en donde los costados comienzan a reducirse hacia la boca de la botella. Coloque cinta alrededor de los dos bordes cortados.
2. Coloque peso en la mitad inferior de la botella para estabilizarla.
3. Coloque el extremo superior invertido dentro de la botella para crear un embudo y lograr que se toquen los bordes con cinta.
4. Use una regla para marcar una escala en el exterior de la botella. Asegúrese de que la línea del «0» se encuentre por encima de los objetos pesados y en el mismo nivel en donde la forma de la botella es uniforme. Use un marcador de tinta permanente para marcar la escala.
5. Vierta agua dentro del medidor hasta que alcance la línea del «0».
6. Coloque el medidor de lluvia en el exterior, en un lugar plano y abierto lejos de los árboles y los aleros de los edificios. Anote el valor indicado por el medidor de lluvia todos los días a la misma hora para medir la caída de agua diaria. (Recuerde que debe mantener el agua en el extremo inferior de la botella para que permanezca en la línea del «0» por si hubiera un período sin lluvia).

Unidad 9

Actividades para el desarrollo de la comunicación y el lenguaje

....

Uso de los sentidos

Bebés desde el nacimiento hasta los 6 meses

Objetivo del desarrollo: Hacer gorgoritos y chillidos

Disponga distintos tipos de materiales sobre una superficie plana en donde pueda interactuar con los bebés. Reúna objetos que sean suaves, rizados, ásperos, irregulares, duros y suaves. Hable con los bebés sobre los objetos. Pregunte, «¿Quieres sentir algo suave?» Luego haga pasar el objeto suave sobre la mano o la mejilla del bebé y diga «Este [nombre del objeto] es suave». Continúe con los otros objetos. También puede adaptar esta actividad para incluir objetos que hagan ruidos.

Bebés desde el nacimiento hasta los 6 meses

Objetivo del desarrollo: Reaccionar a la voz humana

Cuando su entorno de cuidado infantil estimula el lenguaje de los bebés, usted sienta las bases para el desarrollo de la capacidad verbal futura. Además de hablar con los bebés durante el cuidado diario, también puede reproducirles voces grabadas. Grabe el balbuceo de los bebés en su programa. Reproduzca la grabación y observe cómo responden. ¿Los entusiasman los sonidos? ¿Le responden a la grabación? Pídales a los miembros de la familia que graben canciones o cuentos. Reproduzca las grabaciones para que las escuchen los bebés. ¿Cómo reaccionan?

Bebés de 6 a 12 meses

Objetivo del desarrollo: Desarrollo de vocabulario receptivo

Ponga a prueba el sentido de la audición del bebé. Comience inclinándose cerca de ellos y preguntándoles: «¿puedes escucharme?» Espere a que respondan y diga: «¡Acá estoy! ¡Me escuchaste!» Si un bebé no responde, vuelva a intentar. Aléjese y repita el ejercicio. Continúe alejándose y repita el ejercicio hasta que los bebés pierdan interés en la actividad.

Adapte esta actividad a su sentido de la vista. Pregunte, «¿Puedes verme?» Espere a que respondan y diga: «¡Acá estoy! ¡Me ves!» Aléjese y repita esta actividad en la forma descrita anteriormente.

⫶⫶ Bebés de 6 a 12 meses

Objetivo del desarrollo: Comprender más palabras cada día (vocabulario receptivo)

Siente a un bebé en su regazo. Acaricie el cabello del bebé y diga, «cabello suave». Haga pasar suavemente un peine o cepillo suave por el cabello del bebé. Muéstrele al bebé cómo usar el peine haciéndolo pasar por el cabello. Dele una muñeca al bebé y pídale que peine el cabello de la muñeca. Pídale al bebé que peine su propio cabello y el suyo. Observe al bebé y vea cómo responde a sus palabras y a sus instrucciones.

⫶⫶ Bebés de 6 a 12 meses

Objetivo del desarrollo: Escuchar canciones, cuentos o rimas con interés

Memoria y reconocimiento de palabras desarrollados mediante la exposición y la repetición. Consiga un libro sencillo sobre animales de la granja. Hable sobre los nombres de los animales y los sonidos que hacen. Apunte a cada animal a medida que dice el nombre y luego haga el sonido del animal. Reproduzca cada sonido en forma animada. Pida a los bebés que hagan el ruido de cada animal. Ayúdelos a recordar y a reproducir el nombre y el sonido de cada animal. Repita esta actividad frecuentemente. Los sonidos de los animales entretendrán y asombrarán a los niños.

Una de las formas más fáciles y divertidas de mejorar la memoria es mediante las canciones y las rimas. La canción de la granja ("Old MacDonald") es una canción que ha demostrado durante mucho tiempo mejorar el conocimiento y la memoria de los niños pequeños. Hable sobre los distintos sonidos que hacen los animales. Cuando cante la canción, pídales a los niños que ya hablan que hagan los sonidos de animales.

⫶⫶ Bebés de 12 a 18 meses

Objetivo del desarrollo: Aumentar el vocabulario de tres a cincuenta palabras

El mundo de los niños está en constante crecimiento. Durante el primer año de vida, los niños se concentran en aprender sobre las personas que los cuidan, sus familias y el entorno de cuidado infantil. A medida que crecen, explorarán otros lugares si usted les da la oportunidad. A esta edad, los niños aprenden rápidamente habilidades verbales y establecen rápidamente nuevas conexiones. Ayúdelos a explorar cada nuevo entorno. En la tienda de comestibles, dedique un tiempo a ayudar a los niños a recoger, sostener y examinar objetos seguros como por ejemplo, envases de especias cerrados, cajas de cereal y otros artículos. Hable sobre los objetos que les hayan interesado: ¿Son grandes o pequeños? ¿Son fríos? ¿Son duros o suaves? ¿Tienen olor? Identifique cada objeto que el niño intente alcanzar. Si algún artículo no es seguro, identifíquelo y diga, «Peligro, no es seguro». Luego dirija su atención a otro artículo que sea seguro y diga, «Mira esto, este [nombre del objeto] es seguro».

Encuentre formas de hacer este tipo de ejercicio en otros lugares como por ejemplo, el parque o la biblioteca. Haga caminatas regularmente y mire, escuche, recoja y toque distintos objetos. Recuerde que debe supervisarlos de cerca.

Uso de los sentidos

▦ Niños pequeños y de dos años (18 a 36 meses)

Objetivo del desarrollo: Mostrar la habilidad de usar palabras para designar objetos de interés

Una de las ventajas de sacar al exterior a los niños pequeños todos los días es la oportunidad de hablar con ellos sobre lo que ven. Hágales preguntas para ayudarlos a comprender de qué forma se integran los demás sentidos con lo que ven: ¿Qué es lo más grande de todo lo que ven? ¿Qué escuchan cuando cierran los ojos? ¿De donde provienen esos sonidos? Le sorprenderán y deleitarán las explicaciones de los niños pequeños. Dígales cuánto le divierten estas conversaciones.

▦ Niños pequeños y de dos años (18 a 36 meses)

Objetivo del desarrollo: Aumentar el vocabulario

Ayude a los niños pequeños a comprender que hay muchos y distintos tipos de frutas. Coloque cuatro o cinco tipos distintos de frutas en un recipiente e invite a los niños pequeños a participar en la actividad. Diga los nombres todas las frutas que hay en el recipiente y hable de ellas. Describa el color, la textura y el nombre de cada fruta. (Esta es también un excelente actividad para hacer cuando haga una excursión al mercado). Retire la fruta del recipiente. Pida a cada niño que elija una fruta, que diga su nombre y que la describa. Corte cada fruta y hable sobre el interior de ella. ¿Tiene semillas, un corazón, segmentos? Cuente un cuento sobre la fruta con sus propias palabras. Permita que los niños pequeños digan lo que ven y sienten.

Uso de los sentidos

⠿ Niños preescolares de 3 a 5 años

Objetivo del desarrollo: Contar cuentos

Invite a los niños a contar un cuento en grupo con usted. Usted comenzará la historia y luego cada niño agregará una parte siguiendo el orden en que se encuentren en el grupo. A algunos niños les resultará útil pasar un objeto de uno a otro a medida que cambia el niño que habla. Por ejemplo, puede hacer pasar un animal de peluche o una varita mágica. Piense en temas que les interesen a los niños y sea creativa. El comienzo de la historia puede ser encontrar un hada secreta que concede deseos, conducir un cohete que vuela al espacio exterior, tomar una píldora que te hace encoger, encontrar un cofre con un tesoro, etc. Mantenga a los niños haciendo esto todo el tiempo posible. Si los niños no parecen estar interesados en el tema, pregúnteles sobre qué tema les gustaría que fuera la historia. No se desanime. Algunos de los niños a los que puede parecer no interesarles la actividad al principio pueden comenzar a participar cuando el tema despierte su interés.

⠿ Niños preescolares de 3 a 5 años

Objetivo del desarrollo: Que les guste aprender palabras nuevas

Puede parecer que el aire no tiene aspecto ni se siente pero los gases tienen peso. Para demostrar esto a los niños pequeños, pruebe esta actividad con globos y hable con los niños sobre sus predicciones y observaciones.

Equipo

- dos globos idénticos
- cuatro tiras de cintas de 10 cm (4 pulgadas)

- Un pasador de 61 cm a 91 cm (2 a 3 pies) de largo (o use una vara de medir)
- un alfiler
- cuerda

Pasos

1. Infle los globos para que sean del mismo tamaño. Átelos para cerrarlos.

2. Ate los globos con cinta en los extremos de la varilla utilizando dos trozos de cintas adhesiva del mismo tamaño.

3. Ate la cuerda en el centro de la varilla. Debe poder levantar la varilla con la cuerda de modo que los globos cuelguen de cada extremo. Si la cuerda está correctamente centrada, los globos de igual tamaño se equilibrarán.

4. Continúe sosteniendo los globos en equilibrio por la cuerda o pida a uno de los niños que sostenga la cuerda.

5. Pinche cuidadosamente uno de los globos con el alfiler haciéndolo pasar por el área con la cinta. (Esto evitará que el globo explote ya que el aire se escapará lentamente).

6. Hable con los niños sobre lo que ven y lo que sucedió. Use las palabras *equilibrio*, *inflado*, *desinflado* y *gas* para exponer a los niños al nuevo vocabulario. Pregunte, «¿Por qué dejaron de estar equilibrados los globos? ¿Qué es lo que el globo desinflado dejó de tener adentro?»

⠿ Niños preescolares de 3 a 5 años

Objetivo del desarrollo: Pronunciar los sonidos de las palabras y las letras correctamente

Los niños preescolares necesitan aprender a distinguir entre distintos sonidos. Esto los prepara para aprender los sonidos de las letras y las combinaciones de letras. Muchas actividades como las siguientes ideas pueden ayudar a los niños hacer esto:

- Cante canciones en las que los niños tengan que reproducir distintos sonidos de animales.

- Túrnense para reproducir sonidos de animales y adivinar a qué animal pertenece el sonido.

- Pídale a un niño que recite una rima u oración en una grabadora. Reproduzca la grabación y pida a los niños que identifiquen las distintas voces.

- Pronuncie tres palabras de las cuales rimen dos. Pídales a los niños que escuchen e identifiquen el par de palabras que riman—por ejemplo, *campana*, *sapo*, *anciana* o *pato*, *llevar*, *calmar*.

- Pida a todos los niños excepto uno que cierren los ojos. El niño con los ojos abiertos debe hacer un sonido (con llaves, papel o una cuchara golpeando un vaso) y todos los demás deben adivinar cuál es el sonido. Dele a cada niño la oportunidad de hacer el sonido.

Explorar el movimiento

⠿ Bebés desde el nacimiento hasta los 6 meses

Objetivo del desarrollo: Hablar a media lengua en respuesta al lenguaje adulto

Ayudar los bebés a estar más cómodos con el movimiento y a comprenderlo mejor. Levántelos suavemente y colóquelos en sus brazos. De vuelta y comience bailar. Llévelos de una habitación a la otra. Suba y baje las escaleras o camine en círculos. Mientras se mueve con ellos en sus brazos, describa lo que está haciendo. Si los bebés muestran interés en algo a lo que usted se está acercando o que está cerca de ellos, deténgase y hable sobre aquello que captó la atención de los bebés.

⠿ Bebés desde el nacimiento hasta los 6 meses

Objetivo del desarrollo: Reírse a carcajadas

Sostenga a los bebés en su regazo de modo tal que pueda establecer contacto visual. Cambie sus expresiones faciales, por ejemplo, sacando la lengua o bostezando. Observe cuidadosamente y repita el movimiento cuando la expresión parezca haber captado la atención de los bebés. Diga una rima divertida como por ejemplo "Jack and Jill" y ríase fuertemente al final. Aliente a los bebés para que sonreían y se rían. Recuerde que no debe sobresaltar a los bebés sino lograr su participación.

⠿ Bebés de 6 a 12 meses

Objetivo del desarrollo: Imitar sonidos

Sostenga a un bebé que no pueda moverse en sus brazos mientras usted se mueve por una habitación o tome de la mano a bebés que puedan moverse. Cante la canción "Pop Goes the Weasel":

> *All around the mulberry bush*
> *The monkey chased the weasel.*
> *The monkey thought it was all in good fun.*
> *Pop goes the weasel.*

Cuando llegue a la palabra *pop*, levante al bebé que sostenía en el aire o pida a los bebés que pueden desplazarse que levanten las manos y los brazos. Aliente a los bebés a decir la palabra *pop* en el momento apropiado.

Bebés de 6 a 12 meses

Objetivo del desarrollo: Hacer gestos o señalar para comunicarse

Invente canciones sencillas sobre acciones sencillas para ayudar a los bebés a seguirla mientras usted demuestra los movimientos. Por ejemplo, muéstreles cómo agitar las manos y cantar «Agitamos las manos para decir hola. Agitamos las manos para decir adiós. Agitamos las manos al llegar. Agitamos las manos al partir. ¡Agitamos las manos de día y de noche!» Invente canciones similares: «Caminamos para ir a un lugar» o «Nos sentamos para almorzar». Asegúrese de hacer la mímica o de mostrar la acción que describe mientras canta. Aliente a los niños para que repitan las acciones.

Bebés de 12 a 18 meses

Objetivo del desarrollo: Comprender y responder a instrucciones sencillas

Tome a los bebés de la mano y camine con ellos a una habitación de su casa. Dígales para qué se usa esa habitación. Camine con ellos a otra habitación y dígales la finalidad de esa habitación. Asegúrese de incluir el baño en su caminata (hable con entusiasmo sobre cómo usan el inodoro los niños más grandes). Asegúrese de que conozcan el nombre de cada habitación.

Cuando regrese de la caminata, pídales a los niños pequeños que le muestren la primera habitación que visitaron. Diga el nombre de la habitación. Si los niños pequeños parecen confundidos, llévelos nuevamente a la habitación y dígales para qué se usa esa habitación. Repita este proceso hasta que los niños pequeños puedan mostrarle cada habitación o hasta que no deseen continuar con esta actividad. Repita frecuentemente este juego de memoria. Puede llevarle varios días a los niños ir a la habitación correcta cuando usted les pide que lo hagan, pero su entusiasmo y aliento son importantes motivaciones para que tengan éxito.

Bebés de 12 a 18 meses

Objetivo del desarrollo: Comprender muchas más palabras que las que pueden expresar

Corte algunas tiras de tela o trozos de hilo de 91 cm (3 pies) de largo. Pídales a los bebés más grandes que le ayuden a hacer un diseño en el piso con la tela o el hilo. Por ejemplo, ellos pueden alinear un extremo de los trozos con otro extremo o hacer líneas onduladas y paralelas. Muéstreles cómo trazar las líneas con los dedos. Pídales que sigan al líder para caminar por los trozos de hilo o de tela. Asegúrese de retirar la tela o el hilo cuando finalice la actividad para evitar que alguno de los niños se lastime.

Explorar el movimiento

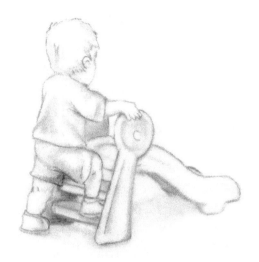

◌ Niños pequeños y de dos años (18 a 36 meses)

Objetivo del desarrollo: Tener un vocabulario de 20 a 300 palabras

La forma principal en la que los niños pequeños aprenden el vocabulario es escuchando la repetición de una palabra en el contexto. Cuando les presente una palabra nueva o hable de algo sobre lo cual los niños pequeños no tengan todavía vocabulario, asegúrese de repetir la palabra durante la conversación. Por ejemplo, si a los niños pequeños les gusta comer manzanas, puede servir salsa de manzana con una manzana en gajos y tener disponible al mismo tiempo una manzana entera como recurso. Hable sobre el color de la manzana, sobre cómo se usan para hacer salsa de manzana y sobre el hecho de que las manzanas cortadas son ricas. Aliente a los niños pequeños para que usen la palabra que les está enseñando en contexto. Si el niño pequeño señala una manzana y dice «Comer», diga «¿Deseas comer una manzana? ¿Puedes decir 'manzana?'» Asegúrese de elogiar los intentos que haga el niño de decir la nueva palabra y no retire nunca la comida hasta que el niño use el vocabulario correcto.

◌ Niños pequeños y de dos años (18 a 36 meses)

Objetivo del desarrollo: Armar oraciones sencillas con sustantivos y verbos («Quiero galleta»)

La habilidad de secuenciar es importante en la comunicación y en el lenguaje así como también en el desarrollo de los habilidades previas a la lectura. Las habilidades de autocuidado como lavarse las manos, vestirse para salir afuera y lavarse los dientes son excelentes formas de dar instrucciones sencillas que están en secuencia. Puede inventar cantos. Por ejemplo, diga «Llegó la hora de lavarse las manos, lavarse las manos, lavarse las manos. Primero nos mojamos las manos, nos mojamos las manos, nos mojamos las manos. Luego,..?» Pregunte a los niños qué desean hacer a continuación. Si ellos responden, "Agarrar el jabón", entonces cante esa oración. Añada una nueva parte después de cada cántico.

Explorar el movimiento

⫶ Niños preescolares de 3 a 5 años

Objetivo del desarrollo: Seguir
instrucciones de dos o tres pasos

Tome un trozo de cartulina y divídalo en nueve
secciones. Escriba letras o pídale a los preescolares
que escriban una letra en cada sección. Deles a
los preescolares una bolsa rellena de frijoles por
vez y pídale que la arrojen a la letra. Cuando la
bolsa de frijoles aterrice en la letra, el preescolar
debe identificar la letra y pensar una palabra que
comience con esa letra. Explique los tres pasos
a los preescolares al comienzo de la actividad.
Aliéntelos para que hagan esta actividad en forma
independiente.

⫶ Niños preescolares de 3 a 5 años

Objetivo del desarrollo: Cantar canciones que sean más complicadas;
disfrutar con las rimas y los juegos de manos

Pruebe esta canción con preescolares:

Nadar (Ritmo: "Daisy, Daisy")
Nadar, nadar (mueva los brazos como si estuviera nadando)
En la piscina. (haga un cuadrado con los dedos)
Cuando hace calor (abaníquese como si tuviera calor)
O hace frío, (tiemble)
En la piscina. (haga un cuadrado con los dedos)
Nademos de espalda, (mueva los brazos como si nadara de espaldas)
Nademos de costado, (mueva los brazos como si nadara de costado)
También buceamos. (haga de cuenta que está buceando)
No quisiera estar en ningún otro lugar (niegue con la cabeza)
Que no fuera una piscina. (haga un cuadrado con los dedos)

Cante esta canción con los niños y haga los movimientos. Repítala frecuentemente para
que los niños aprendan las palabras y los movimientos.

Interactuar con las personas

Bebés desde el nacimiento hasta los 6 meses

Objetivo del desarrollo: Hacer gorgoritos y chillidos

Cuando los bebés saben que los está escuchando y que disfruta lo que dicen, les ayuda a desarrollar las habilidades del lenguaje y la confianza. Inicie conversaciones con ellos. Diga oraciones cortas como por ejemplo, «Mira jugar a los niños». Cuando los bebés respondan, imite los sonidos que hacen. Esos sonidos sencillos se convertirán más tarde en palabras. Cuando hablen, responda con un cabeceo y una sonrisa. Esto le indica a los bebés que usted está escuchando y disfrutando los sonidos. Continúe con otra oración. Deténgase y escuche la respuesta de los bebés.

Bebés desde el nacimiento hasta los 6 meses

Objetivo del desarrollo: Balbucear sonidos sencillos con consonantes como «ta-ta-ta»

Durante el cuidado de los bebés, hágalos participar en la comunicación todo lo posible. Presénteles sonidos sencillos con consonantes y luego haga una pausa y deje que respondan verbal o físicamente. Sonidos como «ma-ma», «ba-ba», «pa-pa» y «ta-ta». Si los bebés no se dan vuelta, repita el sonido haciendo una pausa nuevamente como si tuviera una conversación. Responda con entusiasmo a todos los sonidos que hagan.

Bebés de 6 a 12 meses

Objetivo del desarrollo: Responder a su propio nombre

Use un trozo de cartulina de 21.5 cm x 28 cm (8½ x 11 pulgadas) para dibujar un esquema de un espejo con manija. Corte un agujero redondo en el lugar donde estará el espejo. Mire a través del agujero y haga de cuenta que es un espejo mágico. Mire a los bebés y diga, «Veo a [introduzca el nombre]». Repita esto con cada bebé. A ellos les encantará ver su rostro saliendo por el agujero del espejo mágico. Permita que otros niños miren a través del espejo mágico y llámelos por el nombre. Continúe haciendo esto hasta que los niños pierdan el interés. Una inflexión de voz animada le ayudará a mantener el interés de los niños.

Bebés de 6 a 12 meses

Objetivo del desarrollo: Balbucear sonidos como «goo» y «gaa»

A medida que los bebés amplían los sonidos que hacen, repita los sonidos y presente sonidos similares. Si los bebés hacen el sonido «goo», repítalo y luego haga una pausa para permitirles responder verbal o físicamente. Si los bebés no se dan vuelta, repita el sonido y agregue un sonido similar pero distinto como «gaa», haciendo una pausa nuevamente como si tuviera una conversación. Responda con entusiasmo a todos los sonidos que hagan.

Bebés de 12 a 18 meses

Objetivo del desarrollo: Utilizar gestos y acciones intencionalmente

El lenguaje de señas es un excelente forma de ayudar a los bebés a comunicarse antes de que puedan verbalizar. Aprenda los signos básicos y enséñeselos a los bebés, asegurándose siempre de pronunciar la palabra mientras usa el signo. Cuando los niños estén hablando, el vocabulario verbal mejorará enormemente con respecto al momento en que usaban señas. A continuación, encontrará algunas señas básicas:

Comer: Coloque la mano derecha en forma de «O». Con la palma de la mano hacia abajo, toque sus labios con los dedos.

Listo: Con la palma de la mano hacia abajo, mueva la mano derecha hacia adelante y hacia atrás frente a usted como si estuviera golpeando una mesa.

Dormir: Coloque la palma y los dedos de la mano derecha sobre el lado derecho de su rostro y mueva su cabeza hacia el hombro derecho como si su cabeza estuviera descansando sobre la mano.

Interactuar con las personas

Niños pequeños y de dos años (18 a 36 meses)

Objetivo del desarrollo: Hablar en voz baja y alta

Invite a los niños a jugar un juego ruidoso y silencioso con usted. Pídales que susurren una rima sencilla que conozcan con usted. O simplemente dígales, «Estamos susurrando en voz baja». Mientras todos susurran usted y los niños pequeños deben mantener las manos en el piso. Después de susurrar durante un momento, levante las manos y la voz y diga, «Estamos hablando en voz alta». Repita la actividad de susurrar y hablar en voz alta hasta que los bebés pierdan el interés. Si desea que el juego sea más activo, suba y baje los pies.

⠿ Niños pequeños y de dos años (18 a 36 meses)

Objetivo del desarrollo: Comenzar a expresar sentimientos con palabras

Aproveche todas las oportunidades que tenga para crear actividades que alienten a los niños a usar palabras y armar oraciones para expresar sus sentimientos. Reúna libros o revistas adecuadas para los niños que tengan fotografías o ilustraciones de niños expresando distintas emociones con sus rostros. Pregúntele a los niños pequeños cómo expresan los distintos sentimientos como sonreír y reírse cuando están contentos o enfurruñarse y llorar cuando están tristes. Presénteles libros en donde se representen distintas emociones como miedo, enojo, sorpresa, tristeza y alegría. Pídales a los niños que describan cómo se sienten los personajes en las ilustraciones. Si los niños están interesados, permita que hablen sobre alguna vez en la que se sintieron como los personajes en los libros.

Interactuar con las personas

⠿ Niños preescolares de 3 a 5 años

Objetivo del desarrollo: Responder preguntas

A los preescolares les gustan las adivinanzas que estimulan el pensamiento y el razonamiento. Las adivinanzas sencillas pueden crearse rápidamente y son un excelente juego para mejorar las capacidades del lenguaje:

- Adivinen qué es de color verde y marrón y crece muy alto. (árbol)
- Adivinen qué tiene cuatro ruedas y puede llevarnos de un lado a otro. (auto)
- Adivinen qué tiene página y tapas. (libro)
- Adivinen qué tiene una cabeza un pie y cuatro patas. (cama)
- Adivinen qué tienen cuatro patas, un respaldo y se usa para sentarse. (silla)
- Adivinen qué nos permite entrar y salir. (puerta)
- Adivinen qué es redondo, cuadrado o de otra forma y nos ayuda a mantener la ropa puesta. (botones)
- Adivinen qué es amarillo y nos da calor y luz. (sol)

A medida que los preescolares mejoren las respuestas a las adivinanzas, puede hacerlas más divertidas y difíciles y hacerles también chistes sencillos.

⠿ Niños preescolares de 3 a 5 años

Objetivo del desarrollo: Expandir el vocabulario

Aliente a los niños de su programa a aprender sobre los otros niños y expóngalos a cuentos e imágenes sobre distintas personas y lugares. Si los niños de su programa son bilingües, aliéntelos a usar el segundo idioma proporcionándole nuevas palabras para los objetos que los preescolares pueden identificar. Aliente a todos los preescolares a repetir y usar las nuevas palabras de los objetos comunes. Escuchar música de todo el mundo es otra excelente forma de exponer a los niños a otras culturas. Las bibliotecas cercanas tienen frecuentemente CD con música de otras partes del mundo.

Interactuar con los juguetes y los objetos

⠿ Bebés desde el nacimiento hasta los 6 meses

Objetivo del desarrollo: Establecer las bases para el desarrollo del lenguaje

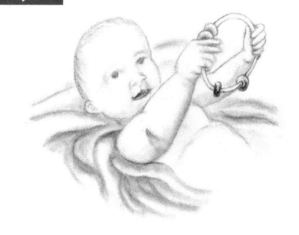

Las habilidades para escuchar son de gran ayuda para el desarrollo del lenguaje. Exponga a los bebés de su programa a una amplia variedad de sonidos. Haga crujir distintos tipos de papeles delante de los bebés (el celofán y el papel de seda hacen sonidos muy interesantes). Haga sonidos con su boca y ponga los dedos de los bebés sobre sus mejillas cuando los haga. A los bebés les parecerán muy interesantes los sonidos: por ejemplo, zumbar como una abeja, hacer un zumbido, hacer chasquidos con las mejillas, hacer el sonido de una sirena y pretender estornudar.

⠿ Bebés desde el nacimiento hasta los 6 meses

Objetivo del desarrollo: Hacer gorgoritos y chillidos

Los bebés están descubriendo sus manos. Aproveche todas las oportunidades que tenga para alentar a los bebés a tratar de alcanzar y sujetar objetos de colores brillantes. Hable con ellos durante esta actividad usando el nombre de los niños, su nombre y el nombre del objeto.

Aliéntelos a interesarse y hacer sonidos. También puede tomar las manos de los bebés y aplaudir suavemente con ellas delante del bebé. Cuando haga esto, cante una canción, por ejemplo:

Aplaudir, aplaudir, aplaudir con las manos
Aplauda con las manos.
Aplaudir tus mejillas. (Lleve las manos del bebé a las mejillas)
Aplaudir, aplaudir, aplaudir.

Bebés de 6 a 12 meses

Objetivo del desarrollo: Hacer gestos o señalar para comunicarse

Presénteles una colección de animales de peluche o de muñecas a los bebés. Muéstreles a los bebés cómo abrazar a un animal de peluche. Luego pídales a los bebés que le digan qué animal de peluche o muñeca desearían abrazar. Deles a los bebés los objetos que indiquen y aliéntelos a abrazar a los animales o muñecas. Elogie a los bebés cuando respondan. Si los bebés solo observan, abrace nuevamente su animal de peluche y aliéntelos a hacer lo mismo. Continúe esta actividad hasta que los bebés pierdan el interés.

Bebés de 6 a 12 meses

Objetivo del desarrollo: Responder a su propio nombre

Los bebés necesitan aprender a responder a su nombre. Usted puede practicar esto con los bebés durante las actividades diarias. Diríjase a cada niño por el nombre todas las veces que pueda. Dígales a los niños que es importante que escuchen cuando alguien pronuncia su nombre. Puede comenzar a practicar esto con todos en la misma habitación mediante un juego. Pídale a los bebés que se sienten en el piso y siéntese a unos metros de ellos. Llámelos por el nombre y aliente a los bebés que pueden desplazarse a ir hasta donde esté usted. Elogie a cada niño por escuchar y dele un abrazo cuando llegue hasta dónde está usted.

Bebés de 12 a 18 meses

Objetivo del desarrollo: Comprender muchas más palabras que las que pueden expresar

Esta es una actividad que puede hacer en la cocina o en otra habitación en la que esté trabajando. Aliente a los niños más grandes a trabajar en forma independiente en la misma habitación. Distribuya y coloque una variedad de objetos sobre una mesa de baja altura o en el piso. Asegúrese de que haya por lo menos un objeto de cada tipo para cada niño. Los objetos como tazas, bloques, sonajeros, cucharas y animales de peluche pequeños son ideales. También necesitará una cesta o un recipiente grandes. Nombre uno de los grupos de objetos y pídale a cada niño que coloque ese tipo de objeto en una cesta. Continúe esta actividad hasta que todos los objetos hayan sido colocados en la cesta. Pídales a los niños que vacíen la cesta y repitan el proceso hasta que dejen de estar interesados. A medida que los niños se familiaricen con los objetos, presénteles objetos nuevos como por ejemplo, espátulas o pimenteros.

En otro momento, coloque estos objetos en un área distinta de la habitación, a la vista de los niños. Pídales a los niños que encuentren los objetos y los coloquen en la cesta.

⁂ Bebés de 12 a 18 meses

Objetivo del desarrollo: Aumentar el vocabulario de tres a cincuenta palabras

Busque una caja con tapa, por ejemplo una caja de zapatos. Haga una caja del tesoro pintando la caja o pegando ilustraciones coloridas en los costados de la caja y en la tapa. Llene la caja con objetos pequeños y seguros que haya en su entorno de cuidado infantil en el hogar. Siéntese con los bebés más grandes (y otros niños que estén interesados) en el piso. Dígales que está buscando un tesoro. Describa uno de los objetos en la caja, retire la tapa y pídales a los niños que le digan qué objeto está describiendo. Saque el tesoro fuera de la caja y repita la actividad.

A medida que los niños se familiaricen más con el juego, pídales que encuentren el objeto solamente tocándolo. Deles mucho aliento y apláudalos durante esta actividad. Si un niño retira un objeto distinto al que usted describió, permita que intente nuevamente. Repita este juego mientras los niños estén interesados y estén dispuestos a jugarlo.

Cuando llegue la hora de ordenar, recuerde que debe permitir que los bebés más grandes recojan y devuelvan los objetos a los lugares correspondientes. En general, es necesario tener paciencia para permitir que los niños completen una tarea que usted podría hacer más rápido por su cuenta. Tenga en cuenta que darles la oportunidad de volver a poner los juguetes en el lugar correspondiente es también una experiencia de aprendizaje significativa.

Interactuar con los juguetes y los objetos

⠿ Niños pequeños y de dos años (18 a 36 meses)

Objetivo del desarrollo: Aumentar el vocabulario a más de 300 palabras

Decore una caja vacía con los niños y llénela con accesorios interesantes como máscaras, sombreros, anteojos, guantes, figuras de acción o muñecas. Seleccione un objeto de la caja e invente un cuento corto sobre él. Aliente a los niños a tomar un objeto de la caja y a contar un cuento sobre el objeto. Tenga en cuenta que para los niños pequeños un cuento significa un relato de una a tres oraciones. Apláudalos cuando identifiquen y hablen sobre el objeto. Agregue palabras e ideas para motivar su imaginación. A medida que los niños se sientan más cómodos con esta actividad, coloque accesorios más misteriosos como rizadores del cabello, batidores de huevos o vainas de una planta.

⠿ Niños pequeños y de dos años (18 a 36 meses)

Objetivo del desarrollo: Comprender la mayoría de las cosas que dicen los demás

Siéntese en el piso con los niños pequeños. Dele a cada niño una muñeca o animal de peluche. Nombre formas sencillas en las que puedan interactuar con el juguete. A continuación, encontrará algunos ejemplos:

- Agitar las manos/patas
- Aplaudir con las manos/patas
- Aplaudir con los pies/patas
- Arrojar un beso

Pídales a los niños pequeños que den otras ideas. Aliéntelos y aplauda sus esfuerzos por seguir instrucciones sencillas.

Interactuar con los juguetes y los objetos

⠿ Niños preescolares de 3 a 5 años

Objetivo del desarrollo: Disfrutar aprendiendo nuevas palabras

Al igual que la mayoría de los adultos, los niños pequeños aprenden mejor cuando pueden experimentar. Una excelente forma de ayudar a los niños a aprender vocabulario nuevo es lograr que participen en una nueva experiencia. Si a usted le gusta cocinar, invite a los preescolares a cocinar con usted. Mientras trabaja, use palabras que sean específicas de la tarea que está realizando. No se preocupe por corregir los errores que tengan los niños en el vocabulario. Cuando tengan más exposición, podrán aprender la terminología correcta. Si le gusta coser, invite a los niños a coser arpillera con grandes agujas de plástico. A continuación, describiremos cómo hacer sus propias tarjetas de costura:

1. Reúna bandejas de espuma de goma, platos de plástico, tapas de plástico u hojas de cartulina.
2. Dibuje un esbozo de un objeto tratando de llenar el material sobre el que está escribiendo.
3. Perfore agujeros sobre el esbozo de lo que acaba de dibujar.
4. Corte trozos de hilo de 91 cm (3 pies).
5. Sumerja los extremos de cada trozo de hilo en pegamento y déjelo secar.
6. Haga un nudo en un extremo que sea suficientemente grande para no deslizarse a través de los agujeros que rodean el dibujo.
7. Enhebre la aguja.

Muéstreles a los preescolares cómo mover las agujas dentro y fuera de los agujeros alrededor de los dibujos. Hable con ellos sobre lo que usted cosió y sobre el funcionamiento de las máquinas de coser.

Niños preescolares de 3 a 5 años

Objetivo del desarrollo: Volver a contar una historia sencilla en secuencia

Cuando los preescolares estén familiarizados con un cuento y se sientan cómodos volviendo a contarlo, hágalo más interesante creando marionetas de palabras. Haga marionetas con bolsas de papel pequeñas o calcetines. Asigne cada marioneta a una palabra usada frecuentemente en el cuento y escriba la palabra en la marioneta. También puede usar animales de peluche con carteles colgando alrededor del cuello que identifiquen a las palabras específicas. Pídale a cada niño que sostenga la marioneta o animal de peluche mientras vuelve a contar el cuento. Cuando aparezca la palabra en el cuento, el preescolar que tenga la marioneta debe levantarla. Esta actividad alienta a los preescolares a volver a contar la historia usando palabras conocidas. Aliente a los niños a jugar este juego frecuentemente. A medida que los preescolares estén más familiarizados con otros cuentos, cambie las palabras en las marionetas de palabras.

Niños preescolares de 3 a 5 años

Objetivo del desarrollo: Hacer preguntas y buscar respuestas

Los huracanes son las tormentas más grandes del planeta. ¿Sabían ustedes que la energía que produce un solo huracán es equivalente a la cantidad de electricidad usada en los Estados Unidos durante seis meses?

En esta actividad, puede modelar la forma y patrón de los vientos y nubes de un huracán usando agua en vez de aire. Pídales a los niños que digan qué creen que sucederá y aliéntelos a hacer preguntas mientras usted investiga en esta actividad.

Equipo

- agua
- molde para pastel de poca profundidad
- almidón de maíz
- colorante para alimentos
- cuchara

Pasos

1. Llene el molde para pastel hasta la mitad con agua y revuelva varias cucharas de almidón de maíz hasta que tenga una apariencia lechosa.
2. Cuando el agua esté quieta, agregue una o dos gotas de colorante para alimentos en el centro del molde. Pídales a los niños que observen de qué modo se hunde y se mueve el colorante.
3. A continuación, haga pasar una cuchara lentamente por el agua. Observe las huellas de los espirales pequeños que se forman detrás de la cuchara.
4. Agregue dos o tres gotas más de colorante para alimentos en el centro. Esta vez, use el mango de la cuchara para hacer un círculo alrededor de las gotas.
5. Dígales a los niños que esta es la apariencia que tiene un huracán desde el aire.

Desarrollo de habilidades verbales

Bebés desde el nacimiento hasta los 6 meses

Objetivo del desarrollo: Reaccionar a la voz humana

Elija algunas de sus rimas preferidas y léalas, recítelas o cántelas a los bebés. Repita cada una de ellas varias veces. La palabra disparatada que aparezca ocasionalmente y el ritmo de las rimas captará la atención de los bebés. Si está usando un libro, muestre las imágenes que corresponden a las rimas. Las miradas rápidas a las imágenes les permitirán comenzar a hacer asociaciones entre los libros y los cuentos. Recite canciones infantiles cada vez que pueda. Los bebés aprenderán a escuchar. Cuando comiencen a hablar, recitarán espontáneamente partes de su rimas preferidas.

⠿ Bebés desde el nacimiento hasta los 6 meses

Objetivo del desarrollo: Hablar a media lengua en respuesta al lenguaje adulto

Siéntese sobre una manta con los bebés. Llámelos por su nombre y hablé con ellos sobre lo que están mirando. Recoja algunos objetos, muéstreselos a los bebés y permita que los toquen. También puede repetir esta actividad durante las rutinas diarias. Lo más importante es observar en qué están interesados los bebés y hablar luego sobre esas cosas.

⠿ Bebés de 6 a 12 meses

Objetivo del desarrollo: Decir por lo menos una palabra

Pegue una hoja grande de papel o un periódico viejo con cinta a la mesa de la cocina o de proyectos. Mezcle un poco de colorante para alimentos con agua y coloque el agua coloreada en una olla pesada para evitar que se vuelque o se derrame. Permita que los bebés experimenten con el agua coloreada. Mientras juegan, hable sobre el agua coloreada usando la palabra *agua* en forma repetida. Supervíselos de cerca pero ayúdelos solo cuando sea necesario. Aliente a los bebés más grandes a decir la palabra *agua*, pero nunca fuerce ni castigue a un niño que no hable.

Otra alternativa consiste en proporcionarles cubos de agua de poca profundidad e invitar a los bebés a «pintar» en el exterior, en la vereda o en la valla. No es necesario colorear el agua ya que cambiará la apariencia de la superficie, lo cual es algo que les encantará a los bebés.

⠿ Bebés de 6 a 12 meses

Objetivo del desarrollo: Escuchar canciones, cuentos o rimas con interés

A los bebés les gustan las experiencias táctiles. El tacto generalmente capta su atención y mejora el interés en una actividad. Invente rimas mientras toca la mano de un bebé. A continuación, encontrará una sugerencia:

Pato, pato toca mi zapato. (Guíe la mano de los bebés a sus zapatos)
Gato, gato, toca el plato. (Guíe las manos a un plato)
Sabio, sabio, toca los labios (Guíe las manos a los labios)
Arde, arde, ¡llegas tarde! (Guíe las manos para que aplaudan)

Repita esta actividad hasta que los bebés pierdan el interés.

Bebés de 12 a 18 meses

Objetivo del desarrollo: Comprender y responder a instrucciones sencillas

Reúna objetos o juguetes específicos y hable de ellos con los bebés. Hable sobre el color, la forma y el modo en que se usan. Distribuya los objetos alrededor del área de cuidado infantil, a la vista de los bebés. Siéntese en el piso con los bebés y pídale a cada uno por su nombre que gatee o camine hasta el objeto específico y se lo traiga. Probablemente tenga que demostrar exactamente qué es lo que desea que haga cada niño. Guíelos con delicadeza hasta que estén listos para seguir las instrucciones sencillas por su cuenta. Aliente a cada bebé para que encuentre el objeto identificado y se lo traiga. Muestre entusiasmo y elogie a los bebés cuando sean capaces de seguir sus instrucciones.

Bebés de 12 a 18 meses

Objetivo del desarrollo: Utilizar gestos y acciones intencionalmente

Cantar canciones que incluyan juegos de manos es una excelente forma de alentar a los niños a realizar acciones específicas con una intención. Algunas canciones adecuadas para este tipo de actividad son las siguientes:

- "If You're Happy and You Know It"
- "I'm a Little Teapot"
- "Eensy Weensy Spider"
- "This Old Man"

Guíe las manos de los bebés mientras los alienta a cantar junto a usted. Haga primero el movimiento para que los bebés comprendan qué deben hacer. Puede cantar estas canciones en cualquier lugar y cuantas más veces las cante, más rápido se familiarizarán los bebés con las palabras y los juegos de manos de cada canción.

Desarrollo de habilidades verbales

Niños pequeños y de dos años (18 a 36 meses)

Objetivos del desarrollo: Comprender la mayoría de las cosas que dicen los demás /Utilizar lenguaje comprensible

Invite a los niños pequeños a ir con usted a una habitación que esté despejada. Nombre un objeto pequeño que crea que van a reconocer. Use el nombre del objeto tantas veces como pueda y deles pistas. Si es necesario, ayude a los niños pequeños a encontrar el objeto. Cuando lo encuentren, pídales que hagan una pila con los objetos encontrados. Continúe nombrando otros objetos, y extienda la búsqueda varias habitaciones si los niños continúan estando interesados. Después de reunir tres o cuatro objetos, pídale a cada niño pequeño que seleccione un objeto de la pila. Nómbrelo nuevamente y pídale al niño que lo devuelva al lugar en el que lo encontró originalmente. Hable, hable mucho durante esta actividad. Repita las palabras de los objetos y sus ubicaciones.

⠿ Niños pequeños y de dos años (18 a 36 meses)

Objetivo del desarrollo: Armar oraciones sencillas con sustantivos y verbos («Quiero galleta»)

Reúna libros sencillos que muestren animales o personas haciendo distintas cosas. Léales los libros a los niños y hable sobre las ilustraciones. A medida que recorra las ilustraciones, pregúntele a los niños qué está pasando en cada una de ellas. Destaque el uso de los verbos. Si una ilustración tiene más de una persona o un animal en la página, pregunte qué está haciendo cada uno. Aliente a los niños a usar los sustantivos y los verbos cuando respondan.

Desarrollo de habilidades verbales

⠿ Niños preescolares de 3 a 5 años

Objetivo del desarrollo: Prestar atención a los detalles

Invite a los niños a escuchar atentamente cuando usted pronuncie dos palabras y repita una de ellas. Los niños deberán decir la palabra que usted repitió. A medida que los niños obtengan experiencia en esta actividad, aumente la complejidad seleccionando palabras con sonidos similares:

- casa-lámpara-casa
- decir-decir-reír
- cocinar-cocinar-mirar
- caja-mesa-caja

- tres-tres-dos
- papel-papel-vestido
- nueve-llueve-nueve
- tapete-alfombra-tapete

- niño-[nombre]-niño
- azul-rojo-rojo
- pez-verde-verde

- sartén-tren-tren
- niño-niño-niña
- lápiz-lápiz-lamer

Esta es una actividad divertida que puede hacer en el interior o en el exterior en cualquier momento del día. Haga esta actividad frecuentemente con los preescolares. Trate de que cada niño tenga la oportunidad de participar.

Niños preescolares de 3 a 5 años

Objetivo del desarrollo: Disfrutar de los libros y darse cuenta cómo se usan

Le resultará muy útil preparar el lugar para el cuento y captar la atención de los preescolares antes de comenzar a leer. Recuerde que debe asegurarse de que los niños estén sentados cómodamente y de que todos puedan ver el libro. Es aconsejable que los niños se sienten con las piernas cruzadas en el piso. Hable con los niños sobre el libro antes de comenzar a leerlo. Dígales cuál es el nombre del autor y del ilustrador. Dígales si ha leído otros libros escritos por la misma persona. Si es posible, use un delantal con bolsillo y oculte un objeto o juguete pequeño en el bolsillo que se relacione con el libro. Saque el objeto lentamente del bolsillo para aumentar la curiosidad de los niños sobre el cuento. Sea creativa. Por ejemplo, use habichuelas para presentar el libro *Las Habichuelas Mágicas*.

Niños preescolares de 3 a 5 años

Objetivo del desarrollo: Saber el nombre de la mitad o más de los sonidos de las letras

- Juegue al bingo con el alfabeto para enseñar los nombres, las formas y los sonidos de las letras.
- Muestre las letras y pídales a los niños que las nombren y que digan los sonidos asociados con ellas.
- Cante canciones y recite rimas que incluyan los sonidos asociados con las letras. («*F* es la letra de fuente, *f, f, f,* fuente»).
- Asegúrese de que los niños puedan ver las letras impresas y use el dedo para seguir la escritura mientras lee.
- Escriba un cuento relatado por los niños. Pídales que le cuenten o inventen un cuento y que le digan qué debe escribir.

Unidad 10

Actividades para el desarrollo social y emocional

. . . .

Uso de los sentidos

⠿ Bebés desde el nacimiento hasta los 6 meses

Objetivo del desarrollo: Seguir el movimiento de una persona

Durante todo el programa hemos destacado la importancia de lograr la participación de los bebés. Sus interacciones son esenciales para el desarrollo del cerebro y sus sonrisas y participación positiva les permiten a los bebés comenzar su desarrollo tanto emocional como social. Si observa a los bebés, verá cuándo comienzan a seguir su movimiento y el de los otros niños en su programa. Aliente este tipo de actividad de seguimiento con tanta frecuencia como le permitan los bebés. Tenga en cuenta cuando usted se encuentre dentro de su campo visual. Pruebe con distintos movimientos corporales, sonidos y expresiones que capten su atención. Aliente a los niños de su programa a que capten la atención de los bebés para que sigan sus movimientos. Haga un desfile alrededor de una cuna o de los asientos de los bebés. Observe cuidadosamente la respuesta de los bebés—si un bebé se aleja del movimiento significa probablemente que no desea participar.

⠿ Bebés desde el nacimiento hasta los 6 meses

Objetivos del desarrollo: Prestar atención a los niños más grandes y a lo que hacen / Responder a las sonrisas con sonrisas

Siéntese en el piso delante de un área despejada con un bebé sentado en forma segura en su regazo. Invite a los bebés más grandes y a los niños pequeños a sentarse junto a usted en el piso. Pídales a los niños más grandes de su programa que seleccionen un cuento y lo representen. Explíqueles que usted, los bebés y los niños pequeños serán la audiencia. Guíe suavemente las manos de los bebés para que aplaudan en los momentos apropiados. Muestre entusiasmo. A la mayoría de los niños les encanta tener una audiencia y los niños más grandes disfrutarán captando la atención de los bebés en su teatro. Observe de cerca a los bebés. Reconozca cuando se ríen o sonríen y aliente a todos los niños durante esta actividad.

Bebés de 6 a 12 meses

Objetivo del desarrollo: Jugar con adultos y niños más grandes

Ate una banda elástica grande o un elástico a un objeto pequeño y seguro como por ejemplo, un sonajero o un animal de peluche pequeño. Átela en forma segura a una silla, a una mesa, a la baranda de un corralito o a la perilla de una puerta de modo que el objeto atado cuelgue libremente.

Muéstreles a los bebés cómo tira usted de los objetos y los suelta. Ellos verán que los objetos regresan a la posición original. Tire del objeto atado varias veces mientras los bebés la miran. Aliente a los bebés a que la ayuden a tirar del objeto o deje que tiren del objeto por sí mismos. Continúe esta actividad hasta que los bebés pierdan interés. Asegúrese de elogiar a los bebés por sus respuestas positivas.

Bebés de 6 a 12 meses

Objetivo del desarrollo: Distinguir voces y sonidos

Cargue a un niño por distintas habitaciones. A medida que pasa de una habitación a la otra, haga preguntas y proporcione las respuestas. «¿Qué ves? Veo. . . ¿Qué escuchas? Escucho …» Estas preguntas sensoriales tienen buenos resultados en la mayoría de los lugares. Asegúrese de describir cómo se siente con cada pregunta. «Escucho la música. Me gusta la música. Veo mi cama. Tengo ganas de ir a dormir.» Cambie sus respuestas para abarcar todos los sentidos.

Bebés de 6 a 12 meses

Objetivo del desarrollo: Expresar emociones (alegrías, tristezas, enojos y sorpresas) mediante gestos, sonidos o expresiones faciales

Los niños aprenden mucho observándose entre sí. Hable con los niños sobre lo que están sintiendo. Identifique distintos tipos de sentimientos como tristeza, enojo y sorpresa. Pídales a los niños que demuestren cómo es sentirse sorprendido, feliz o triste. Permita que los bebés observen a los niños más grandes y luego deles la oportunidad a los bebés de copiar lo que ven. A los niños más grandes del grupo les encanta exagerar sus respuestas emocionales para mostrarles a los niños más pequeños. Repita esta actividad frecuentemente y aliente a los bebes a jugar el juego de «hagamos de cuenta que...»

⬚ Bebés de 12 a 18 meses

Objetivo del desarrollo: Lavarse el rostro y las manos

Los niños pequeños aprenden de lo que ven y de lo que hacen. Esta actividad le permitirá aprovechar la presencia de grupos de varias edades en el entorno de cuidado infantil en el hogar. Hable sobre cuándo es importante lavarse las manos: Antes y después de comer, después de las actividades y cuando llegan del exterior. Deles a los niños más grandes de su programa la oportunidad de demostrar sus habilidades y experiencias permitiéndoles mostrarles a los bebés cómo lavarse las manos. Tenga disponibles taburetes y, si no usa toallas de papel, asegúrese de que haya una toalla de mano para cada niño en su programa. Cante «Twinkle, Twinkle Little Star» mientras los bebés se lavan las manos. Esto los alentará a continuar lavándose durante el tiempo adecuado. Cuando termine la canción, finalizará el lavado de manos.

⬚ Bebés de 12 a 18 meses

Objetivo del desarrollo: Participar en el juego paralelo

Disponga un cubo grande de plástico irrompible para cada niño que participe. También necesitará un grupo de objetos pequeños que no representen un peligro de asfixia. Pídales a los niños que elijan algunos objetos y los arrojen dentro de sus cubos. Ayúdelos cuando sea necesario. Escuche el sonido de cada objeto cuando cae dentro del cubo. Exagere el sonido cuando intente imitarlo. Cuando cada objeto cae dentro del cubo, las palabras como *pim*, *pumba* o *paf* les ayudarán a los niños a escuchar con más atención.

Cuando todos los objetos estén dentro de los cubos, pídales a los niños que los den vuelta para jugar nuevamente. Repita esta actividad y aliéntelos a hacerla en forma independiente. Ayúdelos solo si necesitan ayuda.

Uso de los sentidos

⬚ Niños pequeños y de dos años (18 a 36 meses)

Objetivo del desarrollo: Mostrar independencia en las habilidades de autoayuda

Llene un recipiente con objetos de autoayuda que sean familiares para los niños pequeños: cepillos para el cabello, peines, botas para lluvia, sombreros, etc. Siéntese con los niños pequeños para jugar el juego

¿Quién soy? Cuando tomen un objeto del recipiente, hágales preguntas para ayudarlos a concentrarse en sus cinco sentidos. ¿Qué soy? ¿Qué sonido hago? ¿Qué aspecto tengo? ¿Cómo me siento? ¿Qué olor tengo? Muéstreles la actividad primero y luego pida a los niños más grandes que se turnen para ayudar a los niños pequeños a comprender lo que deben hacer. Cuando los niños pequeños tengan dificultades, pídales a los niños más grandes que los ayuden.

Niños pequeños y de dos años (18 a 36 meses)

Objetivo del desarrollo: Mostrar respeto por otras personas y posesiones

En los hogares dedicados al cuidado infantil no siempre hay espacio para que cada niño pueda tener su propio cubículo. Sin embargo, es importante que tenga una forma de identificar los lugares en donde los niños pueden guardar sus objetos personales y sus proyectos. Etiquetar puede ser tanto una actividad divertida como una forma eficaz de identificar las posesiones personales. Pídale a cada niño pequeño que elija un color. Pegue trozos de cartulina de los colores seleccionados en trozos de cartón grueso —haga varias de cada color. Escriba el nombre de los niños pequeños en letras grandes y en el color seleccionado. Por ejemplo, si Kyle seleccionó el color verde, escriba «Kyle» en cada papel de color verde. Aliente a los niños pequeños a decorar sus tarjetas de nombres como deseen. Las calcomanías son excelentes para hacer esto.

Coloque una etiqueta con el nombre de cada niño en un recipiente para identificar al propietario del contenido. Mientras los niños identifican qué recipiente les pertenece, pídale a cada niño que use algo (una cinta, botón, tela o vestimenta) del color correspondiente. Hable con los niños sobre la diferencia entre los objetos que son de uso común y las pertenencias. Etiquete el área de almacenamiento y las pertenencias. Demuéstreles a los niños pequeños que cada niño tiene un color y un nombre que identifica sus pertenencias. Puede utilizar las tarjetas con nombres de varias formas. Dos niños jugando en el área de bloques pueden colocar las tarjetas de nombres para que los demás niños sepan que ellos están usando este espacio.

Uso de los sentidos

Niños preescolares de 3 a 5 años

Objetivo del desarrollo: Hacerse el bebé y hacer reír a los demás

No subestime nunca la importancia que tiene la risa en el cuidado infantil. Los niños del programa seguirán lo que usted les proponga. Si usted se ríe fácilmente y con frecuencia sin llegar a parecer tonta en ocasiones, los niños del programa querrán divertirse con usted. Organice actividades que les gusten a los preescolares y que promuevan el buen humor. Arme una escuela de payasos. Entregue accesorios como sombreros, narices, zapatos de adultos y cualquier otra cosa que piense que puede servir. Deles a los niños la oportunidad de comportarse como payasos y hacer reír a otros niños. Guíe y aliente a los preescolares participando en la actividad y mostrándoles su mejor rutina de payaso. Los niños pueden aprovechar esta oportunidad para imitar a un animal o contar una historia divertida o un chiste. Hable con los preescolares sobre la diferencia entre reírse *con* otros niños y reírse *de* otros niños. Hable de la risa y de cómo los hace sentir.

Niños preescolares de 3 a 5 años

Objetivo del desarrollo: Disfrutar ayudando con las tareas de la casa

Cocinar con los niños puede ser tanto educativo como divertido. Cuando incluya a preescolares en las actividades de la cocina, asegúrese de estar preparado antes de comenzar las actividades. Una buena forma de comenzar es usar un delantal o protector que sea del tamaño de los niños para proteger la ropa. Destaque la necesidad de lavarse las manos antes de comenzar. Elija recetas sencillas que les permitan a los preescolares participar en la preparación (por ejemplo, medir y mezclar). Aliente a los preescolares a participar. Recuerde que debe supervisarlos de cerca. Deles a los niños muchas oportunidades de experimentar distintos olores mientras cocinan como por ejemplo los de ingredientes como el limón, la vainilla, la manzana, la naranja, el clavo de olor, la canela y el jengibre. También pueden oler ingredientes con olores fuertes como el vinagre, la cebolla y el ajo. No permita que los niños usen ningún aparato de cocina que pueda ser peligroso. Usted debe ser la única persona que use los hornillos y el horno y los niños deben comprender que el horno está caliente y que es peligroso tocarlo.

Explorar el movimiento

Bebés desde el nacimiento hasta los 6 meses

Objetivo del desarrollo: Mostrar sensación de confianza

Cuando usted toca o sostiene gentilmente a un bebé de forma segura y para reasegurarlo, está apoyando el sentido de seguridad del bebé. Toque gentilmente a los bebés todo lo que pueda. Toque sus narices

e identifique lo que está haciendo. Hable siempre en forma suave y alentadora. Mueva suavemente las piernas de los bebés hacia dentro y hacia fuera cuando esté cambiando el pañal. A los bebés que se sienten seguros y que están familiarizados con la forma suave en que lo hace, les costará menos experimentar confianza, lo cual les permitirá desarrollar mejor la confianza y la independencia.

Bebés desde el nacimiento hasta los 6 meses

Objetivo del desarrollo: Mostrar afecto (responder positivamente) a los adultos importantes

Asegúrese de que no haya nada en el piso con lo que se pueda tropezar o lastimar. Ponga música divertida, alegre y baile con el bebé. Hable con el bebé mientras baila. Asegúrese de sostener la cabeza del bebé y de sostenerlo firmemente. Mientras baila, use palabras o frases como, *arriba* y *abajo*, *atrás* y *adelante* y *dar vuelta*. Mientras baila, sonría y exagere sus expresiones faciales.

Bebés de 6 a 12 meses

Objetivo del desarrollo: Jugar con adultos y niños más grandes

Use un recipiente grande y redondo de plástico, un molde de pastel plano u otro recipiente abierto. Coloque la pelota en el recipiente. Empuje la pelota alrededor del borde con su dedo. Deje que ruede libremente pero manténgala en movimiento. Pídale a los bebés que miren mientras la pelota se mueve alrededor. Detenga el movimiento de la pelota y coloque la mano del bebé sobre ella. Ayude al bebé a poner la pelota en movimiento. Hable con el bebé mientras usted y él miran cómo se mueve la pelota. Continúe manteniendo la pelota en movimiento y permita que el bebé la mueva en forma independiente con su mano todo lo posible. Pídale al bebé que levante la pelota y que la vuelva colocar abajo.

Si repite esta actividad con la frecuencia necesaria, el bebé se dará cuenta del movimiento restringido que tiene la pelota dentro de los límites del círculo.

Bebés de 6 a 12 meses

Objetivo del desarrollo: Explorar el movimiento (sentirse seguro mientras lo hace)

Si no tiene suficiente espacio para tener una habitación para bebés (y la mayoría de los entornos de cuidado infantil en el hogar no lo tienen), cree un área para los bebés. Puede establecer los límites del área para los bebés utilizando almohadas de colores brillantes o puffs. También puede usar como límite el respaldo de un sillón. Asegúrese de que haya suficiente espacio para que usted pueda sentarse en el piso con los bebés. También debe haber suficiente espacio para gatear y elementos que alienten a los bebés a levantarse. Asegúrese de que no haya peligros en el área de los bebés y de que ellos se sientan seguros y protegidos.

Juegue al juego de La Oruga poniéndose en cuatro patas y alentando a los bebés a hacer lo mismo y a seguirla por el área para bebés. A medida que los bebés desarrollen confianza y se muevan más, amplíe los límites de su área de juego. Hagan caminatas alrededor de su hogar y del parque. Incorpore juegos como el de los espías o la búsqueda del tesoro para que los bebés se familiaricen más con el entorno del cuidado infantil

▦ Bebés de 12 a 18 meses

Objetivo del desarrollo: Comenzar a imitar a los hermanos más grandes y a los niños de la misma edad

A los bebés más grandes les encanta imitar a los niños más grandes su programa. Deles muchas oportunidades para hacer esta imitación de conductas y habilidades. Mientras tanto, ofrezca a los niños más grandes excelentes oportunidades para demostrar la conducta apropiada que usted desea que imiten los niños más pequeños. Pídales a los niños que trabajen en grupos cuando sea posible, con un niño o un bebé más grande. Asigne a cada equipo una tarea. Poner la mesa, poner las servilletas en cada plato, determinar las posiciones en las que se sentarán y ayudar a servir la comida son todos ejemplos de tareas que pueden realizar los equipos. Designe al «equipo del día» y permítale seleccionar actividades específicas. Apoye los esfuerzos de colaboración siempre que sea posible.

▦ Bebés de 12 a 18 meses

Objetivo del desarrollo: Disfrutar del juego paralelo

Aplauda una vez delante de su cintura. Pídales a los niños que aplaudan como usted. A continuación, aplauda arriba de su cabeza una vez y pídales a los niños que hagan lo mismo. Inclínense y aplauda una vez debajo de su rodillas y pídales a los niños que hagan esto también.

Dígales que la próxima vez, aplaudirá dos veces. Cuente mientras aplaude dos veces con las manos al nivel de la cintura. Repita los otros pasos aplaudiendo dos veces.

Pídales a los niños que miren, escuchen y aplaudan. No hable cuando aplauda una vez encima de su cabeza. ¿Hicieron lo mismo que usted y aplaudieron de la misma manera? Ayúdelos cuando sea necesario. Aplauda en cada posición y pida a los niños que hagan lo mismo que usted sin darles instrucciones verbales.

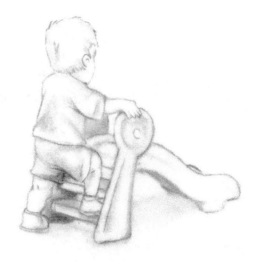

Explorar el movimiento

Niños pequeños y de dos años (18 a 36 meses)

Objetivo del desarrollo: Mostrar interés en la anatomía (nombrar las partes del cuerpo)

Aliente a los niños a mover el cuerpo. Pregúnteles si están usando zapatos y pídales que le muestren dónde están. Dígales, «Si están usando zapatos, salten arriba y abajo». Cada vez que les pregunte a los niños pequeños sobre ellos mismos, señale una parte distinta del cuerpo. Continúe señalando distintas partes del cuerpo siempre que estén interesados.

A continuación encontrará otras ideas:

- Cuando encuentren el codo, aplaudan con las manos.
- Busquen la rodilla y den una vuelta.

Una vez que hayan jugado este juego varias veces, los niños pequeños podrán realizar las acciones sin su ayuda.

Niños pequeños y de dos años (18 a 36 meses)

Objetivo del desarrollo: Mostrar un gran orgullo por sus logros, especialmente los físicos

La música clásica es una excelente forma de enseñarles a los niños pequeños cómo se mueve el cuerpo. Seleccione música rápida y lenta. Baile al ritmo de la música y aliente a los niños pequeños a bailar con usted. La canción «Flight of the Bumble Bee» es muy adecuada porque tiene un ritmo rápido—usted y los niños pueden pretender ser abejas zumbantes por la habitación. Aliente a los niños a bailar frente al espejo. Permita que hagan movimientos libres. Ponga distintos tipos de música en distintos momentos del día. La música clásica que es suave y apacible permite que los niños pequeños se relajen y es ideal para escuchar durante la siesta o en los momentos de juego libre.

Explorar el movimiento

Niños preescolares de 3 a 5 años

Objetivo del desarrollo: Comenzar a esperar el turno

Los juegos son divertidos y una excelente forma de presentar el concepto de que es necesario esperar el turno. En los juegos en los que haya que esperar el turno, seleccione aquellos en los que la espera sea más rápida y no sea necesario esperar durante periodos largos de tiempo. Cuanto más frecuentemente juegue estos tipos de juegos, más rápido desarrollarán los preescolares la comprensión de estos conceptos. Esto le permitirá introducir progresivamente juegos con más reglas.

Un excelente juego para comenzar es Muffin Man. Pídales a los niños que estén de pie en un círculo. Seleccione un niño para que se ponga en el medio del círculo con una venda en los ojos o con los ojos cerrados. Los otros niños deben caminar alrededor de él cantando, «Do you know the Muffin Man?» Seleccione un niño para que se acerque al que se encuentra en el centro. El niño que tiene la venda debe intentar identificar al que se acercó tocándole el rostro. Si el niño que tiene la venda puede identificarlo, el que fue identificado debe colocarse en el medio del círculo y el niño que tenía la venda debe regresar con el resto del grupo. Mantenga el juego en movimiento y asegure a los niños que todos podrán pasar el centro del círculo por turno si desean hacerlo.

Niños preescolares de 3 a 5 años

Objetivo del desarrollo: Comprender algunos límites y reglas

Ayude a los niños a aprender a cruzar las calles en forma segura:

- Cruza solo en la esquina.
- Mira a la izquierda, a la derecha y nuevamente al izquierda antes de cruzar.
- Escucha para ver si hay automóviles cerca. Presta atención especialmente a los autos que doblan por la esquina.
- Cruza solo por los cruces peatonales.
- Si hay semáforo, cruza solo cuando la luz que tienes frente a ti es de color verde o cuando esté encendida la señal de caminar.
- Sigue siempre las instrucciones del guarda del cruce o la patrulla de seguridad.

Puede practicar esta actividad en la seguridad de su hogar. Cuando crea que los preescolares han aprendido a hacerlo, puede poner a prueba sus capacidades llevándolos a caminar por el vecindario.

Interactuar con las personas

⦙⦙· Bebés desde el nacimiento hasta los 6 meses

Objetivo del desarrollo: Establecer un vínculo seguro

Los bebés necesitan desarrollar vínculos emocionales y sociales saludables. Sostener a un bebé cerca suyo le ayuda a desarrollar confianza y un vínculo seguro. Los bebés de su programa deben ser cargados frecuentemente. Comuníquese con ellos mirándolos a los ojos, manteniéndolos cerca de su cuerpo y respondiendo a sus sonidos. Sosténgalos cerca suyo y camine alrededor de la habitación. Deje de caminar, mírelos a los ojos, sonría y frote su nariz con la de ellos. Comience a caminar nuevamente y luego deténgase. Repita estos pasos varias veces.

⦙⦙· Bebés desde el nacimiento hasta los 6 meses

Objetivo del desarrollo: Establecer un vínculo entre la proveedora y el bebé

La oportunidad de establecer un vínculo es muy importante para los recién nacidos y los bebés pequeños. El momento de la alimentación es una de las mejores oportunidades para que establezca un vínculo con un bebé pequeño. Asegúrese de tener suficiente tiempo para sentarse tranquila y alimentar pacientemente al bebé. Esta rutina tranquilizante y enriquecedora le permitirá a usted y al bebé formar un vínculo duradero.

⦙⦙· Bebés de 6 a 12 meses

Objetivo del desarrollo: Jugar con niños más grandes

Una de las muchas ventajas de los entornos de cuidado infantil en el hogar es la oportunidad de interactuar entre sí que tienen todos los niños del programa. Por ejemplo, los bebés pueden tener la oportunidad de practicar despedirse saludando con las manos. Ayúdelos a saludar con las manos a los otros niños del programa. En poco tiempo, podrán hacerlo sin su ayuda.

A los niños les encanta mostrarle a los niños más pequeños cómo hacer las cosas. Muéstreles a los niños más grandes cómo jugar suavemente a las palmaditas con los bebés. Dígales que ellos pueden ser los maestros. Luego aliéntelos a jugar a las palmaditas con los bebés. Con su supervisión, los niños más grandes saludarán con la mano y jugarán a las palmaditas durante largos períodos de tiempo.

▦ Bebés de 6 a 12 meses

Objetivo del desarrollo: Distinguir voces de familiares importantes

Siéntese en círculo con todos los niños de su programa. Coloque a un bebé en su regazo o junto a usted. Recorra el círculo y permita que los niños apunten a sí mismos y digan sus nombres. Permita que los niños intenten hacer esto. Si no pueden identificarse a sí mismos, pídales a los niños más grandes que los señalen y digan sus nombres en voz alta.

▦ Bebés de 12 a 18 meses

Objetivo del desarrollo: Mostrar señales de burlarse de los adultos

Un espejo de cuerpo entero es una gran incorporación a su entorno de cuidado infantil. Recuerde que si usa un espejo, debe estar asegurado adecuadamente. Pídales a los niños que la miren a usted en el espejo. Describa sus movimientos a medida que los hacen y luego aliente a los niños a que la imiten. Ayúdelos si es necesario. Exprese emociones como «estoy sonriendo» o «parezco contenta» y movimientos como «me estoy inclinando» o «estoy de pie».

Interactuar con las personas

▦ Niños pequeños y de dos años (18 a 36 meses)

Objetivo del desarrollo: Interesarse en la anatomía (nombrar las partes del cuerpo)

Busque cajas que sea más largas que los niños. Corte los costados de la caja para aflojarlos. Pídale a un niño que se acueste sobre un trozo de cartulina y luego trace el contorno del niño con un lápiz de cera. Retire al niño y corte el contorno. Sostenga la mano del niño y use el lápiz de cera o un marcador de fieltro para dibujar los ojos, la nariz y una boca sonriente. Señale las distintas partes del cuerpo. El niño comienza comprender el movimiento que involucra el dibujar. Agradézcale al niño la ayuda e invite al niño a nombrar las partes del rostro. A su vez, los niños pueden trazar el contorno de la mano en el papel. Luego pueden decorar el dibujo también. Permítales trabajar con figuras de cartón en forma independiente. De hecho, ellos pueden estar interesados en darle un nombre a la figura.

Niños pequeños y de dos años (18 a 36 meses)

Objetivo del desarrollo: Mostrar independencia en el cuidado personal

Deles a los niños pequeños de su programa la oportunidad de asumir el control y tomar decisiones.

Muestre ejemplos de cada una de estas actividades varias veces para ayudarles a aprender el proceso que requieren estas actividades. Aliente a los niños pequeños para

- colocar sus abrigos y los zapatos en un lugar designado;
- vestirse solos;
- jugar juegos de roles, vestirse como adultos y jugar a la casa, por ejemplo;
- ayudar a poner la mesa y
- ordenar y poner los juguetes y los materiales en donde pertenecen.

Otra forma de ayudar a los niños pequeños a desarrollar su independencia es mediante la limpieza. A los niños pequeños les encanta usar escobas y mopas. Trate de encontrar todos los elementos adecuados para el tamaño de los niños que pueda. Asigne tareas de limpieza después de cada actividad. Aun a los niños más pequeños les gusta participar en esta actividad. Muéstreles lo que deben hacer y tenga paciencia. Muéstreles nuevamente cuando sea necesario. Permita que los niños pequeños tengan la oportunidad de sentirse responsables e independientes. Agradézcales sus esfuerzos y cuando asigne las tareas, asegúrese de tener en cuenta las competencias individuales.

Niños pequeños y de dos años (18 a 36 meses)

Objetivo del desarrollo: Mostrar interés en el mundo externo

Enseñar mediante la calidad de su cuidado incluye enseñar a los niños sobre el mundo en el que viven. Los niños pequeños son especialmente curiosos. Aproveche esta curiosidad y deles información sobre su entorno. Haga caminatas alrededor del perímetro de su área externa. Identifique la casa y los jardines adyacentes de sus vecinos. Identifique a sus vecinos. Hable con los niños sobre la gente que puede visitar la casa durante el curso del día, por ejemplo, el cartero. Aliente el juego de roles que les permite a los niños pequeños vestirse y actuar como bomberos y oficiales de policía y hable sobre las circunstancias que pueden llevar a estos adultos estar en contacto con niños. Haga excursiones pequeñas por el vecindario e identifique a la persona que se encuentra la tienda de la esquina. Permita que los niños hagan preguntas. Si vive en un vecindario muy concurrido, siéntese en la entrada de la casa o en los escalones con los niños y traten de adivinar a dónde irá cada una de las personas que pasa por su casa.

Interactuar con las personas

⠿ Niños preescolares de 3 a 5 años

Objetivo del desarrollo:
Desarrollar amistades

Al comienzo del año, pídale a cada niño que traiga una fotografía o tómela usted. Pegue cada foto en un papel y pídales a los niños que le cuenten una historia sobre sí mismos. Ponga todas las fotos juntas para hacer un libro llamado, *Mis Nuevos Amigos*. Cada noche un niño diferente puede llevar el libro a la casa y presentarle sus nuevos amigos a su familia.

⠿ Niños preescolares de 3 a 5 años

Objetivo del desarrollo: Juego de roles

Una de las formas más rápidas de conocer y comprender a los preescolares es observarlos mientras juegan a la casa. Este juego de roles permite la participación de niños de todas las edades y le da a usted la oportunidad de observar cómo perciben los niños el modo en que funciona la familia. Cree un espacio que copie una casa. Para hacerlo, pídales a los niños que decoren una caja grande y vacía de electrodomésticos o una esquina tranquila de su hogar. Incluya tantos materiales como sea posible (aparatos electrodomésticos de juguete, platos, una mesa pequeña). Cuando haya completado el área, aliente a los preescolares a jugar a la casa. Permita que los niños creen sus familias sin interferencia. Aliente a los niños a actuar los distintos roles. Si necesitan ayuda, asuma un rol y haga preguntas abiertas que ayuden a los niños a pensar sobre sus roles.

Interactuar con los juguetes y los objetos

⠿ Bebés desde el nacimiento hasta los 6 meses

Objetivo del desarrollo: Mirar y escuchar deliberadamente

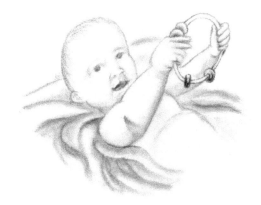

Seleccione objetos sencillos que puedan tocar los bebés. Pueden ser objetos como una pelota suave (seleccione una que sea suficientemente grande para no representar un riesgo de asfixia para los bebés), un animal de peluche peludo, una vela de cera de abejas, una cinta de satén o grosgrain, un trozo de madera, plastilina o papel de lija. Ayude a cada niño a tocar los objetos. Hable sobre cómo se usan estos objetos y cómo se sienten. Observe la reacción de los bebés a cada objeto.

⠿ Bebés desde el nacimiento hasta los 6 meses

Objetivo del desarrollo: Responder sonriendo a las sonrisas

Use un espejo grande de pared o un espejo de mano irrompible y muéstreles a los bebés su rostro. Llame al bebé por el nombre y diga «Veo a [nombre del bebé].» Mientras el bebé está mirando al espejo, use un plato de papel para bloquear la vista del bebé. Deslice de gradualmente el plato de izquierda a derecha para que el rostro del bebé aparezca gradualmente a la vista. A medida que hace esto, diga, «Picabú, veo a [nombre del bebé]». Repita esta actividad varias veces.

Mientras el bebé observa, oculte su rostro con el plato y exponga su rostro gradualmente moviendo el plato. Una vez más, diga, «Picabú, veo a [nombre del bebé]». Asegúrese de observar la reacción del bebé. Repita esta y las otras actividades varias veces. El bebé está aprendiendo a jugar un juego. El bebé mira. Escucha. Responde. Al mismo tiempo, el bebé está tomando más conciencia de su nombre.

⠿ Bebés desde los 6 hasta los 12 meses

Objetivo del desarrollo: Explorar el entorno

Reúna un juego de recipientes para mezclar que sean irrompibles y un juego de tazas para medir. Coloque los recipientes para mezclar a la vista de los bebés. Coloque los recipientes en orden, con el más pequeño a la izquierda. Luego coloque el recipiente más pequeño dentro del siguiente y continúe colocando uno dentro del otro hasta que estén todos colocados. Repita varias veces esta actividad y pídale a los bebés que la ayuden. Use las palabras *grande* y *pequeño* mientras pone y saca los recipientes. Continúe esta actividad hasta que los bebés pierdan interés. Repita frecuentemente esta actividad y los bebés aprenderán a hacerlo por su cuenta.

En otro momento, use un juego de tazas para medir irrompibles o tazas anidadas y repita esta actividad. De esta forma, el bebé aprenderá sobre los distintos tamaños y formas de los objetos.

▦ Bebés de 6 a 12 meses

Objetivo del desarrollo: Jugar con adultos y niños más grandes

Practique pasarle objetos al bebé y que él se los devuelva. Hable sobre lo que está haciendo durante la actividad. Use su voz en forma expresiva. Use frases como «Te voy a tirar la pelota» o «Arrójame la pelota» y extienda la mano. Hable sobre esperar el turno, sobre cómo el compartir la hace sentir feliz y cómo disfruta jugando con el bebé. Hágale preguntas al bebé como por ejemplo «¿Te gusta arrojarme la pelota?»

▦ Bebés de 12 a 18 meses

Objetivo del desarrollo: Disfrutar del juego paralelo

Coloque una tapa en una caja de avena o en una lata de café vacías para hacer un tambor de juguete para cada niño. Deles a los niños cucharas o palos de madera y pídales que golpeen sus tambores. Permítales hacer esto hasta que pierdan el interés.

En otro momento, cante o diga, «Rum, tum, tum, beats the drum» o «Rum, tum, tum, resuena el tambor». Repita esta canción hasta que los bebés intenten repetir lo que dice. Esta canción inculca la percepción de 1-2-3, 1-2-3, pero puede usar el canto en vez de los números con los bebés durante un tiempo. Luego use el tambor de juguete y golpee sobre él al ritmo de rum-tum-tum. Pídale a los bebés que golpeen el tambor mientras usted canta. Posiblemente canten con usted mientras intentan golpear el tambor siguiendo el ritmo. Permita que los niños continúen haciendo esto siempre que estén interesados.

▦ Bebés de 12 a 18 meses

Objetivo del desarrollo: Disfrutar del juego paralelo

Mezcle dos tazas de harina y ½ taza de sal. Agregue gradualmente 1 taza de agua. Agregue un poco de colorante para alimentos y amase bien hasta que los ingredientes estén bien mezclados. Si guarda esta mezcla en una bolsa de plástico, podrá mantenerla varios días en el refrigerador.

Pegue papel encerado sobre un mostrador o una mesa. Para proteger el área de trabajo puede usar un mantel individual viejo de plástico en vez de papel encerado. Cualquiera sea la opción seleccionada, le permitirá limpiar con más facilidad cuando finalice la actividad. Deles a los bebés trozos de masa de sal hecha con harina que puedan sostener cómodamente en sus manos. Muéstreles cómo apretarla, estirarla y golpearla. Luego permita que experimenten con la masa de sal hasta que pierdan el interés.

Si necesitan más motivación, estire un trozo pequeño, dele forma de pelota y aplánelo. ¿Hacen los niños lo mismo que usted? Si desea motivarlos e interesarlos más, estire la masa de sal en un rollo largo y junte las dos puntas para hacer un círculo o cualquier otra forma. Hable con los niños sobre la forma que acaba de hacer. Aliéntelos a los apretar, estirar y golpear la masa de sal mientras habla sobre cómo se sienten.

Interactuar con los juguetes y los objetos

▥ Niños pequeños y de dos años (18 a 36 meses)

Objetivo del desarrollo: Mostrar interés en el mundo externo

Lleve a los niños pequeños a pasear por la naturaleza todo el año, no solo durante la primavera. Haga caminatas en el exterior con frecuencia. Muéstreles las flores, los árboles y los insectos. Deténgase y hable sobre las mariposas y las libélulas. Observe las hormigas y hable sobre cómo viven y trabajan juntas. Comience a coleccionar objetos como piñas, conchas, piedras e insectos para que los bebés vean patrones y semejanzas. Cuando esté en el exterior, hablé con los niños sobre el clima. Hágales preguntas sobre el clima. ¿Por qué nieva o no nieva en el lugar donde vives? Si usted vive en una zona en donde las hojas cambian de color en el otoño, lleve a los niños a recoger muestras de cada tipo de hoja y compárelas. Juegue a establecer correspondencias usando dos hojas de cada árbol. Salga al exterior después de la lluvia y busque un charco. Si el charco está en el pavimento, trace una línea alrededor de él con una tiza. Si está en un área embarrada, trace una línea alrededor de él con un palo. Observe el charco durante el día mientras se va secando. Use al charco para iniciar conversaciones interesantes sobre lo que pasa con el agua.

▥ Niños pequeños y de dos años (18 a 36 meses)

Objetivo del desarrollo: Mostrar respeto por otras personas y posesiones

Tenga a mano materiales sencillos para actividades artísticas como papel para dibujar, cajas viejas para cortar y usar como base para pintar con pinturas más pastosas o hacer pósteres o trozos de tela para pegar o hacer entramados. Limite los dibujos a dos o tres colores para ahorrar materiales y enseñarles a los niños cómo mezclar colores e intensidades (claro y oscuro). Deje que los niños se expresen. El dibujo no tiene que parecer algo reconocible. Hágalos practicar distintas técnicas como dibujar con líneas, darle forma a figuras y hacer diseños con bloques de color. También pueden experimentar usando colores contrastantes y sombras.

Exhiba el trabajo de los niños en su casa. Algunas proveedoras decoran los vestíbulos de sus hogares con dibujos hechos por los niños de su programa. De vez en cuando, puede montar los dibujos, colocarlos en marcos cubiertos con vidrio y colgarlos de la entrada. El resultado puede ser realmente increíble. No solo son los dibujos coloridos y lucen encantadores cuando los pone en un marco sino que además, los niños estarán orgullosos de su trabajo y de la forma en que está presentado. Puede cambiar los trabajos exhibidos mensualmente. Los niños aprenderán a esperar con entusiasmo las nuevas exhibiciones artísticas.

Interactuar con los juguetes y los objetos

⠿ **Niños preescolares de 3 a 5 años**

Objetivo del desarrollo: Jugar con niños de la misma edad

Una de las formas en las que los preescolares desarrollan confianza social y emocional es trabajando con éxito y en forma colaboradora entre sí y con los materiales y equipos que usted tiene en el entorno de cuidado infantil en el hogar. Deles a los preescolares tres pelotas pequeñas de plastilina: Una roja una azul y una amarilla. Pídales que saquen trozos pequeños y los aprieten para hacer nuevos colores. Favorezca siempre la colaboración. Guíe a los niños para que compartan sus ideas y se ayuden entre sí. También puede llenar cajas plásticas transparentes con agua y alentar a los niños a experimentar y hacer distintos colores con colorante para alimentos. Aplauda sus éxitos y hable con ellos sobre los beneficios de trabajar juntos en un grupo.

Niños preescolares de 3 a 5 años

Objetivos del desarrollo: Aumentar el período de atención

Algunos artistas crean arte a partir de todo tipo de objetos no usados como cosas que encuentran en la playa o en el jardín de atrás. En los entornos de cuidado infantil en el hogar es posible recolectar todo tipo de materiales y hacer participar a todos los niños en el proceso. A los niños pequeños les encantará ir de aventura y los bebés se beneficiarán observando la acción. Recuerde que cuando tiene grupos de varias edades, usted tiene que prestar siempre mucha atención los objetos que puedan ser peligrosos. Inspeccione todo el espacio exterior que usarán los niños de su programa para comprobar que no haya objetos peligrosos antes de comenzar la búsqueda.

Organice una búsqueda del tesoro en el exterior para encontrar objetos que puedan usarse para hacer un collage, como hojas y palitos, flores para disecar, plumas, piedritas y conchas. También puede organizar una búsqueda en el interior para encontrar trozos de papel, telas y cintas. Busque cartón grueso o madera para usar de fondo. Pídale los niños que dispongan los materiales formando un diseño sobre el fondo. Deje que cambien los materiales del lugar hasta que le guste el diseño realizado. Use pegamento resistente y supervise a los niños mientras pegan los objetos en el fondo.

Desarrollo de habilidades verbales

Bebés desde el nacimiento hasta los 6 meses

Objetivo del desarrollo: Sonreír al escuchar voces familiares

Deje que los niños más grandes se acerquen a los bebés cuando están despiertos y yacen en sus cunas o están sentados en los asientos para bebés. Guíe a los niños y aliéntelos para que sonrían y se presenten. Los bebés frecuentemente les responden a otros niños con entusiasmo. Repita estas presentaciones frecuentemente y aliente a los niños más grandes a hablar con los bebés en otros momentos.

Bebés desde el nacimiento hasta los 6 meses

Objetivo del desarrollo: Hablar a media lengua y lograr captar la atención de los adultos

Como lo bebés muy pequeños no saben hablar, es indispensable aprovechar los momentos en los que el bebé trata de captar su atención. Es necesario que observe y se familiarice con la media lengua de los bebés. Recuerde que cada bebé es distinto. Cuando los bebés se entusiasman y mueven los pies y los brazos, en general, están diciendo que están listos para jugar. Cuando sea posible, responda a estas señales con entusiasmo y energía positiva. Pruebe un juego con los dedos. Sostenga al bebé sobre su regazo o póngalo de espaldas. Coloque su dedo índice en la mano del bebé. El bebé probablemente sujetará su dedo ya que esto es un reflejo natural. Mientras el bebé sujeta su dedo, haga contacto visual. Sonría y hablé con un tono de voz distinto. Cuando los bebés se entusiasmen más con el cuerpo, entusiásmese usted también. Establezca una conexión todo el tiempo que le permita el bebé.

⠿ Bebés de 6 a 12 meses

Objetivo del desarrollo: Distinguir tonos de voz y emociones

Haga un repaso del día en una canción. Invente una canción que hable sobre lo que ocurrió durante el día. Cante sobre actividades como levantarse, vestirse, desayunar, venir a cuidado infantil, etc. También puede cantar sobre las personas que hay en la vida de los bebés durante el día. Puede cantar sobre los otros niños del programa, un miembro de la casa que participa o ayuda o las mascotas. Cante las canciones y pídale a los bebés que participen en la canción. Es muy divertido personalizar el tema de la canción y que los bebés se den cuenta que está cantando sobre ellos.

⠿ Bebés de 6 a 12 meses

Objetivo del desarrollo: Jugar con adultos y niños más grandes

Los bebés están comenzando a establecer conexiones entre palabras sencillas y acciones. Use palabras para nombrar conceptos y sentimientos siempre que sea posible. Escriba palabras de conceptos en tarjetas de 7 x 12 cm (3 x 5 pulgadas) como *triste*, *contento*, *compartir* y *amabilidad*. Pídales a los niños más grandes que seleccionen una tarjeta y representen lo que dicen. Guíe a los bebés para que observen lo que hacen los niños más grandes. Diga frecuentemente cada palabra y vincúlela con la acción.

⠿ Bebés de 12 a 18 meses

Objetivo del desarrollo: Disfrutar del juego paralelo

Busque una caja grande. Dibuje y corte una puerta que sea suficientemente grande para que los niños puedan entrar y salir con facilidad. Si desea que la puerta se abra y se cierre, deje sin cortar el lado izquierdo de la puerta. Puede hacer una manija con un carretel sujetado con un perno largo que pase a través del carretel y del cartón, que esté fijado con una tuerca.

Coloque cinta de enmascarar sobre los bordes irregulares. Dibuje y corte dos o más ventanas y pídales a los niños que ayuden a decorar el exterior de la casa con marcadores de fieltro.

Invítelos a entrar en la casa. Enséñeles los nombres de las distintas partes de la casa: *puerta*, *ventana*, *techo*, *pared*, *manija*, etc. Cuando estén familiarizados con la casa, les encantará entrar y salir. Use las palabras *adentro*, *afuera*, *abierto* y *cerrado*. Los bebés pueden comenzar a llevar y traer objetos de la nueva casa ya que a los niños de esa edad les gusta mover objetos de lugar.

▦ Bebés de 12 a 18 meses

Objetivo del desarrollo: Comenzar a imitar

Los libros son una parte importante del desarrollo social y emocional. Seleccione libros que tengan cuentos sencillos e ilustraciones de objetos y lugares familiares. Pídales a los niños que miren los libros de a dos. Poner a los niños más grandes con los bebés más grandes es muy útil durante esta actividad. Aliéntelos a turnarse para hablar sobre las ilustraciones o inventar cuentos. Al comienzo, es probable que los niños más grandes sean los que hablen más pero con el tiempo, los niños pequeños estarán también ansiosos por demostrar sus habilidades verbales.

Desarrollo de habilidades verbales

▦ Niños pequeños y de dos años (18 a 36 meses)

Objetivo del desarrollo: Identificar y hablar sobre los sentimientos de otros

Muéstreles fotografías de rostros a los niños pequeños. Incluya una foto de cada niño. Distribuya las fotos y pídales a los niños pequeños que busquen fotografías de ellos mismos. Busque el rostro de un niño que parezca contento. Pídales a todos los niños que pongan cara de estar contentos. Continúe buscando fotografías con rostros contentos. Otro día, busqué distintos tipos de expresiones como interés o tristeza. Pídales a los niños que describan las expresiones de los rostros en las fotografías.

⠿ Niños pequeños y de dos años (18 a 36 meses)

Objetivo del desarrollo: Identificar y hablar sobre sentimientos personales

¿Puedes hacerlo tú también? es el nombre de un juego que les permite a los niños pequeños identificar sus sentimientos. Ponga cara de estar contenta o triste. Pregúntele a los niños pequeños qué significa su expresión facial. Hable con ellos para saber por qué creen que su expresión es triste o contenta. Pregúnteles que los pone tristes o contentos a ellos. Pídales que pongan cara de estar tristes o contentos. Aproveche esta actividad como oportunidad para hablar de los sentimientos. Cuando los niños pequeños estén más familiarizados con este juego, puede incluir sentimientos como enojo y sorpresa. Aliente a los niños pequeños a jugar el juego de roles. Cante una canción sobre los sentimientos usando el ritmo de «Old MacDonald». Por ejemplo:

> *Sarah a veces está triste*
> *y cuando está triste, dice*

Agregue los sonidos que le indiquen los niños pequeños. Continúe con otros sentimientos.

Desarrollo de habilidades verbales

⠿ Niños preescolares de 3 a 5 años

Objetivo del desarrollo: Jugar con niños de la misma edad

Mediante el juego de roles, los niños aprenden a jugar en forma colaborativa, mejoran sus habilidades sociales y desarrollan el control de sus impulsos mientras liberan emociones, practican las habilidades del lenguaje y se expresan en formas creativas. A continuación, encontrará algunas sugerencias para las áreas destinadas al juego de roles que les encantarán a los niños:

- tienda de comestibles
- hospital
- tienda de zapatos
- agencia de viajes
- salón de belleza

- oficina de correo
- teatro
- aeropuerto
- estación de bomberos o de policía

- escuela
- tienda de animales
- restaurante
- oficina

Niños preescolares de 3 a 5 años

Objetivo del desarrollo: Aumentar el período de atención

Recite una rima o haga un juego de manos y deje afuera una palabra.
Pídales a los niños que identifiquen la palabra que falta.

Pídales que cierren los ojos.
Use un xilófono u otro instrumento musical para hacer sonidos.
Dígales a los niños que levanten la mano cuando escuchen un sonido y que bajen la mano cuando deje de escucharlo.

Lleve a los niños a una caminata para escuchar adentro del edificio o afuera.
Cuando regresen, pídales que identifiquen todos los sonidos que escucharon.

Unidad 11

Actividades de la preparación para el aprendizaje

···

Uso de los sentidos

▥· **Bebés desde el nacimiento hasta los 6 meses**

Objetivo del desarrollo: Mostrar curiosidad mediante la exploración de los sentidos

Corte trozos de cinta de colores brillantes. Seleccione una de las cintas y cuélguela delante de los bebés, justo al alcance de sus dedos y sus brazos pero no demasiado cerca. Mantenga la cinta dentro del campo de enfoque del bebé. Hable con los bebés y aliéntelos a tratar de alcanzar el objeto. Baje la cinta para que los bebés puedan tocarla o tirar de ella. Puede volver a intentar con distintos colores y cuando los bebés maduren puede atar objetos interesantes a un extremo de la cinta.

(Recuerde que no debe dejar nunca a los niños sin supervisión cuando jueguen con cintas).

Uso de los sentidos

▥· **Niños preescolares de 3 a 5 años**

Objetivo del desarrollo: Buscar y aceptar ayuda e información

La densidad describe cuán pesado es un objeto. El agua es más densa que el aceite y esto puede verse cuando el agua se deposita debajo del aceite. A los niños les encantará participar, observar y hablar sobre esta actividad. A continuación, describiremos cómo hacer una botella de lava burbujeante:

Equipo

- botella de gaseosa de plástico que esté limpia y tenga tapa (el tamaño de 16 onzas es perfecto)
- aceite vegetal ·

- agua
- colorante para alimentos
- tableta de Alka-Seltzer

Pasos

1. Llene 3/4 de la botella con aceite vegetal.
2. Llene el resto de la botella con agua (casi hasta arriba de todo pero sin que el desborde).
3. Agregue aproximadamente 10 gotas de colorante para comida. Haga el agua de un color bastante oscuro. Señale a los niños que el colorante para comida solo colorea el agua y no el aceite.
4. Divida la tableta de Alka-Seltzer en cuatro partes.
5. Con la botella abierta, deje caer una de las partes de Alka-Seltzer dentro de la mezcla de agua y aceite. Observe lo que sucede. Cuando se detenga el burbujeo, agregue otra de las partes de Alka-Seltzer.
6. Cuando haya usado todo el Alka-Seltzer y se detenga completamente el burbujeo, tape la botella. Incline la botella hacia adelante y hacia atrás y observe cuando aparezca la onda.

Explorar el movimiento

 Bebés de 6 a 12 meses

Objetivo del desarrollo: Explorar activamente el entorno sin que importen los obstáculos

Coloque objetos para que los bebés puedan gatear sobre, por debajo y alrededor de ellos para aprender más sobre su mundo.

- Apile un grupo de almohadas sobre el piso para que el bebé pueda gatear sobre ellas bajo su supervisión, mientras lo guía con amabilidad.
- Coloque a los bebés junto a una mesa firme para que puedan gatear debajo de ella sobre una superficie limpia y seca.
- Aliente a los bebés a perseguirla alrededor de una silla.
- Gatee hacia atrás o aliente a los niños más grandes del grupo a gatear hacia atrás y observe si los bebés los imitan.
- Coloque uno de los juguetes preferidos sobre una silla baja y aliente a los bebés a gatear hasta la silla y agarrar el juguete.

Bebés de 12 a 18 meses

Objetivo del desarrollo: Mostrar creatividad utilizando objetos en formas nuevas

Seleccione varios objetos que pueda empujar el bebé. Seleccione objetos livianos como un animal de peluche, un juguete pequeño o un juguete para empujar. Comience la actividad diciendo, "Uno, dos, tres" y luego empuje uno de los juguetes. Vuelva a contar y esta vez, aliente a los bebés a empujarlos. Pregunte a los niños si hay otra forma de mover los juguetes. Si el niño es reticente, puede demostrarle cómo usar juguetes para empujar como carro para llevar los otros juguetes.

Explorar el movimiento

Niños preescolares de 3 a 5 años

Objetivo del desarrollo: Inventar nuevas finalidades para objetos

Pídales a los niños que creen un móvil con un objeto de la naturaleza. Organice una búsqueda en el exterior de palos interesantes y otros elementos como piñas y hojas coloridas. Corte varios trozo de hilo. Ate un trozo de hilo en el centro de un palo para hacer un colgador y luego ate los demás objetos para que cuelguen del palo y hacer de este modo un colgante móvil.

Niños preescolares de 3 a 5 años

Objetivo del desarrollo: Reflexionar sobre experiencias pasadas y utilizar la información en situaciones nuevas

Haga una caminata alrededor de la manzana o en un parque cercano con los niños y pídales que hablen sobre los olores, los sonidos y las cosas que ven. Anote sus observaciones y cuando regresen al programa, muestre el papel en donde los niños puedan verlo. Unos días más tarde, haga la misma caminata y pídales a los niños que vuelvan a hacer observaciones. Registre sus palabras y compare las nuevas observaciones con las hechas en la primera caminata. Pregunte a los niños qué fue igual, qué fue distinto y por qué creen que fue distinto. Antes de hacer una tercera caminata, pídales a los niños que reflexionen sobre las dos primeras caminatas y que hagan predicciones sobre sus observaciones.

Interactuar con las personas

⦂ Niños pequeños y de dos años (18 a 36 meses)

Objetivo del desarrollo: Participar en actividades nuevas y desconocidas con la ayuda de adultos de confianza

A los niños de este grupo de edades les encanta cuchichear y en general, se sienten muy orgullosos cuando pueden hacerlo. Dígale algo en el oído a uno de los niños («Aplaudamos»). Pídale al niño que le diga algo en el oído a usted. Sigan hablando en el oído uno con el otro hasta que niño se de cuenta de lo que debe hacer para bajar su tono de voz.

⦂ Niños pequeños y de dos años (18 a 36 meses)

Objetivo del desarrollo: Usar la imaginación en el juego de roles

Los accesorios juegan un papel muy importante en todo programa en donde haya niños pequeños. Los accesorios como las cestas o carros pequeños de comestibles; la comida de juguete; las cajas de alimentos vacías y limpias; las cocinas de juguete; la carpas pequeñas; los sombreros, capas y varitas alientan el juego imaginativo. El juego imaginativo permite a los niños «trepar las montañas más altas», «apagar incendios» y «ayudar a los niños enfermos», todo desde la seguridad de su sala de estar. Organice sus accesorios y trate de traer una «caja de accesorios» que sea adecuada para el cuento que está leyendo actualmente. Use su imaginación y proporcione algunas ideas para el tema del juego de roles.

Recuerde que su observación y participación son importantes. No tema hacer preguntas como por ejemplo «¿Qué pasaría si?» o «¿Me puedes contar más?»

Interactuar con los juguetes y los objetos

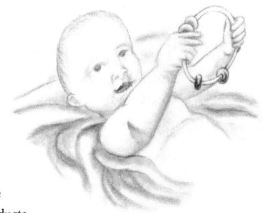

⦂ Bebés de 12 a 18 meses

Objetivo del desarrollo: Concentrarse en algunas actividades que le interesan durante varios minutos

A los bebés activos les gusta sacar libros de la caja de libros o de un estante. Posiblemente miren un libro durante pocos segundos y luego saquen otro. No desaliente esta conducta.

Aproveche esta oportunidad para iniciar una conversación sobre lo que está haciendo el bebé. A pesar de que el bebé no está leyendo, puede aprender vocabulario gracias a su conversación y también desarrollar la habilidad necesaria para sostener un libro y dar vuelta las páginas.

Si usted comienza a leer con este bebé sobre su regazo y el bebé trata de irse, no significa necesariamente que no le interese el cuento. Continúe la interacción siempre que el niño pueda escucharla. Si cree que la ignora, deje de hablar y vea cómo responde el niño. No fuerce a un niño de esta edad a sentarse en silencio. Incorpore movimientos y sonidos en el cuento. A los niños de este grupo de edades les encantan los platillos y tocar el tambor. Aliente este tipo de actividad en los momentos dramáticos del cuento. Dígales a los niños que usted les dará una señal cuando tengan que reproducir los sonidos.

⠿ **Bebés de 12 a 18 meses**

Objetivo del desarrollo: Tomar la iniciativa por ejemplo, para buscar juguetes perdidos

Las búsquedas del tesoro son muy divertidas para los niños de todas las edades. Estos juegos son especialmente divertidos para los bebés más grandes. Los niños pequeños se sienten fuertes cuando pueden realizar las tareas igual que los otros niños de su programa. Haga dibujos, tome fotografías o corte ilustraciones de revistas de objetos que haya en su hogar.

Coloque estos elementos a la vista de los bebés más grandes. Dele a cada niño tres tarjetas y pídale que encuentre el objeto correspondiente ilustrado en cada tarjeta. Puede hacer esta actividad con todo el grupo, haciendo tarjetas más complicadas para los niños más grandes (puede incluir palabras además de las ilustraciones).

La realización de este tipo de actividades tiene muchos beneficios. Le permite participar a todos los niños, cualquiera sea su edad. También les permite a los niños más pequeños copiar habilidades y conductas positivas de los niños más grandes. Es además una excelente forma de alentar a los niños a que se ayuden entre sí mientras participan.

Interactuar con los juguetes y los objetos

⠿ **Niños preescolares de 3 a 5 años**

Objetivo del desarrollo: Explorar intencionalmente cosas o ideas nuevas

El viento es el movimiento del aire de una zona de alta presión a otra de baja presión.

Equipo

- secador de cabello
- pelotas de tenis de mesa
- globo
- tubo de papel higiénico vacío

Pasos

1. Coloque el secador de cabello en la temperatura fría, enciéndalo y apunte al techo.
2. Coloque cuidadosamente la pelota de tenis de mesa o el tubo de papel vacío en la corriente de aire. Ayude a los niños a sostener el secador firmemente y observe cómo flota en la corriente de aire la pelota.
3. Mueva cuidadosamente el secador de cabello de izquierda a derecha y observe cómo se mueve también la pelota mientras permanece la corriente de aire.
4. Intente hacer flotar otros objetos livianos en la corriente de aire al mismo tiempo. Con el secador de cabello encendido, coloque un globo inflado sobre la pelota que flota. Posiblemente necesite colocar una moneda pequeña dentro del globo antes de inflarlo para agregarle un poco de peso.

▦ Niños preescolares de 3 a 5 años

Objetivo del desarrollo: Explorar intencionalmente cosas o ideas nuevas

Los materiales manipulativos son la base de la matemática preescolar. La exposición a estos materiales les ofrece a los niños experiencias concretas que deben tener para poder aprender. Seleccione objetos familiares que sean seguros y duraderos. Cámbielos frecuentemente para mantener el interés. Trate de seleccionar materiales que sean versátiles y que favorezcan la exploración y el autodescubrimiento. (Tenga siempre mucho cuidado con los materiales pequeños que se utilizan para contar. Asegúrese de que no estén al alcance de los niños más pequeños).

- Materiales para contar: conchas marinas, semillas, cuentas, pasta, botones, tapas de botellas, recortes de fieltro, frijoles secos, piedritas
- Materiales para la identificación de formas: bloques de unidades, cubos de colores, rompecabezas, formas texturadas, formas en 3-D, plastilina
- Materiales para la medición: reloj de tres minutos, cronómetro, regla, cinta métrica, balanza, taza para medir, cucharas, cuerda, báscula
- Materiales para el tiempo y el dinero: reloj; calendario; dinero de juguete, monedas; caja registradora

⠿ Niños preescolares de 3 a 5 años

Objetivo del desarrollo: Explorar intencionalmente cosas o ideas nuevas

Coloque los objetos o los componentes nuevos en las áreas de juego de los niños para que ellos puedan verlos y usarlos en sus actividades. Proporcionar materiales naturales para que los niños puedan usar en el área del juego de roles o en el área de bloques favorece que los niños hagan preguntas sobre ellos e incorporen los nuevos materiales en el juego. También puede proporcionarles nuevos medios y materiales para las actividades artísticas. Pídales a los niños que dibujen o pinten sobre materiales distintos al papel y pregúnteles si prefieren pintar con pincel, con los dedos o con otros objetos que puedan encontrar en el salón de clase.

Desarrollo de habilidades verbales

⠿ Bebés desde el nacimiento hasta los 6 meses

Objetivo del desarrollo: Mostrar curiosidad mediante la exploración de los sentidos

Muchos de los educadores de la primera infancia creen que el período entre el nacimiento y los dos años es probablemente el más importante para el desarrollo del lenguaje. La lectura ayudará a los bebés a desarrollar las habilidades necesarias para hablar antes, leer antes por su cuenta y beneficiarse de un mayor vocabulario y un período de atención de más largo.

Seleccione un momento de lectura para los bebés cuando su hogar esté relativamente tranquilo y no haya sonidos que puedan distraerlos.

Seleccione si desea leer: libros de rimas, sus revistas preferidas o el periódico. Póngase cómoda en una mecedora o una silla que sea cómoda. Cuando el recién nacido abra los ojos, sosténgalo cerca suyo a entre 20 y 30 cm (8 a 12 pulgadas) para que pueda ver su rostro mientras lee. Sea expresiva tanto en sus expresiones faciales como en el tono de su voz.

Lea durante pocos minutos por lo menos dos veces por día, cuando los bebés estén alertas y hayan sido alimentados. También puede continuar leyéndoles cuando se hayan quedado dormidos. Puede incluir a los demás niños de su programa leyéndoles a todos mientras sostiene al bebé.

Bebés de 6 a 12 meses

Objetivo del desarrollo: Buscar intencionalmente objetos de su interés y sujetarlos

Invite a los niños a seleccionar un libro de una colección pequeña de libros con ilustraciones brillantes y coloridas, palabras que riman o sonidos repetidos. Si sostiene a los bebés sentados sobre su regazo les ayudará a ver las páginas.

Haga preguntas y dramatizaciones para captar la atención de los bebés. Lea con voz expresiva, usando efectos de sonido para los animales, vehículos y acciones. Para aprovechar y aumentar la interactividad social, haga una pausa mientras lee y responde al balbuceo. Recuerde siempre que debe hacer contacto visual.

Si está leyendo un libro táctil (¡un maravilloso instrumento de aprendizaje!), ayude a los bebés a tocar las distintas texturas en cada página. Si está leyendo un libro que trata sobre las distintas rutinas como el baño o la alimentación, hable sobre sus propias rutinas con los bebés.

Los bebés de este grupo de edades son incansables. Use libros duraderos para leerles a los bebés de modo que si alguno de ellos sujeta el libro mientras usted lee pueda permitirle sostenerlo mientras lee otro libro.

Desarrollo de habilidades verbales

Niños pequeños y de dos años (18 a 36 meses)

Objetivo del desarrollo: Completar tareas siguiendo algunas instrucciones

Pídales a los niños pequeños que sigan instrucciones sencillas de uno o dos pasos cuando se preparen para actividades o para hacer rutinas diarias sencillas. Estas instrucciones sencillas pueden incluir actividades como prepararse para las actividades grupales de la mañana, reunir los materiales, prepararse para el almuerzo o limpiar después del refrigerio. Pídales a los niños pequeños que repitan sus instrucciones para ayudarles a recordar lo que deben hacer.

Recuerde que debe hablar claramente, hacer contacto visual y ser paciente. A medida que los niños se acostumbren a sus instrucciones diarias, mejorará su retención y usted descubrirá que sus instrucciones de un paso pueden extenderse a instrucciones de dos o tres pasos. Es importante que recuerde que esto es un proceso y no una carrera. Los niños aprenden escuchando y haciendo. Puede apoyar estos principios comunicando sus expectativas claramente, con paciencia y estando preparada para avanzar a partir de cada pequeño paso.

Desarrollo de habilidades verbales

⠿ Niños preescolares de 3 a 5 años

Objetivo del desarrollo: Ofrecer ideas y sugerencias

Cuando desarrolla su plan semanal o su calendario diario de actividades es una gran idea incluir a los niños en su planificación. Al establecer sus objetivos, usted está determinando lo que desea que aprendan los niños.

Pregúnteles a los niños qué desean aprender. Le sorprenderá las respuestas que recibirá. Cuando seleccione los materiales para las actividades y objetivos, aliente a los niños a decirle qué materiales desearían usar en una actividad. Aliente a los niños a cambiar las reglas del juego o permítales cambiar el objetivo de una actividad cuando sea adecuado. Dígales a los niños que usted respeta sus opiniones y pídales que le den nuevas ideas para los viejos juegos.

⠿ Niños preescolares de 3 a 5 años

Objetivo del desarrollo: Crear historias, imaginar y describir cosas o situaciones que no existen

Invite a los niños a ayudarla a inventar un cuento. Túrnense para contar la siguiente parte de un cuento. Esto puede hacerse con un grupo de niños o solo con uno.

Otra forma de hacer esto es compartir una historia con los niños (ya sea verdadera o inventada) y pedirles luego que compartan una historia a cambio.

Sección

3

Su programa y las prácticas

La primera parte del programa cubre el desarrollo infantil y el cuidado de buena calidad para los niños. La segunda parte incluye las actividades. Esta tercera parte completa el programa proporcionando una introducción a una variedad de temas que son esenciales para el cuidado de buena calidad. Las operaciones y selecciones diarias que hace afectan la calidad del cuidado. En las páginas a continuación encontrará información que le resultará muy útil y las respuestas a preguntas que puede haberse hecho.

Ejemplos de horarios diarios

Bebés

Hora de llegada: La proveedora debe estar preparada para cargar a los bebés a la hora de llegada.

Momento para estar sobre la pancita: Coloque a los bebés sobre una manta con algunos juguetes suaves durante la hora del círculo o del grupo.

Alimentación: La proveedora debe cargar siempre a los bebés durante la alimentación.

Cambio de pañal: Use este momento para conversar, jugar juegos como picabú y establecer contacto visual.

Hora de la siesta: Preste atención a las señales que le den los bebés para indicar que están cansados.

Hora de sentarse: Use los asientos para bebés o las sillas altas y deje que los bebés sujeten o manipulen juguetes sobre la bandeja.

Tiempo en el exterior: La proveedora debe incluir a los bebés en las actividades que se realicen en el exterior.

Cambio de pañales

Alimentación

Oportunidad para jugar: Seleccione una actividad del programa para guiar el juego de los bebés.

Cambio de pañales

Alimentación

Hora de la siesta, si es necesario

Oportunidad para jugar

Partida: La proveedora debe recibir siempre a los miembros de la familia, darles información sobre el día del bebé y decirle adiós a los bebés.

Niños pequeños y de dos años

Hora de llegada: La proveedora debe recibir siempre a los miembros de la familia y a los niños.

Juego libre: Coloque bloques, juegos de rol y juegos manipulativos para que los niños puedan seleccionar.

Lavado de manos: Hable sobre cómo y por qué todos debemos lavarnos las manos.

Desayuno: Siéntese y hable con los niños mientras come.

Baño: Incluya el lavado de los dientes.

Oportunidad para jugar: Seleccione una actividad del programa para guiar el tiempo de juego de los niños. Además, proporcióneles plastilina, papel y lápices de cera, rompecabezas, etc., para que experimenten y sean creativos.

Hora del cuento: Léales los libros favoritos y presente cuentos nuevos.

Baño: Permita que los niños tengan tanta independencia como puedan.

Tiempo en el exterior: Hable sobre ciencia y matemáticas durante el juego en el exterior mediante la recolección de hojas, la observación de la formación de nubes, contar cuántas veces rebota la pelota, etc.

Lavado de manos

Almuerzo

Baño: Incluya el lavado de los dientes.

Hora de la siesta

Actividad: Después de la siesta es un momento ideal para seleccionar una actividad física del programa.

Juego libre: Asegúrese de que haya suficientes materiales disponibles para que los niños pequeños no tengan que esperar mucho tiempo.

Tiempo en el exterior

Baño

Hora del cuento: Seleccione un cuento que les permita a los niños actuar los papeles del cuento.

Partida: La proveedora debe recibir siempre a los miembros de la familia, darles información sobre el día del niño y decirles adiós a los niños.

Niños preescolares

Hora de llegada: La proveedora debe recibir siempre a los miembros de la familia y a los niños.

Juego libre: Coloque bloques, juegos de rol y juegos manipulativos para que los niños puedan seleccionar.

Lavado de manos: Hable sobre cómo y por qué todos debemos lavarnos las manos.

Desayuno: Incluya tanto conversación como tareas asignadas, por ejemplo la preparación de la mesa, la limpieza, etc.

Hora del grupo: Este momento puede usarse para presentar su horario diario y cualquier otra actividad que le permita integrar a todos los niños del grupo.

Tiempo de actividad: Seleccione actividades del programa. Este período puede incluir actividades artísticas, juegos de roles, actividades para el desarrollo de la motricidad fina, relato de cuentos, música, arena y agua, ciencia y descubrimiento y otras actividades como cocinar.

Limpieza: Convierta el momento de la limpieza en una actividad divertida cantando y jugando juegos de palabras.

Actividad en el exterior: El momento en el exterior puede incluir juego libre o actividades planificadas por ejemplo, juegos que desarrollen la motricidad gruesa.

Baño

Almuerzo

Limpieza

Baño

Siesta o momento tranquilo

Refrigerios

Hora del grupo: Incluya cuentos, juegos de roles, música y conversaciones sobre el día.

Partida: La proveedora debe recibir siempre a los miembros de la familia, darles información sobre las novedades del día y decirles adiós a los niños.

Guiar la conducta de los niños

La comunicación con la familia es esencial cuando está creando estrategias para guiar la conducta. Usted debe saber qué tipo de guía de la conducta utiliza cada familia en el hogar. Cuando la mala conducta se convierte en algo crónico, por ejemplo morder, usted y la familia del niño deben responder en forma coherente.

Hablar sobre la mala conducta del niño con la familia puede ser complicado. A continuación, encontrará algunas recomendaciones que le serán de utilidad cuando se prepare para hablar de temas complicados con la familia:

- Practique. Piense en lo que desea decir antes de decirlo.

- Documente las conductas que le causan preocupación. Esto ayuda a presentar una cronología organizada de eventos.

- Durante la entrevista previa a la inscripción con las familias, hable sobre los métodos para lidiar con conductas específicas. Pregunte cómo lidia la familia con problemas de conducta en el hogar.

- Recuerde que las dos respuestas más comunes de las familias cuando se confronta con la mala conducta de los niños son «Él nunca hace eso en casa» y «¿Dónde estaba usted cuando ella hizo eso?»

- Esté preparada para responder en forma profesional. Si es verdad que el niño tiene conductas en el cuidado infantil en el hogar que no exhibe en la casa, ¿por qué sucede eso? «¿Dónde estaba usted?» es una pregunta válida. Si un niño se lastima constantemente a sí mismo o a otros niños o entorpece las actividades mientras está bajo su cuidado, es necesario que usted examine su papel y piense qué podría hacer mejor para apoyar a este niño.

A continuación encontrará algunas estrategias de disciplina comunes con sugerencias sobre cómo guiar la conducta de un niño sin utilizar medidas represivas.

Consecuencias naturales

Comprender las consecuencias naturales ayuda a los niños pequeños a establecer conexiones entre su conducta y el modo en que ella afecta a las personas que los rodean. La consecuencia natural de un niño que se rehúsa a comer un refrigerio es que tendrá hambre a la cena. Por lo tanto, no todas las consecuencias naturales son negativas. Muchas consecuencias, como las del ejemplo, ayudan a los niños a comprender de qué modo los afectan sus elecciones. Otras veces, las consecuencias naturales involucran a otras personas. En esos casos, los niños aprenden que el modo en que las personas responden a ellos se relaciona frecuentemente en forma directa con su propia conducta. Cuando responda a la conducta de un niño, es importante que permanezca calmada y mantenga un tono de voz moderado mientras le deja saber al niño que no está satisfecha con la conducta. Concentre sus comentarios en la conducta, no en el niño.

Distracción

Para los niños de menos de tres años, la distracción es la técnica que se utiliza, con más frecuencia para redirigir la conducta. En un grupo de niños de varias edades, los más pequeños frecuentemente tratan de acaparar la atención y desean participar pero no saben cómo. Su conducta puede alterar las actividades de los niños más grandes. Cuando planifica actividades para los niños más grandes, asegúrese de que los niños más pequeños estén participando en actividades que sean adecuadas para su edad. Recuerde que usted tiene la obligación de proporcionar un programa para todas las edades y habilidades de los niños en su programa. Distraer a los niños pequeños con una redirección positiva, lo cual incluye una variedad de actividades o juguetes alternativos, puede ser una forma efectiva de lidiar con la conducta entorpecedora.

Contacto visual conocido también como «la mirada»

Muchas proveedoras han descubierto que cuando miran directamente a los niños que se portan mal, ellos abandonan la conducta negativa. Sin embargo, el objetivo no es que ellos le tengan miedo. Por el contrario, si usted utiliza el contacto visual en forma adecuada, los niños de su programa responderán en forma positiva. Cuando ellos saben que están haciendo algo que no deben hacer, no desean que se dé cuenta la persona a quien ellos desean complacer más.

Penitencias

Las penitencias deben ser usadas con moderación y nunca con niños de menos de tres años. La cantidad de tiempo que los niños permanecen sentados durante una penitencia no debe ser superior a su edad en minutos. Usted debe poder ver siempre a los niños durante la penitencia. Ellos no deben ser nunca humillados o ridiculizados, por ejemplo cuando se los coloca en una esquina de cara a la pared. Si las penitencias se usan con mucha frecuencia, muy pronto pierden su efectividad. Por ejemplo, tenga en cuenta que ya no sería eficaz si el niño comienza a actuar en forma negativa y antes de que la proveedora pueda decir nada, sonríe y camina hacia la silla de la penitencia para sentarse.

"Dilo"

Verbalizar los sentimientos es una habilidad muy valiosa para que desarrollen los niños pequeños. Para desarrollar esta habilidad, ellos necesitan entrenamiento repetido. Usted deberá recordarles con frecuencia que deben «usar sus palabras» y deberá proporcionarle las palabras que deben usar hasta que aprendan a hacerlo solos. Cuando se frustran, el resultado puede ser frecuentemente un golpe o una mordida. Antes de que alguien salga lastimado, pídale al niño frustrado que diga, «Estoy enojado contigo porque me sacaste el juguete y debes devolvérmelo», por ejemplo. Frecuentemente, los niños más grandes no les darán a los niños más pequeños la oportunidad de expresarse a sí mismos. Usted puede mostrar un ejemplo de la conducta adecuada demostrando paciencia y buenas habilidades de comunicación y dedicando tiempo a escuchar lo que tienen que decir los niños pequeños, sin importar cuánto tiempo le lleve.

Contacto físico

Algunos niños y proveedoras están más abiertos al contacto físico que otros. Respete siempre las preferencias y el espacio personales en el contacto con los niños. El contacto físico afectuoso con los niños generalmente produce respuestas positivas que pueden ayudarlos a atravesar momentos difíciles. Por ejemplo, guiar físicamente a los niños hasta la mesa para un refrigerio; tomar gentilmente sus manos para recoger bloques y colocarlos en un cesto; acariciar suavemente sus espaldas cuando están tensos o enojados. Nunca castigue físicamente a un niño.

A continuación, encontrará algunas sugerencias para responder a los problemas de conducta más comunes en el cuidado infantil en el hogar:

Lenguaje inapropiado

Cuando los niños utilizan palabras inapropiadas, dígales que usted y los otros niños no desean escuchar esas palabras. Dígales que nadie tiene permitido usar esas palabras en su hogar. Asegúrese de que comprendan que el lenguaje inapropiado es inapropiado para todos. Recuerde que no debe usar lenguaje inapropiado en presencia de los niños y asegúrese de que los miembros de su familia conozcan sus expectativas.

Berrinches

Cuando los niños tengan berrinches, retírelos del grupo. Llévelos a un área visible y segura de su hogar, en donde no puedan lastimarse a sí mismos. Présteles mínima atención. No intente mantener una conversación con ellos cuando estén en el medio de un berrinche. Cuando se calmen, acaríceles la espalda y hable sobre lo sucedido. Aliéntelos para que usen las palabras y deles otras opciones para expresar sus sentimientos. Jugar con agua, golpear masa de sal y correr afuera son todas excelentes formas de deshacerse del enojo.

Morder

Cuando el niño muerda, sepárelo del resto y dígale firmemente que cuando muerde lastima a los demás y que no está permitido hacer eso. Morder es grave. Este tipo de conducta lleva a muchas familias a presentar quejas sobre los entornos de cuidado infantil. Si hay niños en su programa que han comenzado a morder, es muy importante que los supervise en forma directa. Su capacidad de intervenir rápidamente puede evitar lesiones graves. Aliéntelos siempre a usar las palabras. Sugiérales palabras cuando los niños no sepan qué decir. Mire a su entorno. ¿Hay suficientes juguetes y materiales para todos? ¿Cuánto tiempo tienen que esperar los niños su turno? ¿Participa usted en las actividades de los niños? ¿Está usted disponible para ellos de modo que cuando comiencen a sentirse frustrados pueda escucharlos y ayudarlos?

Agresión física

Cuando los niños golpean o patean, dígales que comprende su enojo pero que no pueden golpear o patear porque lastiman a los demás. Puede resultarle útil tener disponible una almohada que se use solo para patear. Una de las mejores formas de evitar conductas que pueden lastimar a otros es mantener a los niños ocupados en actividades que desarrollan la motricidad gruesa y deles muchas oportunidades para liberar físicamente sus emociones. No podemos dejar de destacar que la participación directa es muy importante en estos casos. Es menos probable que los niños tengan conductas agresivas si usted interactúa constantemente con ellos.

Falta de participación

Cuando los niños no desean participar en una actividad grupal, pregúntese si sus actividades son interesantes y apropiadas para el desarrollo. ¿Cuál es el objetivo de la actividad? ¿Hay otras formas de lograr el objetivo que puedan ser más adecuadas para la edad y la participación de los niños? Durante las actividades en grupo, invite a los niños que no participan a sentarse junto a usted, acaricie sus espaldas, deles algo para sostener o para hacer y agradézcales su participación.

Si los niños no participan porque son tímidos, no los fuerce a hacer algo que no desean hacer. Sea paciente y concéntrese en sus conductas positivas. Ofrézcales actividades y objetos que les interesen. Converse con ellos y deles mucho apoyo. Con frecuencia, cuando los niños son nuevos en el programa, tardan más en participar. Antes de que el nuevo niño participe en el grupo, hable con los demás niños sobre cómo ayudarlo para que se sienta bienvenido.

Lloriqueo

Cuando los niños lloriquean, présteles la menor cantidad posible de atención. Dígales que no comprende lo que le dicen si no hablan con claridad. En algunos casos, los niños lloriquean porque no se sienten bien. Asegúrese de conocer cualquier posible problema de salud que pueda afectarlos. En ocasiones, los niños lloriquean porque se sienten separados de los demás niños en el grupo. Intente incluir a todos de formas que les permitan sentirse confiados y exitosos.

Chismear

Cuando a los niños le gusta chismear, ignore esta conducta todo lo que pueda. En los grupos de cuidado infantil en el hogar, el chisme es como un virus. Si un niño logra captar la atención gracias al chisme, todos lo demás niños intentarán hacer lo mismo. Deles a los niños atención especial por todas las conductas positivas que tengan.

Hábitos nerviosos

Cuando los niños se chupan los dedos o exhiben otros hábitos nerviosos, trate de identificar qué es lo que realmente sucede. Trate de determinar por qué están preocupados o estresados. Buscarle una distracción puede ser muy útil—busque algo divertido para que hagan o dele al niño algo para sostener o mantener sus manos ocupadas.

Nota sobre la preparación para la escuela

Uno de los aspectos únicos del cuidado infantil en el hogar es la oportunidad de que los niños participen en su programa desde que son bebés hasta el jardín de infantes. ¡Este tipo de continuidad en el cuidado representa excelentes oportunidades! Cuando una proveedora incorpora objetivos del programa, los pone en práctica con cada grupo de edades y evalúa periódicamente la efectividad del programa, los niños se benefician.

Las oportunidades de aprendizaje comienzan desde el nacimiento. Cuando los padres y las proveedoras aprovechan todas estas oportunidades de un crecimiento y un desarrollo saludables, la preparación para la escuela es meramente una progresión natural. Por ejemplo, si los niños pequeños tienen muchas oportunidades de desarrollar las habilidades que utilizan la motricidad fina sosteniendo y usando lápices, cuando lleguen a la edad preescolar, no deberían tener problemas para escribir. Si los niños pequeños están expuestos a libros y al reconocimiento de sonidos, ya se han establecido las bases para la lectura.

Las proveedoras que tienen a niños preescolares en sus programas tienen la responsabilidad especial de lograr que la transición del cuidado infantil a la escuela sea tan sencilla y exitosa como sea posible. La mayoría de las escuelas han establecido algunos requisitos básicos para ingresar a los programas de jardín de infantes. Conozca los requisitos vigentes en su área. Visite una clase de jardín de infantes cercana y hable con la maestra. Hable sobre las capacidades y las características que las maestras consideran más útiles para los niños que ingresan a la escuela. Hable con los padres sobre los objetivos y expectativas que tienen con respecto al niño. Establezca una buena comunicación entre usted y la comunidad de educación infantil en su área.

En la preparación de los preescolares, tenga en cuenta todas las habilidades necesarias para que los niños pequeños puedan hacer una buena transición:

- Aliente a los niños de su programa a querer aprender e ir a la escuela.
- Léales diariamente en voz alta. Esto les da la oportunidad de aprender sobre el lenguaje, disfrutar el sonido de su voz y estar cerca suyo.
- Establezca altos estándares y aliente a los niños a probar nuevas cosas sin intimidarlos ni subestimar sus miedos.
- Escuche a los niños de su programa para saber lo que piensan, lo que saben y lo que no saben y cómo creen ellos que aprenden.
- Proporcióneles alimentos nutritivos, lugares seguros para aprender y un calendario diario de actividades.

- Muéstreles a los niños cómo llevarse bien con los demás, compartir y esperar su turno.
- Sea usted misma un buen ejemplo para los niños de su programa.
- Ayude a los niños a sentirse bien consigo mismos y demuéstreles que pueden tener éxito.

Sea generosa con su apoyo y su aliento. Agradézcales siempre a los niños sus esfuerzos.

Importancia del juego

Es fácil cometer el error de desestimar el juego de los niños como algo sin trascendencia. Frecuentemente usamos el término *juego de niños* para describir algo que es fácil o trivial. Cualquiera que ha pasado tiempo con niños pequeños se da cuenta rápidamente de que esto no es verdad. Cuando los niños pequeños están jugando, están trabajando. El juego es el trabajo de los niños. Los niños exploran y ponen en práctica nuevos roles en el juego. Aprenden sobre una gran variedad de materiales, adquieren habilidades sociales y aprenden a arreglárselas. Aprenden cómo y cuándo poner en práctica sus fantasías. El juego les ayuda a los niños a demostrar activamente lo que sienten y a pensar en todas las partes de sus vidas. Los niños se toman el juego muy en serio y las oportunidades para distintos tipos de juegos son necesarias en todo entorno de cuidado infantil en el hogar de buena calidad.

Cuando cree un calendario diario de actividades que funcione efectivamente, debe tener en cuenta los distintos tipos de juegos. Los niños, al igual que los adultos, necesitan tener tiempo para relajarse. Algunos tipos de juegos les proporcionan esa oportunidad. Dejar que los niños tengan tiempo para participar en el juego, tanto independientemente como en colaboración, sin las estructuras ni las expectativas de los adultos, es un componente necesario de un calendario diario de actividades para niños pequeños. Obviamente, también es posible tener demasiado tiempo no estructurado. Esto puede ser un problema en los programas en donde hay poca planificación previa o no se presta demasiada atención al programa. Los niños le dejarán saber si ese es el caso, haciendo demasiado ruido, estando muy alterados o demasiado retraídos. La comprensión de los temperamentos y preferencias individuales le ayudará a asignar la cantidad adecuada de juego libre.

El juego permite que los niños repasen eventos que pueden ser difíciles o producirles ansiedad. Usted puede proponer tipos de juegos que preparen a los niños para eventos con los cuales pueden sentirse incómodos. Por ejemplo, jugar al hospital, visitar el consultorio de un médico o mudarse de una casa a otra les proporciona a los niños las oportunidades de enfrentar sus temores a las lesiones o al cambio en un entorno protegido.

El juego físico, como pasar una pelota, favorece el desarrollo de la motricidad gruesa y fina. Los juegos como picabú o las escondidas les ayudan a los niños pequeños a estar seguros de que algo puede desaparecer y volver a aparecer.

La actuación es una parte muy importante del juego de los niños pequeños. Los niños pequeños pueden sentirse grandes y en control. Pueden adoptar roles que no tienen generalmente a su disposición y distintas personalidades y estrategias para llamar la atención. La actuación les permite a los niños aprender a lidiar con los sentimientos que tienen sobre el mundo que los rodea.

Si observa de cerca a los niños cuando juegan, notará que pueden ser muy creativos. Cuando los niños se encuentran en un entorno propicio, con los materiales y las herramientas adecuados, generalmente utilizan el juego para crear experiencias de aprendizaje positivas. Cuando hable con las familias de los niños, debe destacar el hecho de incluir oportunidades para que los niños jueguen durante todo el día. Explique cuántas de las oportunidades de enseñanza en su calendario tienen como finalidad promover el aprendizaje mediante juegos y el juego interactivo.

El poder del arte

¿Por qué es el arte importante en un programa de la primera infancia? Primero que nada, a los niños pequeños les encanta. Frecuentemente les fascina descubrir que las cosas que sienten, perciben con los sentidos o desean expresar pueden hacerse visibles con lápices de cera y papel. A los bebés les encanta darse cuenta que las distintas marcas que hay en el papel existen gracias a ellos. El arte puede mejorar el crecimiento tanto intelectual como emocional en los niños pequeños. Además, la manipulación de un lápiz de cera o un pincel y sumergir los pequeños deditos en pintura y hacer marcas en el papel favorece el desarrollo físico.

El arte es importante porque les permite a los niños comprender que las personas piensan y sienten distinto sobre las mismas cosas y que esas diferencias son todas aceptables. Asegúrese de que los niños comprendan que no hay una única forma de hacer arte. Un niño puede creer que pintar una manzana de azul es apropiado. Al alentar al niño que pintó la manzana azul, está reforzando el concepto de tolerancia de las distintas ideas e interpretaciones.

El arte es importante porque aumenta el conocimiento del niño sobre la riqueza de su entorno. El arte les permite ser más conscientes de los colores, las texturas, las figuras y las formas.

El arte también es importante porque ayuda a los niños a expresar sus sentimientos sin tener que preocuparse por ser juzgados, como sucedería en una conversación. Aliente a los niños pequeños a dibujar, a hablar sobre las cosas que les parecen importantes a ellos emocionalmente. Con frecuencia, lo que parece ser un dibujo sencillo y de rutina les da a los niños pequeños una enorme satisfacción. El arte puede ser una forma saludable de liberar las emociones para los niños que se sienten tensos o enojados. Los niños que se pintan a sí mismos como superhéroes o jefe de bomberos están experimentando una sana realización personal. El arte favorece el pensamiento en formas originales en los niños. Por ejemplo, la pregunta «¿cómo sería el mundo para un gigante?» induce a los niños a responder en formas creativas.

Cuando piense en los desarrollos positivos que pueden ocurrir como resultado de incluir oportunidades artísticas en el entorno de cuidado infantil en el hogar, tenga en cuenta lo siguiente:

- La originalidad de las ideas. Evite decirles a los niños lo que deben dibujar.
- La independencia. Tenga disponibles todos los materiales de modo que los niños puedan usarlos fácil e independientemente cuando sea adecuado.
- La confianza en sus propias capacidades. ¡Aliento, aliento, aliento!
- La libertad para expresar personalmente ideas y sentimientos significativos. Trate de no imponer su juicio o sistema de valores en el trabajo de los niños.
- La aceptación de sí mismo como persona única y valiosa. Reconozca todo intento.
- La aclaración de ideas y conceptos. Use el arte como una oportunidad para la conversación.

Leer con los niños

Algunos antiguos dichos transmiten conceptos muy contraproducentes cuando el objetivo es ayudar a los bebés y a los niños pequeños a desarrollar las capacidades literarias adecuadas. Los viejos dichos como «A los niños se los ha ver pero no oír» o «El silencio es oro» no deberían tener cabida en ningún entorno de cuidado infantil de buena calidad. Lamentablemente, cuando nos encontramos con un niño de cuatro años que se siente cómodo con su capacidad de comunicación y utiliza un extenso vocabulario, frecuentemente se escucha describir a este niño como precoz. La insinuación subyacente es que todo niño pequeño que habla con comodidad y bien es el resultado de una lotería genética aleatoria. El niño que exhibe un entusiasmo por la lectura se considera de alguna forma una excepción, en vez de la regla.

Hoy en día, es más probable que el niño que se comunica con facilidad y está entusiasmado por descubrir el contenido de los libros se haya beneficiado de interacciones positivas y enriquecedoras con los adultos que lo cuidaban. Su interacción positiva con los niños tiene un papel muy importante en el área de la lectura temprana.

Cuando les presente el equipo, los materiales o las actividades es importante que se pregunte a usted misma qué desea lograr. Si su respuesta honesta es que desea encontrar formas de mantener a los niños tranquilos y sin problemas, probablemente se esté perdiendo muchas oportunidades. Para que los niños puedan beneficiarse del cuidado infantil, necesitan estar expuestos a adultos que estén comprometidos a estar presentes. Esto significa que su papel requiere que sea activa y que participe y no que adopte una actitud pasiva y desinteresada.

La capacidad de comprender la palabra escrita es una habilidad muy importante para que los niños aprendan. Generalmente, los programas para la primera infancia no están diseñados para enseñarles a leer a los niños. Más bien, los preparan para aprender a leer.

Su programa debe incluir el reconocimiento de las letras y los sonidos como así también la amplia exposición a libros y a otros tipos de materiales de lectura. Tenga libros, revistas y papeles alrededor en su hogar. Muéstreles a los niños de su programa que a usted le gusta leer. Los niños pequeños imitan lo que ven. Cuanto más pueda mostrarles que la lectura es una actividad preferible a mirar televisión por ejemplo, más valorarán los niños de su programa la capacidad de leer. Si es posible, use frecuentemente su biblioteca más cercana. La mayoría de las bibliotecas han incorporado programas muy creativos para los niños pequeños.

Demuéstreles de qué forma la lectura es una función necesaria en la vida. No limite su lectura en voz alta a libros para niños; leales las etiquetas de las latas, las instrucciones de los mapas y el texto que se encuentra en la parte de atrás de las cajas de cereales. Cuando esté en el exterior, puede leerles carteles, buzones y otro material escrito que esté a la vista.

En todas las etapas del desarrollo, hay abundantes oportunidades para presentarles la lectura a los niños. Recuerde que debe tener suficiente material de lectura para todas las edades y etapas de los niños en su programa. Su colección de material de lectura debe incluir libros para leer a los niños y libros que los niños puedan mirar en forma independiente. Cuando disponga su espacio, recuerde que los niños deben tener lugares tranquilos para leer y mirar las ilustraciones. La incorporación de los libros mejora el lenguaje, la comunicación y las habilidades cognitivas, la coordinación entre la mano y la vista y constituye la base para el pensamiento imaginativo. Si usted tiene niños de edad escolar en su programa, aliéntelos a leerles a los niños más pequeños y escúchelos leer sus cuentos favoritos. Impartir la curiosidad y el amor por la lectura y la narración a los niños pequeños es un maravilloso don. Cuando seleccione libros para los niños pequeños, tenga en cuenta las siguientes recomendaciones:

- Asegúrese de que los niños puedan manipular los libros. Los libros que están hechos de materiales pesados y resistentes como los que se imprimen en cartón son muy útiles para los bebés y los niños pequeños.
- Los libros deben tener ilustraciones grandes y claras que ayuden a captar la atención de los niños.
- Los libros deben relatar cuentos agradables y atractivos. Examine cuidadosamente los libros para comprobar que no contengan ilustraciones que puedan atemorizar o asustar a los niños pequeños.
- Los libros que tienen muchas imágenes de objetos familiares apoyan el desarrollo del lenguaje. Use las ilustraciones para expandir el vocabulario de los niños.

Los bebés y los niños pequeños pueden ser accidentalmente destructivos en su experimentación. Por eso, le recomendamos que haga libros coloridos y resistentes a los cuales los niños puedan tener siempre acceso y que puedan ser fácilmente manipulados. Seleccione materiales que sean resistentes y no tóxicos para las páginas. Seleccione imágenes que sean coloridas y sencillas y péguelas en las páginas de los libros. Incluir fotografías de su entorno de cuidado infantil es siempre muy divertido. Use una perforadora para las páginas y la tapa y átelas con hilo de colores brillantes. Los niños más grandes de su programa pueden ayudar a hacer los libros para ellos y para los niños más pequeños. Asegúrese de que los libros puedan ser sostenidos fácilmente por las manos pequeñas de los niños.

Los niños que son escuchados y a los cuales se les transmite el sentimiento de que lo que tienen que decir es valioso, se sentirán probablemente más relajados y confiados cuando aprendan a expresarse. Aliente a los niños a participar cuando les lea. Haga preguntas sobre el cuento o los personajes. Haga preguntas sobre cómo se sintieron los niños con el cuento. Esté preparada para tener que detener la lectura y escuchar comentarios o preguntas sobre el cuento o las ilustraciones. Durante la lectura, recuerde siempre que el objetivo no es simplemente contar un cuento sino alentar a los niños a participar en esta importante actividad.

Las actividades que ayudan a los niños a recordar información verbal promueven la alfabetización temprana. Pídales a los niños pequeños que sigan instrucciones sencillas cuando se preparen para actividades o para hacer rutinas diarias que sean sencillas. Algunos ejemplos incluyen la preparación para el tiempo grupal o la limpieza después de una actividad o refrigerio.

Presentación de las matemáticas

A pesar de que muchas de las actividades matemáticas incluidas en la unidad cognitiva están diseñadas para preescolares, la exposición a las matemáticas es beneficiosa para todos los niños del programa. La mayoría de lo que los niños pequeños aprenden de matemáticas no es de libros de ejercicios o tarjetas de instrucción sino del uso que hace usted del vocabulario matemático durante el juego y las actividades diarias. Cuando los niños prepara la mesa para comer, está estableciendo correspondencias; cuando juegan con bloques, están experimentando con distintas formas y cuando pueden reconocer mirando el reloj que es la hora de ir a jugar afuera, están reconociendo el tiempo. Todas esas maravillosas canciones que les canta como «Los cinco monitos», les ayudan a aprender a contar. En un programa bien organizado, los niños usan la matemática y la aprenden en forma natural.

La exposición a las matemáticas debe ser secuencial. Los primeros pasos deben ser concretos. Esto significa que los niños necesitan materiales reales para trabajar y manipular. Los niños pequeños necesitan ver, tocar y hablar sobre lo que piensan. Cinco manzanas rojas sobre la mesa, tres bloques coloridos y seis lápices de cera en fila son todos ejemplos de aprendizaje concreto. Los niños pueden tocar y manipular cada objeto.

El segundo paso es visual. Puede presentarles ilustraciones o dibujos de objetos que representen conceptos. Naipes para niños, ilustraciones de globos y tarjetas con círculos coloridos son todos ejemplos de aprendizaje visual.

El tercer paso es presentarles el símbolo que representa el concepto. El número 3 junto a tres globos de colores brillantes es un ejemplo de la presentación del símbolo que corresponde a conceptos concretos o visuales.

El cuarto paso es presentar lo abstracto. En esta etapa, los niños son mentalmente capaces de comprender el concepto del símbolo (el número). Por ejemplo, el niño puede darle tres lápices de cera cuando usted pide tres lápices.

Cuando planifique actividades matemáticas, trate de seguir esta secuencia. Es importante recordar que los niños pequeños necesitarán tener experiencias variadas, repetitivas y reales con objetos concretos antes de pasar a la etapa visual y abstracta. Usted no puede y no debe forzar a los niños a aprender conceptos matemáticos pero puede proporcionarles actividades estimulantes y tiempo para experimentar, además de elogios y refuerzo.

Juego en el exterior con los bebés, los niños pequeños y los preescolares

Los niños pequeños necesitan ir al exterior diariamente. Por ejemplo, a los bebés les gusta mirar los patrones creados por el sol y sentir el césped. Hacer caminatas con un carrito para bebés es una forma adecuada de llevar aun a los niños más pequeños al exterior. Los niños más grandes también se benefician mucho yendo diariamente al exterior. La conexión con la naturaleza y la observación de los cambios en las estaciones y en el clima son experiencias invaluables. Los cochecitos, carritos y asientos para bebés pueden ser muy útiles para llevar al exterior a los grupos del programa de cuidado infantil. Algunas proveedoras usan creativamente vagones y trineos.

Algunas proveedoras encuentran motivos para no llevar a los niños al exterior y se quejan por ejemplo, de que las familias no les envían la ropa adecuada para que los niños puedan participar en actividades en el exterior. También dicen que cuando los niños están vestidos y listos para ir al exterior, alguien invariablemente necesita ir al baño y todo el largo proceso de preparación vuelve a comenzar nuevamente. La mayoría de las proveedoras con licencia están obligadas a llevar a los niños al exterior diariamente. Tener una buena organización es indispensable para poder poner en práctica este requisito.

Los niños a los que se les permite correr y jugar en el exterior pueden descargar el exceso de energía y generalmente tienen mejor apetito, descansan mejor y en la mayoría de los casos tienen una mejor disposición que los niños que se quedan adentro. Usted puede incorporar actividades creativas que incluyan la motricidad gruesa, la ciencia y actividades sensoriales como por ejemplo actividades con agua y arena y actividades artísticas que pueden ser complicadas de implementar dentro de su hogar. Mantener adentro a los niños más grandes porque usted no está preparada para llevar a los bebés que participan al exterior no es apropiado. Es importante tener buena comunicación sobre sus expectativas con toda la familia cuando inscriben a los niños. Ellos deben comprender sus normas y la obligación que tiene de llevar a todos los niños al exterior diariamente.

Su calendario diario de actividades debe incluir juegos en el exterior que sean adecuados tanto para usted como para los niños, en forma habitual. El tiempo para los refrigerios, los descansos para ir al baño y el juego en el exterior queda librado totalmente a su criterio. Aliente y proporcione una gran cantidad de oportunidades de autoayuda para desarrollar habilidades adecuadas para la edad como por ejemplo, ponerse chaquetas y suéteres. Esto le permitirá a usted concentrarse en vestir a los bebés y a los niños pequeños.

Recuerde que mucho de lo que se enseña es a través del buen ejemplo. Demuestre que disfruta de las actividades del exterior. Si los niños sienten que ir al exterior es muy molesto, debido a lo que usted demuestra o que realmente no es nada divertido ir al exterior, les está negando la posibilidad de tener maravillosas experiencias de aprendizaje que son gratuitas. Organice su calendario diario de actividades para incluir el juego en el exterior en forma positiva, aun cuando esté cuidando a un grupo diverso de niños. La sección a continuación sobre juegos grupales en el exterior se ha incluido para darle algunas ideas sobre el juego en el exterior.

Juegos grupales

Cualquiera sea el grado de estructura de su programa, los niños necesitan oportunidades diarias para hacer actividad física. Una parte del día debe ser asignada a la actividad que favorece la motricidad gruesa. Los juegos descritos a continuación fueron desarrollados para maximizar la participación y minimizar el fracaso. La participación en los juegos tiene la ventaja de que requiere la presencia de las proveedoras y les permite a los niños desarrollar una amplia variedad de habilidades complementarias.

A los niños les gustan los juegos organizados y se benefician con ellos. Mientras los niños más grandes están jugando juegos que tienen reglas, organice una actividad separada para los niños más pequeños que le permita a usted supervisar a todos los niños simultáneamente. Por ejemplo, nunca es una buena idea que estén los niños más pequeños haciendo la siesta adentro mientras usted está jugando afuera con los niños más grandes. Los bebés tal vez no puedan pueden no poder participar en juegos organizados pero pueden beneficiarse de la observación del juego de los niños más grandes. Deles a los niños pequeños la oportunidad de jugar juegos organizados cuando sea apropiado. Busque formas creativas de hacerlos participar o de adaptar el juego para permitirles a los niños pequeños jugar una versión más sencilla. Para que los juegos tengan éxito, explique de qué se trata el juego antes de que comiencen a jugar. Esto permitirá que los niños comprendan las reglas y aumentará su interés en el juego.

- Seleccione juegos que permitan integrar a la mayoría de los niños.
- Aprenda a jugar el juego antes de enseñárselos a los niños.
- Asegúrese de que los niños estén a la vista y aliente a todos los niños que puedan participar.

- Nunca es una buena idea tener a los niños pequeños de pie en el mismo lugar durante demasiado tiempo. Posiciónelos cuando estén listos para comenzar.
- Establezca los límites e identifique los peligros para la seguridad. Si está jugando en un espacio público, como un parque, asegúrese de conocer los posibles riesgos antes de jugar.
- Presente las reglas del juego en forma secuencial. Explique cada paso en voz alta y cuando sea posible, demuestre en qué consiste cada paso. Recuerde que puede modificar o simplificar los juegos para que sean divertidos para todos los niños de su programa en vez de presentar un juego que es demasiado abrumador. Al comienzo, trate de que las reglas sean sencillas. Sea breve y concisa.
- No fuerce a los niños a jugar. Logre que participen tantos niños como sea posible y, si los juegos son divertidos, verá que eventualmente querrán participar todos.

No Tocar

Objetivo del desarrollo: Este juego apoya el control que tienen los niños de su cuerpo y favorece el equilibrio y la coordinación.

Materiales: Ninguno

Juego: Cuando dé la señal de comienzo, todos los jugadores se mueven dentro de un área designada. El objetivo es tratar de moverse sin tocarse entre sí. Si un jugador toca o choca con otro jugador, los dos deben interrumpir el juego, quedarse de pie espalda contra espalda y contar hasta diez. Luego podrán regresar al juego.

Sugerencias:

- Comience en un área de juego grande y disminuya progresivamente el tamaño.
- A medida que los niños se vuelva más habilidosos y puedan moverse sin chocarse entre sí, pídales que salten o brinquen mientras juegan este juego.

El Jefe

Objetivo del desarrollo: Este juego ayuda a los niños a desarrollar la manipulación de los dedos y también la coordinación entre la mano y la vista. Es un juego divertido que estimula la imaginación.

Materiales: Un objeto que sea fácil de sostener como por ejemplo una pelota o una bolsa de tela rellena de frijoles. Evite utilizar todo objeto que pueda representar un peligro asfixia.

Juego: Pida a los niños que se sienten en un círculo. Dele a un niño el objeto que debe sostener. Cuando usted dé la señal para comenzar, pídales a los niños que pasen el objeto rápidamente alrededor del círculo sin dejarlo caer. Si dejan caer el objeto, el niño que lo dejó caer deberá levantarlo y pasarlo al siguiente niño. Cuando dé la señal para detenerse, el niño que tenga el objeto la mano es El Jefe. No es malo quedarse con el objeto porque eventualmente todos los jugadores serán El Jefe.

Sugerencias:

- La señal para comenzar y detenerse puede ser musical.
- Pídale al jugador que se quedó con el objeto en sus manos que se coloque en el medio del círculo y realice una tarea como por ejemplo, cinco saltos en tijeras.

Mezcla de Color

Objetivo del desarrollo: Mezcla de Color le ayuda a los niños a desarrollar la coordinación y aprender a identificar los colores.

Materiales: Un círculo de distinto color para cada participante—una variedad de círculos o cartulina

Preparación para el juego: Distribuya los círculos de colores formando un círculo grande. Necesitará uno para cada niño, excepto uno que quedará sin color.

Juego: Todos los jugadores menos uno se paran sobre un círculo de color. El niño que no tiene asignado color se para en el medio del círculo. Cuando usted menciona dos o más colores, los que están en esos colores deben intercambiar los lugares. Durante el intercambio, el niño que no tiene asignado un color debe tratar de llegar a un lugar de color. El jugador que se quede sin color pasa a ocupar el centro del círculo.

Sugerencias:

- Cuando los niños estén listos para el juego, diga, «¡Derramar pintura!» para que todos en el círculo busquen un nuevo lugar.
- Tenga papel para pintar o de color para hacer los círculos. Esta es una excelente forma de aumentar el reconocimiento de los colores.

Trampa de Ratón

Objetivo del desarrollo: Además de ser divertido, este juego ayuda a los niños a desarrollar agilidad.

Materiales: Ninguno

Juego: Divida a los jugadores en dos grupos. Un grupo se toma de las manos en un círculo para representar la trampa del ratón mientras que otro grupo, los ratones, se distribuye por afuera del círculo. Un jugador hace de jefe de los ratones y se pone de pie, de espaldas a la trampa. Cuando el jefe de los ratones dice, «¡Abrir!» los niños en el círculo levantan los brazos para abrir la trampa. Los ratones entonces entran y salen del círculo todas las veces que puedan. Cuando el jefe de los ratones dice, «¡Cerrar!» los niños bajan los brazos para cerrar la trampa. Todos los ratones que queden dentro de la trampa pasan a formar parte del círculo de la trampa. El grupo intercambia lugares y vuelve a comenzar.

Sugerencia: Designe un límite de tiempo o turnos para cada grupo. Cuando el tiempo se agote, felicite a todos aquellos que no fueron atrapados.

Nave Espacial

Objetivo del desarrollo: La Nave Espacial les permite a los niños correr, comenzar y detenerse cuando escuchan una señal.

Materiales: Ninguno

Juego: Distribuya a los jugadores uniformemente en un círculo de aproximadamente 5 pies de diámetro. Asigne a cada jugador el nombre de una nave espacial como *Nautilus*, *Júpiter*, *Mercurio*, *Saturno* y *Explorer*. Quédese parada en el medio del círculo. Dígales a los niños que usted representa a la Tierra. A medida que pronuncia el nombre de las naves espaciales, los niños comenzarán a correr alrededor del círculo (orbitando la Tierra). Los niños deben seguir corriendo hasta que usted diga, «¡Aterrizar!» En ese momento, los niños deben atravesar el círculo, correr hacia su mano extendida y tocarla y luego volver al punto de comienzo. Usted podrá entonces llamar a una nueva nave espacial.

Sugerencias:

- Pídale a los corredores que disminuyan la velocidad antes de llegar hasta donde está usted.
- Si mantiene a los niños moviéndose a un ritmo rápido, no tendrán que esperar mucho para los nuevos turnos. A los niños pequeños les encanta correr de modo que estarán muy entusiasmados.

- Cuando los niños estén listos para un nuevo desafío, llame a más de una nave al mismo tiempo.

Pequeño Oso

Objetivo del desarrollo: El juego Pequeño Oso favorece la coordinación.

Materiales: Ninguno

Juego: Despliegue a los niños en un espacio amplio y despejado. Seleccione a un jugador para ser el Pequeño Oso. El Pequeño Oso debe decir, «¿Quién le tiene miedo al Pequeño Oso?» Los demás niños responden, «¡Yo no!» El Pequeño Oso exige que los niños brinquen. Mientras el Pequeño Oso también brinca, toca a todos los niños que pueda. Los niños tocados se convierten en ayudantes del Pequeño Oso.

Sugerencias:

- Cuando todos los jugadores hayan sido tocados, seleccione un nuevo Pequeño Oso y repita el juego.
- El Pequeño Oso puede pedir que caminen, corran, vayan al galope, salten o se deslicen. Usted puede ser también creativa y agregar otras opciones como volar o conducir. El Pequeño Oso y sus ayudantes deben usar las mismas habilidades.

Marcianos

Objetivo del desarrollo: Este juego desarrolla la velocidad y la agilidad y es una forma divertida de repasar los colores.

Materiales: Ninguno

Juego: Seleccione a un jugador para ser el Marciano que se queda en el medio del área de juego. Los demás niños son Terrícolas. Ellos deben estar de frente al Marciano. Los Terrícolas deben cantar, «Marciano, Marciano ¿nos llevarías a las estrellas?» El Marciano debe responder, «Sí, si están usando el color [nombre de un color].» Los Terrícolas que usen ese color podrán caminar seguros por el espacio. Los restantes Terrícolas deben correr y tratar de llegar seguros al otro lado. Todo Terrícola tocado por el Marciano debe unirse a él y ayudarlo a atrapar a otros Terrícolas.

Sugerencias:

- Explique que los marcianos vienen del planeta Marte para que esta palabra tenga sentido para los niños.
- Dependiendo del tamaño del grupo, cuando queden solo unos pocos Terrícolas, seleccione un nuevo Marciano y repita el juego.

Mancha de Abeja Ocupada

Objetivo del desarrollo: La mancha de Abeja Ocupada mejora las habilidades de conocimiento espacial de los niños, la capacidad de escuchar y la coordinación.

Materiales: Ninguno

Juego: Cuando usted diga «Abeja Ocupada» todos los niños deben moverse al lugar designado y predeterminado. Mientras los participantes se mueven, dé varias instrucciones como «espalda contra espalda» y «rodilla al pie». En respuesta a las partes del cuerpo que usted diga, los participantes deben formar pareja con la persona que esté más cerca de ellos y tocar juntos esas partes del cuerpo. Deje que los niños mantengan sus posiciones durante unos segundos y luego diga «Abeja Ocupada» y repita el proceso.

Sugerencias:

- Deje que los participantes usen su creatividad para completar la tarea indicada. Usted verá varias respuestas correctas.
- Este juego puede jugarse también en el interior.

Mezclador de Silbato

Objetivo del desarrollo: Esta actividad fortalece el desarrollo de las habilidades de memoria.

Materiales: Silbato

Juego: Pida a los participantes que se distribuyan por el área de juego. Asigne diferentes instrucciones a cada número de pitidos del silbato. Por ejemplo, un pitido puede significar que todos deben inmovilizarse en el lugar, dos pitidos pueden significar que los jugadores tienen cinco segundos para encontrar una pareja, etc. Cuando dé la señal de comienzo, todos los jugadores deben comenzar a moverse por el área de juego. Cuando los jugadores se haya movido durante 10 o 15 segundos, haga sonar el silbato. Cuando los jugadores hayan respondido correctamente al sonido del silbato, repita el procedimiento utilizando una señal distinta.

Sugerencias:

- Es aconsejable limitar el número de pitidos a cinco.
- Use un tambor, una pandereta o palmadas con las manos como señal.
- Asigne diferentes acciones a las señales, como saltar con los dos pies juntos o en un pie.

Espalda contra espalda y levantarse

Objetivo del desarrollo: Este juego favorece la colaboración.

Materiales: Ninguno

Juego: Pídales a los niños que elijan una pareja y se pongan espalda con espalda. Cada pareja se engancha por los codos y se sienta presionando juntas las espaldas. Desde la posición sentada, deben mover los pies cerca de las nalgas y pararse juntos como si fueran uno.

Sugerencia: Dígales que hagan esto sin estar agarrados de los codos—¡sin las manos!

La Oruga

Objetivo del desarrollo: La Oruga favorece la coordinación y la colaboración.

Materiales: Camino con obstáculos sencillos

Juego: Los jugadores forman una fila, uno detrás del otro, con las manos en los tobillos de la persona que está frente a ellos. Pídale a los jugadores que se muevan hacia adelante como un grupo.

Sugerencia: Los niños pequeños pueden jugar apoyándose en la cintura de la persona que tienen delante.

Globo Desesperado

Objetivo del desarrollo: El Globo Desesperado alienta a los niños a participar en el juego colaborativo.

Materiales: Un globo cada dos jugadores y un cronómetro

Juego: Distribuya a los jugadores por el área de juego y deles globos a la mitad de ellos. Cuando dé la señal de «Comenzar», ponga a funcionar el cronómetro. Todos los jugadores con globos deben empujarlos al aire utilizando una parte del cuerpo. Luego todos los jugadores deben ayudar para evitar que los globos se caigan el piso. No se puede agarrar ningún globo en ningún momento y nadie puede empujar el globo dos veces seguidas.

Sugerencias:

- Si algún globo se cae al piso, el jugador puede levantarlo y continuar jugando.
- Los niños pueden también darle la mano a una pareja.

Transporte de niños

El transporte de niños que se encuentran en cuidado infantil en el hogar requiere de mucha consideración de su parte. Cuando sepa que las excursiones, los mandados o el transporte de niños desde sus hogares o escuelas será una actividad programada en forma normal o regular, consulte a su compañía de seguros para saber si debe cumplir alguna disposición de responsabilidad legal especial. Las familias deben conocer su horario y saber cuándo y cómo los niños no van a estar en el hogar de cuidado infantil. No se ponga usted misma en la situación de que un padre o un familiar vayan a su casa a buscar a un niño y la encuentren vacía, sin saber en dónde está usted o los niños. Asegúrese de tener permiso por escrito para llevar a los niños en su vehículo. En general, le recomendamos que actualice esos permisos firmados anualmente.

Conduzca siempre en forma segura: obedezca los límites de velocidad, no cruce con luz roja ni deje de lado las señales de detenerse y no hable por el teléfono móvil ni envíe mensajes de texto mientras conduce. Conduzca en forma defensiva y recuerde que usted es responsable no solo de su seguridad sino también de la seguridad de los niños que han sido confiados a su cuidado. Compruebe siempre que los niños estén sentados con el cinturón de seguridad puesto en sus asientos. Si utiliza asientos para niños o asientos elevados, asegúrese de que hayan sido instalados correctamente. Asegúrese de conocer todas las normativas legales y regulatorias cuando transporte niños inscritos en su programa.

Accidentes automovilísticos

Si tiene un accidente de tránsito mientras transporta niños de su programa, siga el procedimiento descrito continuación:

- **Preste atención a los alrededores.** Asegúrese de no estar en el camino del tráfico proveniente de la dirección contraria. Si es posible hacerlo, estacione a un lado de la carretera. No salga del automóvil a menos que sea absolutamente necesario y asegúrese de que todos los niños estén asegurados en sus asientos.

- **Apague el motor.** Al apagar el motor, reduce el riesgo de un incendio. Encienda las luces de peligro para que otros conductores puedan verla.

- **¡Obtenga ayuda!** Si tiene un teléfono móvil (¡algo que es siempre una buena idea!), llame al 911. Dígale a la persona que la atiende que usted está transportando a niños.

- **Inspeccione a todos los niños para comprobar que no estén lesionados.** No mueva a ninguno de los niños a menos que estén en peligro. Si debe sacar a un niño del automóvil, trate de retirar todo el asiento de seguridad con el niño atado a él. Cuando sea posible, retire al niño del costado del vehículo, lejos del camino.

- **Obtenga información.** Siempre es recomendable obtener información si otra persona estuvo involucrada en el accidente; sin embargo, su responsabilidad principal es supervisar directamente a todos los niños y asegurarse de su seguridad y bienestar.

- **Lleve información para emergencias de cada niño que transporte.** Usted debe llevar una bolsa o un recipiente con información para emergencias de todos los niños que transporte. Esta información debe incluir autorizaciones firmadas por los padres para permitir el tratamiento médico inmediato. Póngase en contacto lo antes posible con los padres o los tutores. En muchos estados, los requisitos para el otorgamiento de licencias estipulan que usted debe notificar a los padres, a los tutores y a la autoridad que emitió la licencia acerca de todo occidente o lesión en la que hayan estado involucrados los niños que participan de su programa. Conozca y comprenda estas regulaciones y todo plazo relevante de notificación.

- **Use palabras de consuelo.** Explique lo sucedido: «Hemos tenido un accidente y van a venir personas ayudarnos». Pregunte a los niños si sienten dolor en alguna parte del cuerpo y dígales que un médico los ayudará a sentirse mejor muy pronto.

- **Quédese quieta.** En la mayoría de los casos, no debe mover a los niños que tengan lesiones sin tener ayuda profesional. Pídales que se queden lo más quieto que puedan hasta que lleguen los paramédicos y evalúen sus lesiones. A pesar de que el dolor en el cuello o en la espalda indican generalmente una distensión menor, todo dolor debe ser tratado seriamente ya que puede provenir de lesiones o fracturas en la médula espinal.

- **Controle el sangrado.** Aplique presión firme y directa en toda lesión evidente con una toalla o una camisa limpias. Si los niños pueden sostener el vendaje en su lugar, pídales que lo hagan.

- **Mantenga la calma.** Los niños seguirán su ejemplo.

Computadoras: Para usted y para los niños

Tener una computadora en el entorno de cuidado infantil en el hogar beneficia a los niños y puede serle de gran ayuda a usted. Tenga en cuenta lo siguiente:

- Muchos estados ofrecen actualmente información actualizada sobre las políticas y regulaciones en línea.

- Las proveedoras tienen disponibles muchas oportunidades de capacitación en línea. Estas oportunidades las ayudan a estar actualizadas y pueden adaptarse a su intenso y frecuentemente largo horario de cuidado infantil.

- Hoy en día hay muchos sitios web que pueden utilizar las proveedoras de cuidado infantil en el hogar para compartir información y estar conectadas con otras proveedoras. Esto puede ser de gran ayuda en lo que suele ser una profesión muy aislada.

¿Qué pueden aprender los niños de las computadoras?

A continuación, encontrará alguna de las habilidades y cualidades que pueden desarrollar los niños cuando trabajan y juegan con las computadoras:

- habilidades del pensamiento
- resolución de problemas
- comprensión
- coordinación de la mano y la vista
- memoria visual
- toma de decisiones

- conocimiento de los números y las letras
- seguir instrucciones
- aumentar el período de atención
- actitud positiva hacia la computadoras
- independencia y confianza
- habilidades sociales

Y sobre todo, las computadoras ayudan a los niños a sentir que forman parte del mundo de los adultos. ¡Las computadoras son divertidas!

Selección del software apropiado

El valor de las computadoras reside principalmente en el software que tienen instalado. Pruebe el software cuando sea posible para ver si le permitirá obtener los objetivos que desea y si será atractivo para los niños de su programa. A continuación, encontrará otros factores que debe tener en cuenta cuando seleccione el software:

- ¿Es adecuado para las edades y capacidades de los niños?
- ¿Qué conceptos y habilidades enseña?
- ¿Participan los niños activamente en el juego o programa?
- ¿Son claras las instrucciones?
- ¿Pueden los niños usar el programa en forma independiente?
- ¿Es posible aumentar su complejidad?

- ¿Ofrece apoyo positivo?
- ¿Qué sucede cuando el niño comete un error?
- ¿Es suficientemente divertido para que los niños mantengan el interés?

La computadora puede apoyar muchas áreas de aprendizaje. Asegúrese de que la computadora esté en un lugar seguro y de que todo el equipo esté en una posición segura. Coloque la computadora en un lugar que sea de fácil acceso para los niños más grandes pero inaccesible para los bebés que pueden desplazarse y los curiosos niños pequeños, a menos que usted los ayude.

Problemas de custodia

Algunos de los niños de su programa pueden tener una familia monoparental o ser hijos de padres divorciados o separados que están tratando de llegar a un acuerdo formal de custodia. De golpe, una persona desconocida que se identifica como el padre o la madre llega a su hogar y exige ver al niño.

Los padres, los custodios y las proveedoras deben comprender que una proveedora no puede legalmente decidir quién tendrá acceso al niño durante el horario de cuidado infantil. Si la custodia fue establecida por un tribunal, asegúrese de tener una copia de la documentación legal y de seguir las instrucciones. Si hay una orden de alejamiento vigente, el archivo del niño debe contener una copia. En la mayoría de los estados, antes de que el tribunal emita un fallo, los dos padres tienen los mismos derechos independientemente de quién pague o haya firmado el contrato de cuidado infantil.

A continuación, encontrará una publicación en línea con información muy útil:

- *Guidelines for Releasing Children and Custody Issues,* www.publiccounsel.org /publications/release.pdf?id=0188 (en inglés)

Mascotas en su hogar

Cuando su trabajo se realiza en su casa, en general significa que todos deben compartir un espacio común. ¿De qué forma afecta esta convivencia a la mascota de la familias? Las mordeduras de perro son un riesgo muy común para los niños pequeños, especialmente durante los meses de verano. La mayoría de los niños mordidos, fueron mordidos por perros que conocían. A pesar de que, en general, se presupone que las razas como los Ovejeros Alemanes, los Pit Bulls y los Doberman son las que muerden con más frecuencia, cualquier perro puede atacar si es provocado. A continuación, encontrará algunas recomendaciones para proteger a los niños de su programa:

- Los niños deben tener por lo menos cinco años para poder pasar tiempo con el perro de la familia y entender que deben tratarlo con gentileza. Si los niños de su programa tienen menos de cinco años, mantenga al perro en un área separada de su hogar o en el jardín, lejos de los niños.
- Nunca deje a un niño solo con un perro sin la supervisión de un adulto, aun cuando esté convencido de que el perro es bueno con los niños.

- Enseñe a los niños del programa que deben quedarse de pie totalmente quietos si un perro les ladra o los persigue.
- Enseñe a los niños que cuando juegan con perros nunca deben tirarles de la cola, pasar corriendo frente a ellos o molestarlos mientras comen o mastican un juguete o un hueso.
- Enseñe a los niños que deben permitirle siempre a un perro oler la mano cerrada antes de tratar de tocarlo.

Si tiene dudas con respecto a la seguridad y la inclusión de otras mascotas, póngase en contacto con su departamento local de salud pública. Las mascotas como lagartijas, tortugas, loros y hurones pueden provocar problemas de salud y no son recomendables para los entornos de cuidado infantil en el hogar. El pelo de los gatos puede producir reacciones alérgicas y la exposición a las piedras sanitarias de los gatos es obviamente no adecuada. Obtenga toda la información necesaria. Los niños pueden aprender sobre los animales mediante experiencias positivas que pueden o no incluir a sus mascotas. Su principal responsabilidad es proteger a los niños de cualquier lesión. Investigue exhaustivamente si es adecuado tener cualquier mascota o animal que desee tener cerca de los niños de su programa.

Alergias alimentarias

Usted tiene una responsabilidad muy real con respecto a los alimentos que obtiene y prepara. A pesar de que esto es verdad para todos los niños, en el caso de los niños con alergias alimentarias puede significar la diferencia entre la vida y la muerte. Es muy importante que pregunte y reciba toda la información pertinente que sea necesaria cuando inscriba a un niño en su programa. Pregunte a la familia del niño sobre cualquier alergia alimentaria conocida. Si le proporcionan información que no comprende, pida más información o solicite información del médico del niño.

Desde enero de 2006, las leyes federales exigen que todas las etiquetas enumeren claramente los principales alergenos. Sepa lo que está comprando. Si una familia le ha advertido que uno de los niños padece de una alergia alimentaria, no compre productos alimenticios que contengan esa sustancia aunque le haya servido esa comida en el pasado al niño sin consecuencias negativas.

Si la familia no sabe que el niño tiene una alergia alimentaria y usted observa que el niño desarrolla síntomas después de estar expuesto a ciertos alimentos cuando está a su cuidado, informe inmediatamente a la familia del niño. Algunos de los síntomas son ronchas, erupciones cutáneas, labios o lengua hinchados o dificultad para respirar. Si un niño comienza a tener síntomas, comience a escribir un diario en colaboración con la familia del niño durante varias semanas para llevar un registro de los alimentos que consume el niño y especialmente de cualquier alimento nuevo.

Comuníquese frecuentemente con la familia y comparta toda observación que pueda ser distinta o adicional a la información compartida con usted por la familia. Recuerde que la información es importante y una vez que haya recibido información relevante sobre la alergia alimentaria del niño, usted puede ser considerada responsable legalmente si no toma todas las precauciones necesarias para garantizar la seguridad del niño.

Seguridad del agua

Ahogarse es una de las principales causas de muerte en los niños pequeños. Un niño pequeño puede ahogarse en menos de una pulgada de agua. Toda vez que le permita a los niños jugar con agua o cerca de cubetas con agua, piscinas, piscinas de niños, bañeras, estantes, corrientes de agua o pantanos, debe supervisarlos en forma constante y directa. La mayoría de los estados tienen disposiciones legales específicas con respecto a los requisitos que rigen su programa. Conozca y comprenda el contenido de estos requisitos. Es aconsejable tener siempre formularios de autorización firmados por los padres si usted desea utilizar una piscina durante el horario de cuidado infantil en el hogar.

Algunas proveedoras incluyen la enseñanza de la natación como parte de su programa. La enseñanza de las reglas básicas de seguridad es indispensable para el bienestar de los niños de su programa. A continuación, encontrará algunos ejemplos de las reglas que deben seguirse cuando se use una piscina durante el horario de cuidado infantil:

- Los niños podrán nadar o jugar en el agua solo cuando haya un adulto identificado que los vigile.
- No se puede correr o empujar cerca o dentro del agua ni sumergir a nadie en ella.
- No se puede llevar objetos de vidrio cerca del área.
- No se puede nadar con algo dentro de la boca.
- Se debe gritar para pedir ayuda solo cuando sea necesario.

Todos los adultos que supervisen a los niños durante el juego con agua deben saber cómo realizar la resucitación boca a boca, que es la técnica utilizada para restaurar la respiración.

Seguridad de los productos

Los equipos defectuosos representan un verdadero peligro en los entornos de cuidado infantil en el hogar debido a que mucho del equipo utilizado se obtiene frecuentemente como regalo o se compra en ventas de garaje o en tiendas de reventa. Entre los niños que tienen menos de cuatro años, las principales causas de muerte accidental continúan siendo las lesiones no intencionales como ahogarse, la sofocación y la asfixia. Muchas de estas muertes ocurren cuando los niños se encuentran en productos diseñados para protegerlos de lesiones como el moisés, las cunas y los asientos de baño.

Lamentablemente, han ocurrido muertes de niños en los hogares de cuidado infantil ocasionadas por fallas en los productos. Muchas de estas muertes fueron el resultado de estrangulación o sofocación causadas por equipo defectuoso. Probar que la muerte fue el resultado del equipo defectuoso es una batalla muy costosa y ardua. Cuando obtenga materiales y equipos, sus principales preocupaciones deben ser comprender la responsabilidad legal del producto, proteger su trabajo y lo que es aún más importante, garantizar la seguridad de los niños de su programa.

No dependa únicamente del sitio web del fabricante para obtener información sobre productos defectuosos. La Comisión de Seguridad de Productos del Consumidor de Estados Unidos (cuya sigla en inglés es CPSC) está solicitando a los fabricantes que publiquen toda la información sobre productos defectuosos en el sitio web del fabricante. Hasta ahora, muchas compañías que publicaban información sobre productos defectuosos no siempre la actualizaban o no incluían listas completas. Además, existe el problema adicional de que el producto pueda haber acumulado accidentes informados que incluyan muertes sin haber sido colocado en la lista de productos defectuosos en el momento en que usted realizó la consulta. Si ha comprado un equipo y desea saber si se han informado accidentes con él, CPSC le enviará información detallada. Si necesita información sobre más de una marca, envíe una carta separada por cada marca. Los siguientes sitios web son excelentes lugares para buscar información confiable sobre la seguridad de los niños:

- Academia Estadounidense de Pediatría: www.aap.org
- Safe Kids Worldwide: www.safekids.org
- Comisión para la Seguridad de los Productos de Consumo de los Estados Unidos: www.cpsc.gov
- Federación de Consumidores de Norteamérica: www.consumerfed.org
- Administración Nacional de Seguridad del Tráfico en las Carreteras de EE. UU. (Para obtener recomendaciones sobre asientos para el automóvil y su instalación): www.nhtsa.gov

Los fabricantes tienen la responsabilidad de informar a los consumidores que hayan enviado tarjetas de inscripción si el producto tiene fallas. Si el equipo no era nuevo cuando lo compró y usted no tiene la tarjeta de inscripción, puede hacer una y enviarla a la compañía.

Tarjeta de inscripción del producto de ejemplo:

Su nombre: _____

Número de teléfono: _____

Dirección: _____

Ciudad: _____ Estado: _____

Código postal: _____

Fabricante de la marca del producto: _____

Número de modelo del producto: _____

Firma y fecha: _____

Recuerde que debe sacar una fotocopia de la tarjeta de inscripción y guardarla en sus archivos.

Salud ambiental

Plomo

El plomo es peligroso para los adultos y también para los niños pero el cerebro y el sistema nervioso en desarrollo de los niños es mucho más sensible a los efectos del plomo. Como es más probable que los bebés y los niños pequeños se pongan las manos y otros objetos en la boca, las proveedoras de cuidado infantil en el hogar deben asegurarse de que que no haya fuentes de plomo en el entorno de cuidado infantil. Tenga en cuenta que las cañerías en algunos hogares pueden tener plomo o soldadura de plomo. Si no está segura, llame al departamento de salud local o a la empresa proveedora de agua para obtener información sobre cómo examinar el agua. Esto es muy importante ya que el plomo no puede detectarse mediante la vista, el olor o el sabor y además, aunque hierva el agua, no eliminará el riesgo.

Síndrome de muerte súbita del lactante (o SIDS, por su sigla en inglés)

Este síndrome representa la peor pesadilla de toda proveedora de cuidado infantil en el hogar. La sola idea de tener que decirle a un padre que dejó a un bebé aparentemente sano en su hogar a la mañana que el bebé ha muerto es impensable. Lamentablemente, hay bebés que mueren de este síndrome y algunos de ellos mueren mientras se encuentran en cuidado infantil. Las proveedoras deben conocer todo lo posible sobre este síndrome. El Instituto Estadounidense del Síndrome de Muerte Súbita del Lactante (www.sids.org) y la CJ Foundation (www.cjsids.org) son excelentes fuentes de información actualizada sobre este síndrome.

Con respecto a sus propias normas, le recomendamos encarecidamente que hable sobre los procedimientos que sigue para poner a dormir a los bebés con todas las familias y especialmente, con las familias de los bebés inscritos. Informe a la familia sobre su regla con respecto a la siesta. Si no tiene una regla con respecto a la siesta, es aconsejable que establezca una. Su regla con respecto a la siesta debe incluir información sobre dónde estarán durmiendo los niños y en qué lugar de la casa lo harán. Si corresponde, puede incluir además una regla con respecto a opciones de silencio durante el período de la siesta para los niños más grandes. Si los niños están usando bolsas de dormir o mantas, debe establecer claramente quién tiene la responsabilidad de mantener y limpiar las bolsas de dormir y en qué intervalos de tiempo. También puede incluir información sobre reglas para las visitas de los padres durante el horario de la siesta.

En el caso de los bebés, su regla con respecto a la siesta debe especificar e incluir las siguientes precauciones:

- Informe a las familias que usted coloca a todos los bebés sobre la espalda cuando los pone a dormir la siesta.
- Informe a la familia que usted reposicionará a los bebés sobre la espalda hasta que demuestren que sean capaces de darse vuelta solos (aproximadamente a los cuatro meses de edad).
- Informe a las familias sobre su capacidad de supervisar directamente a los bebés que duermen la siesta.
- Informe a las familias que usted no permite que los bebés duerman con animales de peluche, almohadas o acolchados.
- Informe a las familias que usted utiliza solo equipo bien mantenido durante la siesta y que todos los colchones utilizados calzan apropiadamente y no dejan espacio vacío entre el colchón y la estructura de la cuna.

Hable con las familias de los bebés sobre este tema. Manténgase informada y actualizada con respecto a cualquier información que le permita proteger la salud y la seguridad de los niños de su programa.

Síndrome del bebé maltratado (traumatismo craneal abusivo)

En la mayoría de los estados, se solicita a las proveedoras que documenten toda lesión ocurrida durante el cuidado infantil. Además, es muy importante que las proveedoras protejan a los niños que están a su cuidado y a sus programas documentando toda lesión o síntoma que pueda tener un niño al llegar o inmediatamente después de la llegada. El síndrome del bebé maltratado o traumatismo craneal abusivo es generalmente el resultado de lesiones causadas a los niños pequeños por los adultos encargados de cuidarlos. El síndrome puede ser causado por golpes aplicados directamente en la cabeza, por dejar caer o arrojar el niño pequeño y más comúnmente por zarandearlo.

La edad promedio de los niños con este tipo de lesiones es entre tres y dieciocho meses. Debido a la forma en que se desarrollan los niños, la cabeza y el cuello son extremadamente vulnerables a este tipo de traumatismo hasta la edad de cinco años. En general, este tipo de lesiones ocurren cuando los adultos se sienten frustrados por el llanto del bebé. Huelga decir que usted no debe nunca zarandear o golpear a un niño. Si un bebé llega a su hogar con estos síntomas, es muy importante que documente exactamente lo ocurrido y lo que ha observado. Asegúrese de conocer los requisitos regulatorios de su estado para informar casos de maltrato o negligencia. Su prioridad debe ser siempre el bienestar del niño.

Algunos de los síntomas pueden ser los siguientes:

- convulsiones
- letargo inusual
- irritabilidad
- vómitos
- deglución o succión deficientes
- bajo apetito
- falta de sonrisa o vocalización
- rigidez

- dificultad para respirar
- coloración azul
- conciencia alterada
- tamaño de pupila desigual
- incapacidad para levantar la cabeza
- incapacidad para concentrarse o seguir el movimiento

Humo de tercera mano

El humo de tercera mano es generalmente la descripción utilizada para la nicotina residual y otros productos químicos que quedan depositados sobre las superficies interiores por el humo del tabaco. El humo de tercera mano reacciona con los contaminantes internos y puede crear una mezcla tóxica. Este tipo de mezcla representa un grave peligro de salud, especialmente para los niños. La mayoría de los estados tiene regulaciones que limitan el tabaquismo en presencia de los niños. Estas regulaciones fueron creadas para proteger a los niños contra el humo de segunda mano. Lamentablemente, el humo de tercera mano representa también un grave peligro para los niños. No es necesario que los niños estén presentes cuando alguien está fumando para experimentar efectos adversos. El humo de tercera mano queda depositado en todas las superficies: la vestimenta, el cabello, las paredes, las cortinas, los muebles, los juguetes, etc. Después de un tiempo, se acumula en tal medida que es resistente a la limpieza normal. No es posible eliminar el humo de tercera mano con solo abrir las ventanas o ventilar una habitación. Se recomienda especialmente que si usted o un miembro de su familia fuman, no lo hagan dentro de su hogar. Se debe fumar siempre en el exterior y lejos de las áreas en las que juegan habitualmente los niños.

Evacuaciones de emergencia

No es posible ofrecer cuidado infantil de buena calidad sin tener en cuenta primero la salud y la seguridad de todos los niños inscritos. Las proveedoras deben evaluar en forma realista la capacidad que tienen de evacuar a todos los niños que participan en el programa en forma simultánea. Usted debe estar preparada siempre para una emergencia como un incendio o un desastre natural. En el caso de los programas de cuidado infantil en el hogar, que incluyen generalmente a niños de varias edades y capacidades, es indispensable tener vigente un plan.

Cuando está cuidando a niños pequeños es muy importante que esté preparada para una emergencia. Es necesario que sepa de qué forma sacará a todos los niños de su hogar de la forma más rápida y segura posible. Esto incluye a los bebés que no caminan, a los niños pequeños que no son estables todavía y a los niños preescolares que pueden asustarse y esconderse o escaparse corriendo en una situación peligrosa. Las proveedoras de cuidado infantil en el hogar deben tener vigente un plan adecuado de evacuación que debe haber sido practicado muchas veces por usted y los niños. Es necesario que usted practique la evacuación desde todas las áreas de su hogar en donde proporciona cuidado infantil. Es necesario que practique cuando los niños están haciendo la siesta y cuando están almorzando. Cuanto más practique la evacuación, más fácil les resultará a los niños en el caso de una emergencia. Algunas proveedoras tienen muchas excusas para no practicar la evacuación: «Hace demasiado frío»; «los niños no se sienten bien»"; «yo no estoy en el segundo piso»; «tengo que cuidar a bebés». Si hubiera una emergencia, es importante recordar que ninguno de esos factores impedirá que su hogar se incendie, por ejemplo.

La práctica es la madre de la perfección. Con práctica, los niños más pequeños podrán alinearse inmediatamente en forma calmada y salir cuando la proveedora active el detector de humo. Practicar la evacuación como mínimo una vez al mes es una parte importante del programa de todas las proveedoras. La práctica ayudará a los niños a reconocer el sonido de una alarma de humo y a responder adecuadamente. Realizar la práctica en todos los tipos de climas le permite incorporar cambios sobre donde será el lugar de reunión en el exterior. Que haya detectores de humo en funcionamiento no es solo una necesidad básica sino también un requisito regulatorio en la mayoría de los estados. Asegúrese de que los detectores de humo estén bien mantenidos. El buen funcionamiento de un detector de humo puede significar literalmente la diferencia entre la vida y la muerte. Muchos estados exigen también que haya detectores de monóxido de carbono.

Por último, si está cuidando a bebés, su plan de evacuación debe incluir consideraciones especiales. Por ejemplo, ¿tiene usted una cuna con ruedas que pueda usar para transportar a los bebés mientras guía a los demás niños para salir de su hogar? ¿En dónde hacen la siesta los bebés con respecto a la salidas?

Piense de qué forma saldrá de forma segura con todos los niños a la zaga. Recuerde que, con práctica, aun los niños más pequeños pueden responder en forma rápida y eficiente.

Otros recursos

· · · · · · · · · · · · · · · · · ·

Libros

Behavioral Challenges in Early Childhood Settings de Connie Jo Smith

Brain-Based Early Learning Activities de Nikki Darling-Kuria

Developmental Milestones of Young Children de Karen Petty

Developmental Profiles: Birth to Six de K. Eileen Allen y Lynn R. Marotz.

Developmentally Appropriate Practice in Early Childhood Programs Serving Children from Birth through Age 8, Tercera edición, de Carol Copple y Sue Bredekamp

Do-It-Yourself Early Learning de Jeff A. Johnson y Tasha A. Johnson

Early Education Curriculum: A Child's Connection to the World, Quinta edición, de Hilda L. Jackman

Everyday Early Learning de Jeff A. Johnson

Family Child Care Business Planning Guide de Tom Copeland

Family Child Care Contracts and Policies, Tercera edición, de Tom Copeland

Family Child Care Guide to Visits, Inspections, and Interviews de Donna C. Hurley y Sharon Woodward

Family Child Care Homes: Creative Spaces for Children to Learn de Linda J. Armstrong

Family Child Care Legal and Insurance Guide de Tom Copeland

Family Child Care Marketing Guide, Segunda edición, de Tom Copeland

Family Child Care Money Management and Retirement Guide de Tom Copeland

Finding Your Smile Again de Jeff A. Johnson

From Parents to Partners de Janis Keyser

Hey Kids! Out the Door, Let's Explore! de Rhoda Redleaf

Introduction to Early Childhood Education de Verna Hildebrand

It's No Accident de Marla E. Felcher

Keeping Your Smile de Jeff A. Johnson

Parent-Friendly Early Learning de Julie Powers

Please Don't Sit on the Kids: Alternatives to Punitive Discipline de Clare Cherry

Sign to Learn: American Sign Language in the Early Childhood Classroom de Kirsten Dennis y
    Tressa Azpiri

Teaching the Child under Six de James L. Hymes Jr.

*Theories of Attachment: An Introduction to Bowlby, Ainsworth, Gerber, Brazelton, Kennell, and
    Klaus* de Carol Garhart Mooney

Theories of Childhood: An Introduction to Dewey, Montessori, Erikson, Piaget, and Vygotsky,
    Segunda edición, de Carol Garhart Mooney

Toddlers and Parents de T. Berry Brazelton

The Whole Child: Developmental Education for the Early Years, Décima edición, de Patricia
    Weissman y Joanne Hendrick

Sitios web

About.com
www.childcare.about.com

Este sitio web proporciona consejos y recomendaciones para las familias que buscan
cuidado infantil y responde preguntas sobre la seguridad, el costo y la conducta. También
incluye algunas actividades divertidas que inspiran tanto a los padres como a las
proveedoras de cuidado infantil.

Academia Estadounidense de Pediatría: www.aap.org
www.aap.org

Para las familias que están buscando algo más que recursos y consejos sobre cuidado infantil, este sitio proporciona también información y recomendaciones de pediatras sobre las normas que rigen las prácticas de salud en los entornos de cuidado infantil.

Child Care & Early Education Research Connections

www.researchconnections.org

Research Connections contiene una base de datos sobre las últimas investigaciones relacionadas con la educación temprana y el cuidado infantil para investigadores, legisladores y practicantes.

Child Care Aware of America

www.childcareaware.org

Este sitio web pertenece a una agencia dedicada al avance «del desarrollo y el aprendizaje de todos los niños» en todo Estados Unidos. El sitio contiene datos publicados, manual de capacitación, artículos e información básica sobre cómo recibir e implementar las mejores prácticas de cuidado infantil en su área.

National Association for the Education of Young Children (NAEYC)

www.naeyc.org

La NAEYC es una de las organizaciones líderes de cuidado infantil de la nación y se dedica a mejorar el bienestar de los niños pequeños y la calidad de la educación temprana. Su sitio web proporciona información sobre conferencias, recursos de cuidado infantil, publicaciones y membresías.

National Association for Family Child Care

Www.nafcc.org Esta organización sin fines de lucro tiene como finalidad el fortalecimiento de las asociaciones locales y estatales que constituyen el principal apoyo de las proveedoras de cuidado infantil. Esta organización organiza conferencias, ofrece capacitación y proporciona información sobre políticas públicas, prácticas comerciales y recursos para los padres.

National Institute of Child Health and Human Development

www.nichd.nih.gov

Este instituto se dedica a apoyar la investigación sobre temas de salud relacionados con los niños, los adultos y las familias y trata temas como la infertilidad, el crecimiento, y el desarrollo y la prevención de los defectos de nacimiento.

Índice

. . . .

CPSIA information can be obtained
at www.ICGtesting.com
Printed in the USA
JSHW050943120223
37573JS00003B/27